本书为教育部人文社会科学研究青年基金项目（批准号：11YJC790177）、
教育部人文社会科学重点研究基地重大项目（批准号：08JJD630013）、
浙江省社科重点研究基地“政府管制与公共政策研究中心”课题(12JDGZ01Z)成果。

中国煤电关系问题研究：纵向价格双轨制的视角

王建林 著

产业组织理论前沿与政策

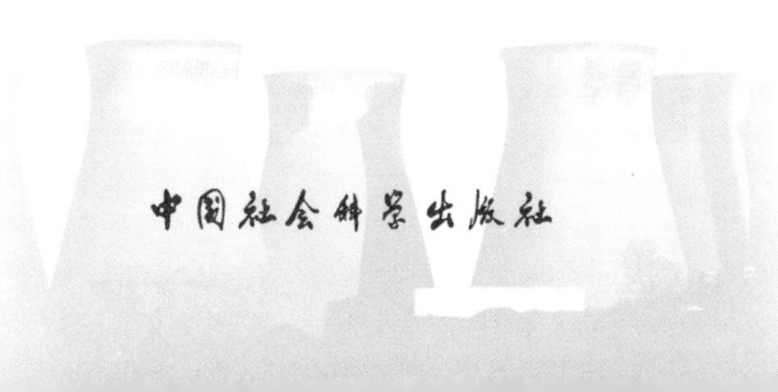

中国社会科学出版社

图书在版编目(CIP)数据

中国煤电关系问题研究：纵向价格双轨制的视角／王建林著．—北京：中国社会科学出版社，2015.6

ISBN 978－7－5161－5165－5

Ⅰ．①中…　Ⅱ．①王…　Ⅲ．①煤炭工业－价格研究－中国②电力工业－价格研究－中国　Ⅳ．①F426.21②F426.61

中国版本图书馆CIP数据核字(2014)第279708号

出 版 人　赵剑英
责任编辑　许　琳
责任校对　鲁　明
责任印制　何　艳

出　　版　中国社会科学出版社
社　　址　北京鼓楼西大街甲158号
邮　　编　100720
网　　址　http://www.csspw.cn
发 行 部　010－84083685
门 市 部　010－84029450
经　　销　新华书店及其他书店

印刷装订　北京市兴怀印刷厂
版　　次　2015年6月第1版
印　　次　2015年6月第1次印刷

开　　本　710×1000　1/16
印　　张　14
插　　页　2
字　　数　209千字
定　　价　58.00元

目　录

自　　序

电力是关系国民经济之命脉的重要能源。中国80%的电力是靠燃煤发电形成的，同时中国煤炭产量的一半也多用于发电，可以说煤炭和电力是唇齿相依的上下游产业，两个产业之间的协调发展是电力供应稳定均衡的保障。2002 年国家废除电煤指导价后，国内煤炭价格出现波动，但是电价上调缓慢，导致煤电企业合作意向难以达成共识，影响正常的电力供应，干扰了国民经济的运转。探寻电煤交易利益纷争背后的真正原因，解决煤电矛盾问题，逐渐引起政府、企业和学术界的重视。

产业组织理论认为煤电企业之间的行为是具有纵向关系的寡头竞争。由于煤炭企业不仅供应煤炭给发电企业，还大量供应冶金、建材、化工等产业，因此电力企业左右煤炭价格的能力并不是很强。即使电力企业集体拒绝采购煤炭，也未能阻止煤炭价格的上涨。电力企业势力薄弱的真正原因是煤炭市场和电力市场改革不同步，煤炭产业先于电力产业市场化，而电力市场化改革不彻底是煤电交易冲突的深层次体制原因。本书系统地研究了煤电企业之间的交易行为，选题具有重要的理论意义和实践意义。

在本书的写作过程中，笔者收集和整理了大量的相关数据和基础材料，运用产业组织学和计量经济学进行了规范的理论分析和实证检验，解释了煤电企业之间的纵向交易关系，并提出了具有说服力的结论和可操作性的对策建议。本书试图在以下三个方面进行了创新性探索：

一是从纵向价格双轨制角度分析了煤炭价格机制和电力价格机制之间的相关作用关系。纵向价格双轨制现象在中国经济生活中大量存在，除了上述煤炭与电力产业外，土地与房屋、原油与成品油等领域也都不同程度地存在上下游价格“双轨”现象。但到目前为止，有关纵向价格双轨制的理论分析和实证检验，在已有的文献中是很少见的。本部分构建了一个煤—电纵向价格双轨制的正式模型，在理论框架内对纵向价格双轨制、煤电联动等进行了分析，并从中得出了一些有意义的结论。

二是对纵向价格双轨制与电力供需失衡的关系进行了实证检验。关于最近几年电力短缺的原因一直存在很多研究和观点，有的研究提出是装机容量不足造成的，有的研究认为是电煤短缺造成的，当然也有研究提出是煤—电纵向价格双轨制造成的，但这些研究中定性的论述较多，较为详细的实证研究仍属空白。本书在理论分析的基础上，使用公开可得的数据，构建了电力消费的经济计量模型，实际估算出中国历年的电力缺口，并检验了电力缺口与煤炭价格、电力缺口与电力价格的互动关系。检验结果也验证了本书的观点，即纵向价格双轨制的存在引发了电力供需失衡。

三是提出了缓解煤电矛盾的改革方向和化解煤电纵向价格双轨制的政策思路。本书总结了煤电联动、煤电一体化等前期改革的经验和不足，并根据本书的理论分析和实证结果，指出化解煤电纵向价格双轨制是解决煤电矛盾的关键。具体为稳定煤炭市场化改革的成果，积极推进电力市场化步伐，放开电力价格，并以“稳定一头、改革另一头”为核心理念勾画了纵向价格双轨制的改革路线图。

在详细论证和深入分析的基础上，本书得出了以下几点研究结论：一是纵向价格双轨制是煤电冲突和电力供需失衡的体制性约束；二是煤电最优联动价格是一个两阶段博弈结果，但是存在实施上的困境。价格规制者通过试错式制定价格可以使联动价格收敛于最优，但是代价和成本是高昂的；三是在中国当前经济发展阶段，纵向价格双轨制不可不改，纵向价格双轨制鼓励企业浪费电力，造就了以高电耗为代价的粗放型经济增长，电力消耗又带动了煤炭消耗，加快了煤炭资源的过快耗竭，这对中国的能源承载力构成了严峻挑战；四是应加快电力体制改革步伐，同时稳定电煤市场，最大限度地平抑煤炭价格波动，最终协调煤电关系。这些结论将有助于制定解决煤电矛盾症结的政策，也为厂网矛盾、纵向市场势力、新的煤电关系秩序构建等问题的探讨搭建了理论基础。

2007 年我有幸参与了导师于立教授主持的国家自然科学基金课题“中国煤电企业纵向交易研究”，开始对煤—电价格关系产生了兴趣。2009 年我完成的博士论文即是以煤电关系选题，于立导师为论文的设计、写作、修改和定稿倾注了大量的时间和心血，先生以严谨的治学之道、宽厚仁慈的胸怀、以身立行的做人风格为我树立了一辈子学习的典范。2011 年我获得教育部人文社科一般项目《“电荒”与煤—电价格传递的互动关系：理论模型与实证检验》，使我的研究得以继续。

本书是在我的博士学位论文基础上修改而成的。在构思和写作过程中，唐要家、吴绪亮、姜春海、孟韬、钱勇、宋晶、张嫚、孙康、王彩霞、陈艳利、丁宁、李殊、田明君、崔文杰、侯强、徐斌、张芳、杨药、李世新、刘慷等同窗师兄弟姐妹们提出了不少建议和意见。肖兴志、刘凤芹、于左等老师在学业上给予了很多指导，在此表示感谢。科研处副处长张玉涛、产业组织与企业组织研究中心办公室主任李寒窗、张路、郭峰等老师也给予了慷慨支持，在此深表谢意。

2013 年 10 月于伊大

美国伊利诺伊大学香槟分校

第一章 导论

第一节 研究背景

中国煤炭产量的一半多用于发电，同时中国80%的电力是靠燃煤发电形成的，可以说煤炭和电力是唇齿相依的上下游产业，然而进入21世纪后，煤炭、电力两个产业的冲突不断，并引发了一系列问题。2002年冬天在长沙举行的电煤订货会上，煤—电双方发生了争执，煤炭企业计划以2002年电煤重点合同价格为基准上浮5元/吨，而新成立的五大发电集团认为涨幅难以接受，由于电煤价格没有谈妥，结果只签约了9000万吨的合同，与预计的2.3亿吨相距甚远。此后历年的订货会上，围绕电煤价格，双方都在斗智斗勇，为了使得煤—电双方达成电煤交易，确保电力供应，国家发展改革委也多次出面协调，但效果都不理想。2004年煤炭订货会上，国家发展改革委主管能源的副主任张国宝曾动情地说："我希望像今年这样的煤炭订货会明年不再召开。"2008年9月，随着太平洋彼岸的"金融海啸"越演越烈，美国次债危机的影响通过进出口贸易传递给了中国经济实体，中国电力消费量快速下滑，全年发电设备利用4677小时，同比下降6.7%，这再次激发了煤—电矛盾，在2009年的福州煤炭订货会上，电力企业迫于亏损要求2009年电煤价格参照2008年初价格下调50元，但是煤炭企业却以成本上涨为由提出涨价10%，双方的吨煤价格预期相差足足有150元，最后五大电力集团终于实现了在煤炭订货会上"零的突破"，一单未签，离开了订货会。

在煤—电"顶牛"的同时，电力市场也出现了长期供需失衡，从2002年起"电荒"一词开始在新闻媒体中频频出现，成为社会各界热议的焦点。2002年中国拉闸限电的省份共有12个，2003年上升到21个，2004年增加到24个，2005年拉闸限电的省份数不再公布，期间有传言说23个，2006年拉闸限电的省份下降为6个，舆论普遍认为这一年中国走出了“电荒”。经过2007年短暂的沉寂之后，2008年年初南方诸省又开始拉闸限电，不少省市相继出台了限电措施，到7月中旬，国家电网数据显示全国电力缺口达到1400万千瓦左右。2008年9月全球性金融危机的爆发导致中国全社会用电量急剧下降，一个月后电力由短缺转为过剩，华中电网的统调用电量首次出现了负增长，华中区域内的湖北、湖南、江西、四川、重庆电网的统调用电量同比都是负增长。形象地比喻，2008年的中国电力消费就像“过山车”，上半年短缺、下半年过剩，在一年之内大起大落，在电力史上实属罕见。电力供需失衡严重干扰了国民经济的发展，“电荒”期间各地纷纷对用电企业实行“开二停一”、“开五停二”、“开三停四”等政策，导致用电企业不能正常开工，金融危机的爆发虽然意外地缓解了用电的紧张状况，但是电力过剩问题却又摆在人们面前，可以说电力供应陷入了“短缺—过剩”的失衡循环怪圈。众所周知，市场经济体制作为“看不见的手”是可以自动调节市场的过剩与短缺的，而电力短缺和过剩的不断出现，并严重干扰了国民经济的发展，这表明我们的市场经济体制出现了某种问题。

第二节　研究对象

究竟是什么原因导致了煤炭企业与电力企业之间的交易如此困难，这一现象为什么没有在煤炭企业与其他下游企业（如同样是用煤大户的冶金企业）间发生？电力供应屡屡失衡的原因又是什么？它与煤—电之间的交易难以达成有什么关系，这些都成为剪不断、理还乱的难解之“谜”。关于煤—电之间的电煤交易，煤炭企业认为，电煤涨价合情合理，中国煤炭价格长期偏低，历史欠账太多，提高价格有利于保护自然资源、维持可持续发展；发电企业则认为，电煤价格上涨导致了发电企业亏损，为了社会责任和特殊任务（如保“奥运”

用电），发电企业可以忍受暂时的亏损，但是长期大面积亏损不应是常态，电煤价格已经很高，煤炭企业应该适当降价让利。对于缺电的原因更是众说纷纭，有人说缺电是因为电力发展太慢，发电装机容量的增长落后于经济发展，也有人说缺煤导致了缺电，还用人提出是行政垄断造成了缺电，而是否煤—电交易不畅问题引发了“电荒”，各方意见也并不一致，煤炭企业认为“电荒”出现是因为电厂不愿意采购市场煤造成的，电厂则坚决予以否认。

本书认为煤—电之争表面上是两个产业的利益纷争，背后反映的却是煤—电价格体制的不顺。在市场化改革过程中，中国煤、电两个产业改革不同步，1992 年中国推行煤炭价格放开的试点，1993 年煤炭价格基本放开，仅保留电煤指导价，2002 年国家废除电煤指导价，逐渐放弃对电煤价格的干预，2006 年国家不再介入电煤谈判，电煤价格几乎完全放开。与煤炭产业相比，电力产业放松规制的步伐较为缓慢，到目前为止中国电力价格仍由国家制定，而非市场形成：1985 年以前的电价由国家统一制订，1985 年国家推行集资办电政策，实行了还本付息电价，2002 年才明确了市场化改革方向，并着手进行电力体制改革，但是改革到现在，除了“厂网分离”等形式上的拆分之外，电力体制改革并没有取得实质性进展，由市场形成电价的机制最终没有建立。为了解决煤—电矛盾，国家也曾具体制定了“煤电联动”机制，希望以模拟市场的方式解决煤—电矛盾，但是“煤电联动”机制存在诸多缺陷，仅仅实行了两次就名存实亡。煤—电之争应与煤—电纵向价格矛盾有关，本书拟从纵向价格双轨制的视角入手，尝试对中国煤—电关系问题做一初步分析。

纵向价格双轨制这一概念是于立在 1992 年分析石油产业时提出的，直到今天，这一现象在中国经济生活中仍大量存在，除了上述煤炭与电力产业外，土地与房屋、原油与成品油等领域也都不同程度存在上下游价格“双轨”现象，刘劲松（2006）曾对纵向价格双轨制进行了一些论述，并将纵向价格双轨制分为“广义的”和“狭义的”。但到目前为止，关于纵向价格双轨制的论述都基本停留在对现象的描述阶段，深入的理论分析和实证检验都较为缺乏。中国煤—电矛盾问题为进一步分析纵向价格双轨制提供了生动的素材，在前人工作的基础上，本书构建了一个煤—电纵向关系的博弈模型，在理论框架内对纵向价格双轨制、煤电联动等进行了分析，分两种情况考察了经济增长、煤炭市场集中度、资源税费改革和煤电联动在煤—电纵向关系中的影响，从模型中推演了纵向价格双轨制及其影响，随后使用历史数据对纵向价格双轨制进行了实证检验，最后提出了化解煤—电矛盾的政策思路和建议。

第三节　概念界定

一　价格双轨制（横向）

在20世纪80年代中期到90年代中期，中国曾对很多工业品实行计划定价与市场议价的“一物二价”的定价制度，俗称为“价格双轨制”。这项制度最初只是为了解决个别产品生产困难而采取的临时措施，随着形势的发展，很多工业品的生产都采取了这种价格形式，并延续了很多年。1981年，国务院为解决原油产量长期偏低的局面，允许石油部门在完成产量包干后，将超产生产的原油以国际市场价格销售或出口。1982年，大庆油田超产原油的售价为644元/吨，胜利油田超产原油的售价为532元/吨，而当时大庆油田、胜利油田的计划内原油定价为100元/吨，石油行业的价格政策成为价格双轨制的源头，但当时尚无相关文件对此进行规范。

1984年5月，国务院发出《关于进一步扩大国营工业企业自主权的暂行规定》，允许企业有一定的产品销售权和自主定价权，自主销售的产品可在国家定价的20%范围内上下浮动。1984年10月20日，中共十二届三中全会通过《关于经济体制改革的决定》，认为重工业品价格偏低，需要纠正，但对重工业品提价面临两难：提价幅度高会影响物价稳定，提价幅度小不解决问题，因此需要一条合适的提价途径。于是，1985年1月，国务院发出《关于放开工业品生产资料超产自销产品价格的通知》，进一步扩大工业品自销权，取消20%

的浮动限制。价格浮动限制取消后，由于经济过热，工业品生产资料供应紧张，导致了计划内外的价格差距迅速扩大，到1989年煤炭市场价高出计划价149%，原油市场价高出计划价213%，钢材市场价高出计划价105%，木材市场价高出计划价112%，铜市场价高出计划价150%，铝市场价高出计划价124%。同时按市场价格销售的产品比重也日益扩大，1989年企业按计划价购进的生产资料占全部消费的比重，以实物量计算约为44%（以金额计算仅占28%），其中煤炭的计划调拨数量为45.4%，钢材为29.7%，木材为21.7%，水泥为15.5%。价格双轨制下价格体系日益混乱，计划内价格形式五花八门，一些工业产品，如钢材和煤炭的计划价有十多种之多，这些价格差异很大，钢材的计划内价格相差50%上下，后来甚至出现了计划内高价的情况，1990年计划内高价部分：钢材为29%，有色金属为49.6%，木材为33.7%。

二　纵向价格双轨制

20世纪90年代后，宏观经济形势发生变化，供求矛盾趋缓，计划内外的价格差距缩小。1992年，中国开始着手消除价格双轨制，对很多产品的价格实行“并轨”。1993年放开了钢铁价格，1994年放开了煤炭价格，其他工业产品的价格也陆续放开，此后以市场供需形成价格的机制逐渐形成。传统的工业品价格双轨制逐渐消失后，一种新的价格双轨制——“纵向价格双轨”开始出现。纵向价格双轨制是于立（1992）根据传统的价格双轨制提出的一个经济学概念，他认为上述价格双轨制实际上是“横向”价格双轨制，因为它出现在同一产品的同一生产阶段，与横向价格双轨制对应，还存在一种纵向价格双轨制，指的是在产品生产的不同阶段出现计划价和市场价两种价格形成机制与相应的价格水平。如国家对一些重要原料和原材料的价格实行计划价或以计划价为主，而在下游最终产品阶段实行市场价或以市场价为主，这些经济现象都可解释为纵向价格双轨制。纵向价格双轨制会给国民经济带来大量负面影响，如刺激低水平重复建设，增加了产业结构调整的难度，并鼓励了资源的浪费（于立，1994）。

根据价格控制的环节不同，还可将纵向价格双轨制进一步划分，一种是在生产过程的上游阶段实行计划价，下游阶段实行市场价，即计划控制发生在产业链的源头，可称之为第一种纵向价格双轨制；另一种是下游阶段实行计划价，上游阶段实行市场价，即计划控制发生在产业链的末尾，可称之为第二种纵向价格双轨制。价格双轨制的分类见表 1－1：

表 1－1　　价格双轨制分类

	横向价格双轨制	纵向价格双轨制	
		第一种纵向价格双轨制	第二种纵向价格双轨制
上游阶段	计划价＋市场价	计划价	市场价
下游下段	计划价＋市场价	市场价	计划价

第一种纵向价格双轨制控制的是源头价格，下游价格一般对其没有影响，其负面影响仅限于刺激下游产业的扩张；第二种纵向价格双轨制控制的是末尾价格，负面影响较为复杂，因为政府在控制下游价格的同时，必然也对上游价格提出要求，要求上游价格与受规制的下游价格配合，否则就会出现下游堵上游的“肠梗阻”现象：上游价格上涨会打压下游的利润，导致下游企业削减产量。为了避免下游产品的短缺，政府可以干预上游价格，这实际上干扰了上游的市场价格机制，导致价格控制延伸到了上游，政府也可以提高下游价格，但下游价格的提高幅度很难掌握，提高幅度太小，起不到应有的作用，提高幅度太大，又可能导致下游产品过剩。

在中国改革开放的早期阶段，第一种纵向价格双轨制较多，随着市场经济体制走向完善，初级产品和原材料的价格也逐步放开，这种纵向价格双轨制趋于消失，与此同时第二种纵向价格双轨制开始出现。1992 年中国推行煤炭价格放开的试点，1993 年煤炭价格基本放开，仅保留电煤指导价，2002 年废除电煤指导价，煤炭价格几乎完全放开，随后虽然电煤价格仍受到一定干预，但市场主导价格的气氛已经形成，因此中国用了 10 年的时间放开了煤炭价格。与煤炭产业相比，电力产业放松规制的步伐较为缓慢，目前电价仍然是政府定价，1985 年以前的电价由国家统一制订，1985 年国家推行集资办电政策，实行了还本付息电价，即电价按照电力项目的还本付息需要核定，2002 年国家开始启动“厂网分开”为核心的电力改革，相应的电价实行“竞价上网”，但竞价上网并不成功，不久即被叫停，目前的电价仍然受到严格规制，因此中国的煤—电之间存在第二种纵向价格双轨制。

图 1 – 1 是以 1999 年为基期，经过季节调整后的煤炭、电力价格指数的变化趋势图，它鲜明地反映出了煤—电纵向价格双轨制的特征：煤炭价格的增长较快，电力价格的增长缓慢，2001 年末是个转折点，煤炭价格上升幅度由原先低于电力而后高于电力，两个价格走势的叠加非常像一把剪刀。

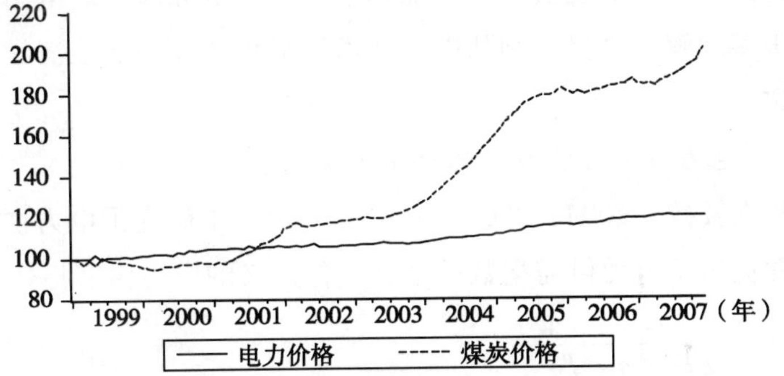

图 1 – 1　季节调整后的煤炭、电力价格指数（1999 年 =100）

三　电力供需失衡

均衡最早是物理学中的概念，指的是当一个物体同时受到方向相反、大小相等的作用力时，该物体处于静止状态，经济学中的均衡主要是指各种方向相反的力量（例如供给与需求）相等时的产量水平和价格水平，当产量水平和价格水平偏离均衡状态时就称为失衡。任何商品都会存在供需失衡，但是电力的供需失衡与一般商品有很大不同。现代社会，电力是社会和经济运行的总开关，电力供需的失衡会影响整个国民经济，其影响的深度和广度要远远大于一般商品的供需失衡。电力供需失衡包括电力短缺与电力过剩，相比而言，电力短缺的危害要大于电力过剩，电力短缺会给国民经济造成巨大损失。据统计，1987 年全国缺少电量约700 亿千瓦时，使得大约1/4 左右的生产设备不能正常运行。在2004 年上半年的电力短缺高发期，浙江超过一半的民营企业存在非正常停电，平均每月停电 11. 32 天。电力短缺还会使得投资环境恶化，在“电荒”暴发期间，诺基亚（中国）公司对电力短缺忍无可忍，致信杭州市委、市政府，信中的一段话被打印成粗黑体字：“如果杭州研发中心的业务开展遭到电力供应的严重掣肘，受损害的将不仅仅是诺基亚，还有杭州招商引资的信誉和效果。可以想象，没有一家公司会投资在一片电力供应无法得以保证的土地上。”电力过剩的负面影响主要针对电力企业而言，电力产业属于资金密集型产业，企业在投资之后，如果电量需求较小导致过剩，企业可能面临沉重的还贷压力，加剧了企业的财务风险。电力供需失衡存在很多理解，这里分别从电力技术经济角度和一般经济学的角度进行界定。

（一）电力技术经济角度的供需失衡

胡兆光教授（2004，2007）在一系列论文中研究了电力供需平衡问题，并提出了电力供需指数的概念，他定义的电力供需指数为：

$$I_{SD} = \frac{f(h \cdot G + c \cdot W)}{(D + a \cdot T)}$$

其中，f 为电力输送能力系数，表示电网在输配电环节是否有卡口，用［0，1］区间的数值表示，h 为发电机组的利用小时数，G 为发电机组的总容量，c 为雨水增加对水电发电量的影响系数，W 表示降水量，W 用［3，3］区间的数值表示，D 为电力需求量，T 为气温，其数值的高（低）会增加（降低）负荷，T 用［3，3］区间的数值表示，a 为气温对电量的影响系数。

当 $I_{SD} = 1$ 时，表示电力供需平衡，当 $I_{SD} > 1$ 时，表示电力供应大于需求，当 $I_{SD} < 1$ 时，表示电力供应小于需求。还可进一步划分电力短缺与过剩的具体区间，$1 < I_{SD} < 1.03$ 为电力供需平衡区间，这一区间被称为绿色区域，此时电力供应可满足经济发展要求；$1.03 < I_{SD} < 1.6$ 为供略大于需的区间，这一区间被称为黄色区域，表示电力

供应可能有剩余，应引起注意；$I_{SD} > 1.6$ 为红色区域，说明电力供应出现过剩，需要调控；$0.97 < I_{SD} < 1$ 说明电力供应略小于需求，属于黄色区域，表示电力可能出现短缺，需要关注；$I_{SD} < 0.97$ 说明电力已经出现短缺，属于红色区域，应采取应对措施。

可使用上述电力供需指数计算中国历年的电力供需状况，暂不考虑电网的卡口，将 f 取值为 1，h 取接近于 4700（接近 2002 年水平），c 取值为 100，1979 年 a 为 110，以后每增加 1 年 a 增加 20，测算结果见图 1－2。1979 年电力供需指数为 0.997，按照前述划分标准，处于黄色区域，电力供需基本平衡；1985 年电力供需指数为 1.01，处于绿色区域，电力供需平衡；1992 年电力供需指数为 0.966，按照前述划分标准，处于红色区域，表明存在电力缺口；1998 年电力供需指数为 1.096，按照前述划分标准，处于红色区域，表明存在电力剩余；2005 年电力供需指数为 0.958，按照前述划分标准，处于红色区域，表明存在电力缺口。

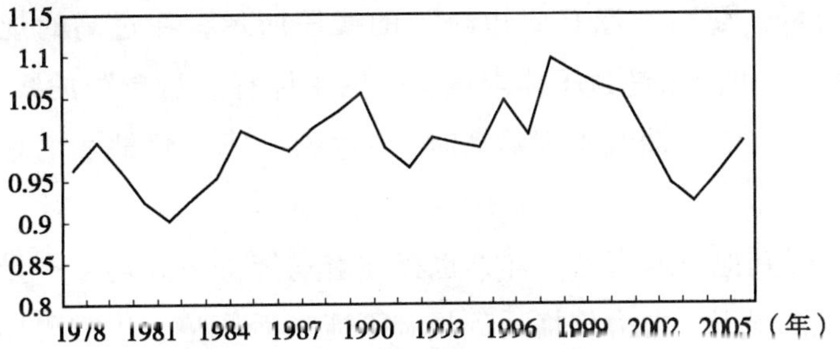

图 1－2　中国历年电力供需指数

注：转引自胡兆光《电力供需指数研究》，载《中国电力》2007 年第 7 期。

（二）经济学角度的供需失衡

胡兆光教授提出的供需指数指标以数量化的形式刻画了电力供需形势，为分析电力供应情况提供了依据，为各级决策部门及广大电力用户提供参考。但这一供需指数本质上将电力装机容量作为供应量，把电力消费量当作需求量，类似于发电利用小时数，这样做存在很多问题，尤其是在电力短缺时电力消费量可能不是需求量，电力机组也并非时时都满负荷运转，最终这一指数仅仅能够反映电力供过于求时的过剩程度，而不能反映供不应求时的短缺程度。其实一直到20世纪90年代中期之前，中国从没有出现过电力过剩的情况①，在这一阶段电力供需失衡主要指电力短缺，原因是装机容量的存在约束，电力投资不足与用电需求快速发展的矛盾是电力短缺的症结。但是在20世纪90年代中期之后，电力部门传统的缺乏投资或缺乏发电装机的问题不复存在，供需失衡的核心问题开始由装机容量不足转变为定价机制扭曲，此时考察电力短缺的因素不能仅仅考虑装机容量因素，更需要考虑定价机制问题。

在正常情况下，供需形成的价格会起到分配稀缺物品的作用，当政府强行对价格实行规制时，价格应有的功能被干扰，浪费和缺乏效率是这些干预的必然伴随物（Samuelson，1998）。不恰当的价格规制可能会使得供需偏离其均衡，从而带来短缺或过剩，典型的分析就是经济学主流教材中的“供需均衡分析”（图1－3），供需均衡的出清价格为P_0，均衡产量为Q_0，在过低的规制价格水平P_1下，需求量超过了供给量，如图中标有“短缺”的线段所示，在过高的规制价格水平P_2下，供给量超过了需求量，如图中标有“过剩”的线段所示。当供给曲线和需求曲线出现移动时，“过剩”或“短缺”的量也将随之变化。

电力同其他普通商品一样，也存在着均衡价格和均衡产量，而纵向价格双轨制下，电力价格受到规制不能灵活调整，供需同样会偏离均衡，由此造成的供需失衡几乎是一常态。但电力也具有不同于一般商品的特殊性，即电力具有不可储存性，到目前为止尚没有出现能够将电力经济地储存在起来的技术，电力供给方供给多少，电力消费方消费多少，电力系统必须时刻保持供需的瞬时平衡性。这就要求分析电力供需失衡必须区分电力消费量与电力需求量，必须区分电力供给能力与电力供给量。对于一般商品，短缺的解释是意愿需求量超过意愿供给量的幅度，过剩的解释是意愿供给量超过意愿需求量的幅度，

① 并非用电量少就表明电力需求少，很多需求其实并没有反映出来，比如农村用电一直都没能满足。

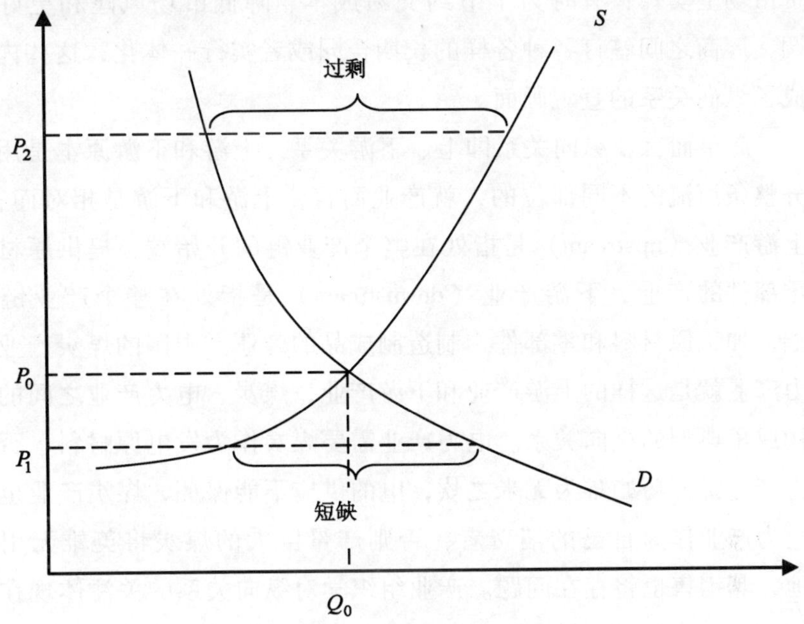

图 1－3　过剩与短缺

而对于电力商品，由于其特殊性，当存在电力短缺时，电力产品不会出现排队供给现象，电网调度部门会首先对一些企业拉闸限电，然后再在平衡供需的基础上供给电力，这样一些意愿需求实际上被掩盖起来，电力的消费量不反映需求量，此时利用电力供需指数表示短缺就不适宜；而当存在电力过剩时，电力产品不会出现积压的现象，电力生产量会随之下调，一些发电机组被关闭，此时电力消费量反映的仅是意愿需求量，而意愿供给量则没有反映出来，如果使用装机容量替代意愿供给量，则可大致利用电力供需指数衡量过剩程度。

四　纵向关系

随着经济发展水平的日益提高，很少商品是由一个厂商独立生产的，一件商品从原材料到半成品再到产成品需要很多阶段，此外，生产商通常不直接向最终消费者销售自己的产品，而是通过中间商、批发商和零售商来销售。在这一纵向过程中，有时厂商通过现货市场交易，即需要投入品时，到现货市场上购进，产品生产出来后再拿到现货市场上卖掉；有时为了节约交易成本、降低市场风险和更好的协调，厂商之间签订各种各样的长期合同或者实行一体化，这些内容构成了纵向关系的直观画面。

简单而言，纵向关系即上、下游关系。上游和下游原本是用来划分整条河流的不同部位的，就产业而言，上游和下游是相对而言的，上游产业（upstream）是指处在整个产业链的开始端，提供原材料或零部件的产业，下游产业（downstream）是指处在整个产业链的末端，加工原材料和零部件，制造制成品的产业。中国的煤炭产业和电力产业就是这样的上游产业和下游产业，煤炭、电力产业之间的关系构成了典型的纵向关系。电力产业需要煤炭作为发电原材料，否则电力产业犹如巧妇难为无米之炊，电的供应不能保证，煤炭产业也需要电力产业作为自己的消费者，否则产量巨大的煤炭将英雄无用武之地，其销售也将存在问题。产业组织学对纵向关系的关注体现在两个方面：一个方面是纵向限制，主要包括独家交易、限定销售区域、维持转售价格等；另一方面是纵向一体化，中国煤—电纵向关系中基本不存在独家交易、限定销售区域、维持转售价格等纵向限制行为，煤—电纵向一体化虽然存在但不普遍，煤—电纵向关系更多地表现为以电煤价格为纽带的纵向价格关系，同时，电力作为终端产品，其价格必然与电煤价格密切相关。

第四节 研究方法、结构安排与创新点

一 研究方法

1. 经济计量学的研究方法。产业组织学很早就有经验研究的传统，20 世纪 60 年代经验研究的最重要手段——经济计量技术成熟之后，产业组织学就接受了这一分析方法，目前采用经济计量方法的产业组织学文献可以说浩如烟海。煤—电关系问题既是中国经济生活中的重要现实问题，也是产业组织学中有趣的经济学问题，对此经济计量研究方法无疑是重要的研究方法。经济计量分析主要应用于电荒、

电价和煤价的互动，电力、电煤的消费模式研究等。

2. 博弈论的研究方法。早在20世纪70年代博弈论就开始应用于产业组织学，由此形成了以关注企业策略性行为为主旨的新产业组织理论（Davis and Lyons，1988；Pepall L. et al.，1999）。新产业组织理论采用博弈论这一统一的研究方法，试图为传统的结构—行为—绩效范式寻找理论基础，其关于寡占模型的一系列分析及其成果，使得产业组织理论得以回归经济学正统。本书借助两阶段博弈模型，将纵向价格双轨制下的煤—电关系进行了形式化，通过理论上的演绎、推理和归纳，得出了有关煤—电关系的一些有意义的结论。

3. 比较的研究方法。本书还采用了比较的研究方法，对国外的纵向价格双轨制和煤—电关系进行了分析，归纳了其中的经验和教训，以求通过借鉴国际经验，为协调中国的煤—电关系提供政策思考。

二 结构安排

本书分为十一章，第一章是概要性导论，第二章是文献述评，与本书研究内容有关的文献包括纵向关系的文献，煤—电关系的文献以及纵向价格关系的文献，本章对这些文献进行了回顾和梳理。

第三章对中国煤炭产业和煤炭价格形成机制进行了系统分析，发现1999年后中国煤炭产业集中度开始上升，目前中国煤炭市场已经远非过去人们通常理解的“过度竞争市场”，即使其集中度还没有达到电力产业的集中水平，但是两者的差距已并不悬殊，煤炭市场集中度的上升有利于煤炭企业限产提价。造成煤炭市场集中度上升的原因主要有以下几个：煤炭产业的进入壁垒提高、对小煤矿的歧视、安全规制的强化和决策层的偏好。此外，中国的资源税费改革还导致了煤炭政策成本上升，在煤—电纵向价格双轨制下，无疑也是中国煤—电关系的不利因素。通过回顾中国资源税费制度的历史沿革以及存在的问题和改革趋势，细致分析了资源税费改革对煤—电关系的影响。

第四章分析了煤炭价格波动对下游价格传递的影响，作为上游的基础原材料，煤炭价格引发了对成本推动型通货膨胀的担心。2010

年6月国家发展改革委以座谈的形式劝诫煤炭企业不要涨价，原因就是“煤价上涨不仅影响下游行业经营，还会加剧社会通胀预期”。我们的研究发现，煤炭价格的成本推动效应不明显，一个重要的原因可能是煤电“纵向价格双轨制”。尽管中国存在煤电联动政策，但政策执行情况并不理想，很多时候达到了联动的条件，但没有真正执行价格联动。

第五章分析了电力价格形成机制及其与煤炭市场的关联。电力产业是煤—电关系中的下游，是煤—电关系中市场化改革相对滞后的一环，但是电力规制价格的调整存在盲目性和被动性，容易引发规制性电力短缺。畸形的输电模式是中国电力产业中厂网矛盾的症结，我们对中国的“厂网矛盾”进行了剖析，认为中国输电模式的最大缺陷是不提供公平接入，这为市场化电力企业设置了阻碍，为解决厂网矛盾，应对网络设施开放和平等使用做出强制性规定，在此基础上推行竞价上网，形成市场化电力价格。最后我们对煤电纵向价格关系的发展沿革进行了梳理：一是新中国成立以来至1993年，上下游都是计划价格；二是1993—2002年是相对平稳的纵向价格双轨制时期；三是2002年以来煤—电发生冲突的纵向价格双轨制时期。

第六章构建了一个反映煤—电纵向价格双轨制的理论模型。为反映煤—电关系中诸多因素的影响，本部分建立了煤—电纵向关系的两阶段博弈模型，其中考察了经济增长、煤炭企业集中度、资源税费改革等因素的影响。研究发现当上下游都是市场轨时（无价格规制），经济发展水平的快慢、煤炭企业市场势力的大小、资源税费水平的高低均会影响均衡的位置，但不会造成电力供需失衡。当存在上游市场价、下游计划价时（纵向价格双轨制），电力供应失衡就会出现，即可能出现电力缺口，也可能出现电力过剩，而经济增长、煤炭企业集中度、资源税费改革均会对电力供需失衡产生影响。

模型检验了煤电联动的理论效果，分析表明，煤电联动虽然会缩小电力缺口，但也会拉动电煤价格上升，这给煤电联动政策的执行带来困难。在煤电联动执行过程中，本期电力价格的制定一般是根据上一期的电煤价格做出的，但本期电力价格调高之后，本期的电煤价格也会随之上升，这样电力价格仍然不会弥补成本，电力缺口依然会存在。在存有纵向价格双轨制的煤—电关系中，最优的电力规制价格不再简单地等于电煤成本加发电成本（包含经济利润），而是一个两阶段博弈的均衡结果，实际中计算出这一结果几乎不可能。为了避开煤电联动难题，解决的良方就是尽快消除纵向价格双轨制，让市场的力量对煤—电价格进行“联动”。

第七章使用历史数据实证分析了纵向价格双轨制与电力供需失衡的关系。2002 年开始的连绵数年的电力供需失衡为考察纵向价格双轨制提供了生动的素材，本章首先对电力供需失衡进行了结构分析，估计了各年度的失衡情况（电力缺口），并探讨了电力供需失衡与煤炭价格、电力供需失衡与电力价格之间的关系。实证研究基本支持煤—电纵向价格双轨制引发电力供需失衡的假说，研究发现：煤炭价格与电力缺口间存在恶性循环，一方面受各种因素影响，煤炭价格持续上升，纵向价格双轨制的存在阻碍了价格传导，最终导致下游电力部门的产品短缺，另一方面即使电力缺口存在，但由于宏观经济对电力需求较大，再加上煤电联动的影响，电力生产总量不断扩大，继续推动煤炭价格的上升。“电荒”会带来电价调整的压力，促使政府规制部门不断根据煤价上调电价，但是规制当局对电价调整具有被动性和仓促性，且调整的目的仅仅限于缓解电力企业的燃“煤”之急。

第八章介绍了国外纵向价格双轨制经验教训。纵向价格双轨制非中国独有，在美国加州和英国的电力体制改革过程中，都不同程度地存在纵向价格双轨制。在美国加州，批发电价和燃料（天然气）价格的规制被解除，但零售电价仍受规制，零售市场与批发市场之间的价格不相匹配，导致上网电价攀升时，增加的电力批发成本就不能向下游转嫁，电力公司面临巨大的损失而减少发电，因此加州电力危机与中国的“电荒”如出一辙，都是纵向价格双轨制酿成的恶果。英国的情况则是煤炭产业的市场化改革落后于电力产业：电力产业和煤炭产业一开始都是国有企业，由于煤炭工会有强大的政治影响力，英国的煤炭产业始终受到保护，1989 年英国电力体制改革开始时，煤炭产业仍维持国有局面，出现了“上游计划 + 下游市场”的煤—电纵向体制双轨制，电力体制改革使得电煤的需求大幅下降，但英国政府并没有一味维持原有煤—电格局，而是及时果断放弃了对煤炭产业的保护，采取煤炭私有化的措施，最终使得煤—电矛盾得以化解。

第九章分析了纵向价格双轨制下的电力、煤炭消费模式。中国正在处于工业化的关键时期，为了保障下游企业的快速发展，中国维持了煤—电纵向价格双轨制格局，将电力价格固定在一个较低的水平上，这虽然降低了企业的用电成本，但可能鼓励了企业浪费电力，造就了以高能耗为代价的粗放型经济增长。本章首先使用2000—2007年的面板数据对电力消费进行了分析，实证结果表明，国内生产总值、人口总量和第二产业比重均显著影响电力消费，发现在控制了人口总量、产业结构变化后，电力消费弹性仍然大于1。随后对煤炭—电力消费关系进行了分析，发现中国的发电煤耗水平呈现下降趋势，预计2020年每亿千瓦时的火电需要消费电煤4.349亿吨。最后根据电力消费方程和煤炭—电力转换关系，使用情景预测法对未来的煤、电消费进行了预测，发现在现行的消费模式下，2020年火电消费最高可达到7万亿千瓦时，电煤消费可达30亿吨，这种高能耗的发展模式对中国的能源承载力构成了严峻挑战。

第十章提出了化解纵向价格双轨制的政策建议，主要是通过深化改革尽快结束纵向价格双轨制，加快电力市场化，同时，作为一项辅助性措施，中国还应抓紧时间推出电煤期货，以稳定煤炭价格波动，缓解煤—电冲突。

第十一章为研究结论和展望。

三 创新点

本书的主要创新体现在以下三点：

第一，构建了一个纵向价格双轨制的理论模型。纵向价格双轨制是于立在1992年首次提出的，刘劲松（2006）曾对纵向价格双轨制进行了一些论述，并将纵向价格双轨制分为“广义的”和“狭义的”。但到目前为止，对于纵向价格双轨制的规范分析比较缺乏，已有的论述基本停留在对现象的描述阶段，本书构建了一个煤—电纵向价格双轨制的正式模型，在理论框架内对纵向价格双轨制、煤电联动等进行了分析，并从模型中得出了一些有意义的结论。

第二，对纵向价格双轨制与电力供需失衡的关系进行了实证检验。关于最近几年电力短缺的原因一直存在很多研究和观点，有人提出是装机容量不足造成的，有人认为是电煤短缺造成的，当然也有人提出是煤—电纵向价格双轨制造成的，但这些研究中定性的论述较多，较为详细的实证研究仍属空白。本书在理论分析的基础上，使用公开可得的数据，构建了电力消费的经济计量模型，实际估算出中国历年的电力缺口，并检验了电力缺口与煤炭价格、电力缺口与电力价格的互动关系，检验结果表明纵向价格双轨制的存在引发了电力供需失衡。

第三，提出了煤—电矛盾的改革方向和化解煤—电纵向价格双轨制的思路。本书提出的观点是：应稳定煤炭市场化改革的成果，积极推进电力市场化步伐，放开电力价格，“稳定一头、改革另一头”才是解决煤—电矛盾的对症之方，为此本书还勾画了一个改革路线图。

第二章 文献综述

第一节 纵向关系

煤—电之间的关系是一种纵向关系，这种关系对于两个产业的发展有着重要的影响，学者们从不同的角度对纵向关系进行了分析，对纵向关系的研究一般包括纵向一体化和纵向限制，纵向一体化相关理论构成了煤—电纵向一体化的理论基础，纵向限制虽然也是传统的纵向关系组成部分，但是煤—电关系基本不涉及纵向限制，因此本书没有对此进行讨论。

Coase（1937）在《企业的性质》中谈到，市场交易行为存在交易成本，使用市场的成本主要是“发现有关价格的成本”，此外还有就每一笔交易进行讨价还价的成本，如果由企业替代市场，这些成本就可以节约。Coase（1937）论述道，如果企业取代市场，资源配置方式将由价格分配转向数量分配，“价格发现”的成本支出就可以消除，同时企业内部生产要素的提供者能够“在某些限度内服从企业主的指挥”，因此企业主更加有效率进行生产要素配置，不再需要为每一笔交易进行谈判。但是企业内生产仍存在成本，只要企业内的交易费用比市场交易费用低，企业就有进行一体化以节约交易费用的激励。当市场交易的边际成本和企业内交易的边际成本相等时，企业的一体化达到极限，即实现了企业与市场的最优边界。

Williamson（1985）把资产专用性和与此相关的机会主义作为分析工具论述了企业出现的原因，他把机会主义定义为“狡诈地追求利润的利己主义”，在更广泛的交易费用理论分析中，机会主义被描述为无处不在的人性特征，是推卸责任、利己主义，或使用一切手段来实现自身利益最大化的人性假设，说谎、偷盗、欺骗等都是典型的机会主义，机会主义分为事前和事后两种形式，前者称为逆向选择，后者称为道德风险。Williamson 把交易作为基本分析单位，考察交易本身，分析交易的特征。他首先把市场和企业都看作是特定的治理结构（governance structure），一项交易可以在市场中进行，也可以在企业中进行，但任何一种治理结构都有相应的治理成本。Williamson 指出，交易的专用性程度、交易次数的不确定性与有限理性及机会主义行为一起决定交易的治理成本，进而该成本决定交易的治理结构是市场、关系合同或者企业。Williamson 说，"如果不存在机会主义行为倾向，交易双方通过承诺、信任及相互适应就能达到协调的目的。在这种情况下，保障措施是多余的，而且如果人们花费不少，人们根本不会使用这些措施。机会主义和有限理性的结合才凸现了治理结构选择的重要性"。他认为当交易涉及资产专用性和不确定性时，机会主义就会严重干扰交易的正常进行，从而造成效率损失，为了避免这种状况必须借助企业这一组织形式。一方面当两家企业合并为一家企业时，参与者就失去了独霸私利的权利，因为"内部交易的参与者更难于以牺牲整个组织的利益的方式谋取部门私利"，"交易的条款受到了限制"，"总部可以方便地调整内部成员的现期和预期的报酬（包括职务升迁）以惩罚其不合作"，这样在企业内部，机会主义会被大大遏制。Williamson 坚持认为"在解决争执方面，内部组织比市场协调的交易更具有优越性"，虽然合并后会存在机会主义行为，即使这样内部的协调也比市场的协调来的更有效，合并后不仅"内部参与者更趋于合作性地行事"，而且还具有另一个好处，那就是当遇到争端时，"能够通过诉诸权威来解决"，所以，纵向一体化的目的就是尽量避免机会主义，尽量将由此带来的负面影响降到最低、

Coase（1988）不赞成 Williamson 提出的的机会主义是纵向一体化的动机，他认为机会主义完全可以通过长期合约来避免，按照关系适应理论的说法，长期交易的关系可以对此补救。Macneil（1974）是关系合约的引入者，指出经济交换模式存在交易性和关系型两种，交易型存在于离散的交换过程，交易双方视为独立；关系型是过去的

交易行为（声誉）和未来的影响（长期关系）主导的交易。Klein（1988）认为长期合约并不能解决机会主义，他使用通用公司和费雪公司的案例进行了说明，1919 年费雪与通用签署了一份长期合约，意在保护费雪的专用性投资免受通用的敲竹杠，同时双方还签订了一个固定价格公式，使价格能够维持在竞争水平上，意在避免通用遭受费雪的敲竹杠。后来市场对密封车市的需求大量增加，最终导致费雪对通用实施敲诈行为。最终作者认为，实现纵向一体化后可以将专用性资产的所有权进行权转，这些资产包括一些专用的技术窍门和“实验记忆”，从而可以避免由这种专用性投资带来的敲竹杠风险。

Grossman 和 Hart（1986）从不完全合约的角度，探讨了企业一体化问题。他们认为，现实中的经济个体通常以签署合同的方式进行交易，与合约有关的权利分为两种：特殊权利和剩余权利，特殊权利是合同中明确规定的权利，如果合约是完全的，那么特殊权利就是全部权利，如果合约是不完全的，那么合约中未经规定的权利就是剩余权利，当合约的一方预期确定特殊权利的成本较高时，那么他将不再费力去签订这样的合约，而是通过购买另一方获得全部权利。Hart 与 Moore（1990）在《政治经济学杂志》上发表了《财产权利和企业性质》，讨论了有关企业一体化的问题，他们将 Grossman 和 Hart（1986）的思想进一步完善，新的理论一般被称为 GHM 模型，GHM 模型比较了一体化交易和非一体化交易，并且对不同的一体化方式进行了比较，核心思想是互补性强的资产应该置于同一所有权之下，共同所有权是鼓励共同投资的最好办法，资产的最终所有权或者由专用性更强的投资人所有，或者由关键的、不可或缺的资产所有者所有。GHM 模型的重要贡献不仅在于回答了为何需要一体化，更在于回答了谁将主导一体化的问题。

国内学者张仁华（1997）提出应从范围经济的角度理解纵向关系，他们认为能够进行纵向一体化的企业的，其产品必须互为投入和产出，如果在市场上出售，理应看做互不同质的产品，因此纵向一体化本质上是多产品的联合生产，纵向一体化的目的也在于获得范围经济。有时企业虽然只生产某一阶段的产品，但是为了本阶段的正常生产，必须了解上下游阶段的技术特点、经营特点和信息，否则无法与上下游协调，企业纵向一体化可以获得技术上和管理上的范围经济。当然，技术和管理知识的分享并非一定通过纵向一体化获得，知识可以在市场上交易获得，但是对这些共享知识的定价很困难，交易效率很低，而纵向联合是利用这些知识的最佳途径。张仁华指出，两个因素可能使得分工是过度的：（1）学习效应，学习效应的递增报酬在过分专业化企业中得不到利用；（2）共享要素定价，因为“免费搭乘”问题会导致共享要素定价不合理和资源配置不当。当存在学习效应问题和定价困难时，纵向一体化因为能够获得范围经济而比较合适。

Milgrom 和 Robert（1990）使用影响成本的概念解释了纵向解体，他们认为纵向一体化会导致影响成本（influence cost）的上升，因为企业越大，最高决策者的权利就越大，领导者对企业的运营的干预就越大。上级的决策往往是科级下层重点关注的领域，而倾注了大量的时间和资源，导致科级下层投入到生产中的时间减少，由于决策者带有个人偏好，导致组织效率下降。

Porter（1980）对纵向一体化的解释是，企业能够保证投入品的稳定供应，以维持原有产出的市场份额，由于市场不完全等原因，企业可能不能以市场出清的价格购买投入品，或者不能以市场出清的价格卖出最终产品，而纵向一体化则可以解决这一问题。Stigler（1951）指出，纵向一体化产生的动机往往来自中间产品的需求方。尤其当政府对产品的规制价格低于市场出清价格时，配给制决定了中间产品的供给，为了占有全部消费者和生产商剩余，中间产品的需求方有强烈的动机推动纵向一体化。

Arrow（1975）讨论了为获得私人信息而获取实现纵向一体化的问题，他假定中下游生产商在获得中间产品价格之前进行投资决策，但是中间产品价格是不确定的，下游生产商能够通过后向一体化来获得投入品的信息，根据中间产品的信息他才能判断这项投资是否有利可图。但是该模型的主要缺陷是假设上游厂商是竞争性的，而竞争性厂商不会有隐藏信息的动机，揭示信息能够提升下游厂商的决策质量，这样也有利于上游厂商，因此基于获取信息的纵向一体化可能是不必要的，下游厂商完全可以通过其他办法来获取。

上述各个学者从不同的角度对纵向一体化的理由进行了分析，总结来看，纵向一体化的理由有：节省交易成本（Coase，1937）、避免机会主义（Williamson，1985）、避免签订不完全合约（Grossman 和 Hart，1986）、获得稳定的供货（Porter，1980）、绕开价格规制（Stigler，1951）、获得私人信息（Arrow，1975）等，其中第 2 个到第 6 个原因都可看做是在节约交易成本，因此 Coase 的交易成本分析较具有一般意义。

第二节 煤—电关系

Joskow（1985）对美国的煤—电关系进行了深入研究，认为煤—电关系的经验观察与交易成本理论高度一致，在美国煤炭企业与电力企业之间的煤炭交易中，现货市场和短期合约市场仅占一个相对较小的份额，而对于大部分电力企业而言，它们更偏好长期合约这一治理结构，而不是纵向一体化。煤—电纵向一体化主要常见于坑口电厂，超过一半的坑口电厂采取了某种形式的纵向一体化形式，但坑口电厂的数量并不多，其电煤消费量也只占全部电煤消费量的 15%。当坑口电厂采用合约交易方式而非纵向一体化时，它与煤炭供应商签定的合同也是很特殊的，虽然这种合同也是“不完全的”，但其中已经包括大量的价格和非价格条款，以确保双方的利益和合同顺利执行，可以说条款的高度复杂是这种合同的最大特点。坑口电厂的合约治理形式与一般电厂也非常不同，坑口电厂所签订的合同期限大大长于其他电厂，所承诺的年度交货数额更大，合同中一般没有再谈判条款和终止合约条款；一般电厂所签订的合约中，合同期限都较短，承诺的年度交货数量较少，并且附有再谈判条款和终止合约条款，这些条款允许在某些条款还没有执行时终止合同。

Atkinson 和 Kerkvliet（1986）分析了一种称为低硫怀俄明州煤的煤炭，使用了经济计量方法检验了州政府、发电企业、煤炭供应商和铁路之间的租金分配问题，检验结果发现铁路和煤炭供应商各获得了23%的租金，而州政府和发电企业各获得7%和47%的租金，进一步统计结果证实了租金向铁路转移的假说，因为1980年开始放松铁路规制。此外Gonzalas（1982）的研究表明煤—电纵向一体化没有提高煤炭的生产率，因为纵向一体化后规制者允许将成本向下游转移，这导致了纵向一体化后的电厂采煤效率低下。Kaserman和Tepel（1982）分析了发电燃料市场，找出了买方垄断行为的证据。

于立和刘劲松（2005a，2005b）的一系列论文从多个方面，如技术经济关系、价格关系和市场结构入手分析了中国的煤电产业之间的关系和矛盾。他们认为煤炭企业、电力企业和政府围绕着煤炭价格进行长期博弈，煤电之间的纵向价格矛盾是中国煤电之间紧张的根源，纵向价格关系的扭曲导致了电力市场的效率损失。

于立宏和郁义鸿（2006）从外部性和外部需求分析了中国煤—电关系的变化，认为从产业链整体性来评估规制政策的效果是一个更好的选择，将电价规制与电煤价格规制相融合来看待规制政策，将有利于对煤炭纵向价格双轨制的深层次分析，也必然能够提高资源的配置效率。作者提出使用基准价格来理顺煤—电关系，基准价格应该反映长期趋势，但是从目前来看，电煤定价机制与长期的基准价格之间并无相对稳定的关系。电煤价格是电煤产业链核心中的关键，基于产业链效率的基准价格的确定，首先应该确定电煤的基准价格，在此基础上考虑发电环节的成本和利润再确定电力的基准价格，最终实现有效的产业链规制。

钟哲（2005）认为“电荒”的表面原因是电煤短缺造成的电力供给匮乏，但是从根本上讲是电煤的上下游两个行业——煤炭行业和电力行业之间的市场势力不对称形成的：从产业集中度来看，煤炭企业比较分散，属于竞争性市场，而电力企业则比较集中，属于区域垄断。但是目前这一不对等状况有所变化，煤炭企业正以省为单位走向联合，他认为煤炭企业的这种区域联合可以解决煤炭产业竞争主体较多、产业集中度低的问题，还能推动煤炭经济结构调整、整合煤炭资源、全面提升煤炭产业的市场竞争力。国家出台的煤—电价格联动等一系列措施只能缓解矛盾，不能解决问题，只有提高煤炭企业的竞争力、促进煤炭企业与电力企业纵向一体化才能彻底解决煤—电纠纷。

张爱培（2006）从战略合作关系角度出发，认为“互保体系”应该成为电力企业和煤炭企业之间的维系力量，例如电力企业可将与煤炭企业签订中长期合同，满足其部分煤炭需求，价格采用期货价格模式，由双方协商确定并给予浮动范围，在该关系下双方将不会面临突变的价格，平滑了价格曲线，不仅煤炭供应得以保障，而且燃料价格上涨压力也得以减缓，合作关系得以进入良性循环。

傅鸣（2006）认为煤电联动虽然短期内缓解了电力产业的成本压力，并缓和了煤—电产业紧张关系，但未能解决引发冲突的根本问题——市场煤和计划电的冲突，电价的上涨在煤炭供需不平衡的情况下，可能会引发新一轮的煤炭涨价，虽然政府对电煤价格上涨进行了限制，但规制在市场经济大潮中未必奏效，市场可能进入恶性循环。煤—电两个产业的目标存在着差异，煤炭产业的主要目标是赢利，而电力产业除盈利外，还要考虑国家社会福利目标，为两者兼顾。所谓真正的煤电联动，必然是有产权纽带对两个产业从纵向进行连接，在这种相互投资的纵向关系上，电力企业需要的资源能够得到及时供应，规避了煤炭供应的不稳定因素，而煤炭产业的效益也能够得到保障和提高。

第三节　纵向价格关系

纵向价格关系理论是当前产业组织理论中的一个活跃的研究领域，价格传递将上下游市场紧密连接起来，价格是否灵活可调直接影响着资源配置的有效性。大量关于纵向价格关系的研究集中在农产品市场领域，也有少部分研究关注了能源领域，分析的经济现象主要有：农产品价格与食品价格的传递、原油价格与汽油价格的传递、燃料价格与电力价格的传递，关注的重点在于价格传递的不对称性（Asymmetric Price Transmission）。

美国学者 Gardner（1975）最早运用移动均衡模型（Equilibrium

Displacement Model）研究了价格传递问题。Gardner 分析了完全竞争市场条件下的农产品价格传递，在一定的假设前提下分别推导出两个价格传递弹性公式，一个用于反映从农产品收购环节向食品零售环节的价格传递，另一个反映从食品零售环节向农产品收购环节的价格传递。他认为没有一成不变的价格传递法则，这些价格移动的方式根据引起移动的原因不同而不同，这些原因可能是来自需求的冲击、来自供给的冲击，抑或是来自投入品市场的冲击。Gardner（1975）之后，纵向价格关系理论的文献开始大量涌现。

根据 Meyer 和 Von Cramon – Taubadel（2004），纵向价格传递不对称可以根据不同的标准划为两类：第一个标准是价格传递的速度和规模不对称，假定下游产出品价格 P^{out} 依赖于上游投入品价格 P^{in}，速度和规模的的区别如图 2 – 1a 和图 2 – 1b 所示，在图 2 – 1a 中，产出品价格变化的规模依赖于投入品价格变化的方向，在图 2 – 1b 中，产出品变化的速度依赖于投入品价格变化的方向，显然规模和速度也可以结合起来，即价格传递既关于规模不对称，也关于速度不对称，如图 2 – 1c 所示：

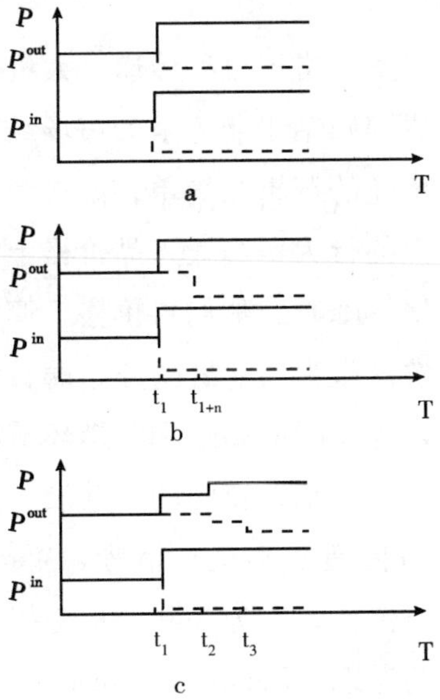

图 2 – 1 纵向价格传递关于速度和规模不对称

第二个标准是价格传递是“正向”还是“负向”，假如产出品价格对投入品价格的上升反映更充分、更迅速，那么就称之为“正向”的价格传递，相应的，“负向”价格传递指的是产出品价格对投入品价格的下降反映更充分、更迅速。“正向”的价格传递如图 2－2a 所示，“负向”的价格传递如图 2－2b 所示。

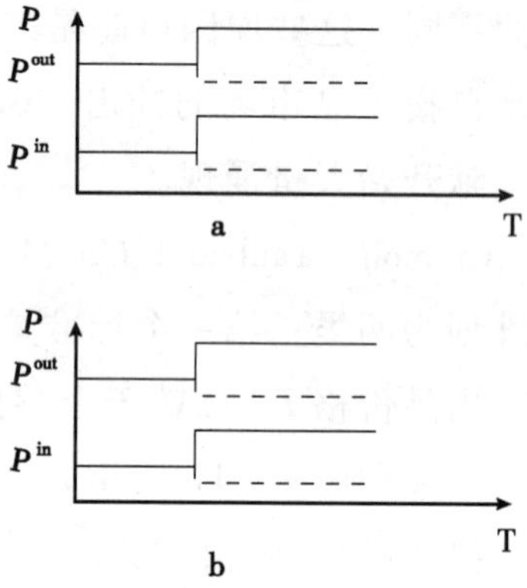

图 2－2 “正向”和“负向”价格传递

根据以往学者的研究，价格不对称传递的原因包括制造商市场势力、调整成本和菜单成本：

第一，市场势力引发价格不对称传递。大量研究文献将导致纵向价格传递不对称性的原因归结于非竞争的市场结构，制造商市场势力存在导致不对称价格传递的逻辑很简单，制造商往往能够针对投入品价格上升采取默契合谋的行为，当投入品价格上升时，他们会同时上调价格；当投入品价格下降时，他们将价格下调很少。特别是在农产品—食品产业链中，农民作为产业链的开始端，消费者作为产业链的终端，他们都倾向于认为中间的制造和营销环节滥用了市场势力。在大部分情况下，这种推断是不证自明的，并没有严格的理论基础。但是实际上这种正向价格传递并不这么清晰，Ward（1982）认为市场势力会导致负向的价格传递，因为垄断者担心提高产出品价格会失掉市场份额，出于相同的考虑，Bailey 和 Brorsen（1989）认为厂商通常面临一个弯曲的需求曲线，它或者凹向原点，或者凸向原点，厂商的信念不同也将导致不同的价格传递行为发生，他们得出结论：市场势力并非一定会导致正向传递或负向传递。Holloway（1991）将 Gardner 的模型做了进一步拓展，将 Gardner 模型中的营销部门完全竞争假定舍弃，退而代之的是一个内生性进入的寡头竞争，给出了一个修正后的“农产品—零售价格比例”推导结果，随后经验检验了他的推导结果，检验结果发现产出品市场没有偏离完全竞争性。王秀清等（2007）利用移动均衡模型（Muth，1965）研究了纵向关联市场间的价格传递行为，他们以食品生产者与零售者之间的纵向价格关系为研究对象，假设下游营销企业有寡占的卖方力量和买方力量，各种投入品之间存在一定的替代关系，并拥有规模报酬可变的技术，得出结论：市场力量并不是价格传递不对称的必然原因。虽然一般情况下，市场力量是价格传递偏离完全竞争的主要原因之一，但是农产品营销企业具有自身的技术特性，那就是规模报酬不变，从这一点来说，即使存在收购和零售环节都存在寡占力量，但是双方力量如果可以相互抵消，那么完全竞争状态还是可以呈现的。因此，市场力量事实上与价格传递的完全竞争程度之间并无必然的因果关系。

许多关于市场势力和不对称价格传递的研究集中在观察特定的市场现象上，Borenstein（1997）等研究了从原油到汽油的纵向价格传递行为，得出的结论为：在一个寡头竞争的市场结构下，下游汽油价格的“粘性”（stickiness）会导致正向的不对称价格传递，他们认为由于对其他公司的价格变动存在信息不对称等，当投入品价格变动以后，以前的产出价格提供了一个自然的“聚点”。尽管原油价格的增加会压缩利润而最终使得汽油价格上升，但是成本的下降却不会使得产出价格立即下降，只要他们的销售额维持在一个门槛水平上，它们就有动机维持原有的价格。相关的研究还有 Balke 等（1998）、Brown 和 Yücel（2000），他们考虑了寡头竞争的厂商如何为了攫取高利润而默契合谋。由于在这些条件下，声誉非常重要，这导致了不对称价格传递的发生，例如当投入品价格上升后，所有的公司都会迅速调高产出品价格，以向他们的竞争者发出信号：合谋仍在维持中，然而如果投入品价格下降了，厂商将等待着降价的时机，避免自己成为默契协议的破坏者。

Zachmann 和 Hirschhausen（2008）研究了 CO_2 排放价格对欧洲电力交易市场电力现货价格的影响，他们发现“碳价”（carbon prices）的上升会显著带来电力现货价格的上升，但是“碳价”的下降却只带来电力现货价格较小的下降，他们所做的仅仅是经验研究，并没有对此给出理论解释。Nikolas（2008）对电力市场中的这种现象给出了一个解释，他认为，发电企业通过提交电力供给函数来竞争，价格由拍卖人统一决定，价格的不对称传递行为一定与供给函数的不对称调整有关。在欧洲电力交易市场，发电企业竞价是必须严格保密的，排放价格不对称传递的原因在于发电公司使用价格信号作为合作的机制，通过合作行为，发电公司可以增加他们的联合利润，但是合作是违法的，因此合作必须默契进行，它们把“碳价”上升当作了联合上调价格的信号

总结而言，许多研究者认为市场势力会导致不对称价格传递，大部分人的预测是市场势力会导致正向纵向价格传递，在一个完全垄断的背景下，这种观点在某种程度上是合理的，但是在更一般的寡头垄断的背景下，正向价格传递和负向价格传递都是合理的，它依赖于市场的结构和行为。在经验研究方面，Neumark 和 Sharpe（1992）找到了关于集中度会导致不对称价格刚性假说的证据，Peltzman（2000）则使用了两个代表市场势力的代理变量：竞争者数量和 Herfindahl - Hirschman 指数测度的市场集中度，实证结果表明竞争者的数量增多会导致不对称性增加，但集中度的增加导致了不对称性下降。

第二，调整成本引发价格不对称传递。对于不对称价格传递行为的另一个解释是调整成本，当公司需要改变投入品或产出品的数量或价格时可能会发生一些成本，这叫做调整成本，如果调整成本仅与价格有关时，它又被称为菜单成本。假如这些成本对数量/价格增加和减少的反应是不对称的，不对称价格传递就会发生。Bailey 和 Brorsen（1989）研究了美国的牛肉市场，他的研究表明，由于牛肉罐头厂有很高的固定成本，在短期内，生产规模越接近于最大生产能力，牛肉罐头厂的利润就越低，不同的牛肉罐头厂竞争的结果使得生牛肉价格向上波动的频率比牛肉罐头向下波动的频率大得多，这导致了负向的

价格波动。与 Bailey 和 Brorsen 相反，Peltzman（2000）给出了一个正向价格传递的例子，他认为与增加产出而补充投入品相比，由于需求减少而解雇投入品更容易，投入品的搜寻成本上升往往会导致产出价格的上升。

Ward（1982）认为，易腐烂商品的零售商可能在提高价格时犹豫不决，因为害怕因此而滞销，这会导致负向的纵向价格传递，Heien（1980）对 Ward 则对的这一观点进行了质疑，他认为比起罐装食品，易腐烂商品的价格可能更容易变化，因为罐装食品虽然不会腐烂，但是价格变化也会招致更高的时间成本，并且品质也会下降。Heien 的观点与 Barro（1972）提出的所谓菜单成本假说一致，Ball 和 Mankiw（1994）发展了一个通货膨胀条件下的菜单成本模型，并推导出了不对称价格传递的条件，在他们的模型中，投入品名义价格的正向调整比负向调整更容易导致产出品价格的调整，这是因为通货膨胀的存在，许多调低价格的行为被通货膨胀自动完成了。Buckle 和 Carlson（2000）使用了一个新西兰的商业调查数据证实了这一假说。Peltzman（2000）的研究不认为菜单成本和不对称价格传递间存在关系，但是他确实发现供应链越长的产业，价格传递的不对称性越强，而供应链较长的产业其菜单成本可能也较高。

库存管理也被认为是造成不对称价格传递的重要因素，例如 Balke 等（1998）证明某些会计方法如“先进先出法”也可能导致不对称价格传递，Blinder（1982）发展了一个模型，其中非负的库存约束产生了一个正向的不对称价格传递。Reagan 和 Weitzman（1982）认为在需求低迷的阶段，厂商宁愿调整生产的数量和增加库存，而不愿立即降低产出价格；而在高需求阶段，厂商则更喜欢提高价格，这都会导致不对称价格传递。

第三，其他的导致不对称价格传递的因素不能归入上述任何一类的，如价格支持，需求冲击等。在美国的农业领域，对农产品通常实行最低价格规制，Kinnucan 和 Forker（1987）认为这种价格干预政策可能引起了不对称价格传递，农产品批发商和零售商都认为农产品的价格下降都将是暂时的，因为会招致政府的干预，而农产品价格的上升则是持久的，这也会导致下游价格的不对称变化。Lloyd、McCorriston、Morgan 和 Rayner（2003）分析了牛绵状脑病危机对英国牛肉市场的冲击，着重分析了农产品价格和零售价格之间的不对称传递，作者首先给出了一个理论模型，论证了当面临需求冲击时，市场势力对农产品价格和零售价格之间的传递有重要影响，随后的实证分析表明，需求对农产品价格的冲击是零售价格冲击的两倍。辛贤等（2000）研究了中国农产品市场的价格放大效应，他们以 Gardner 模型为基础分析了中国从生猪收购到猪肉零售市场间的价格传递，得出结论：如果猪肉市场中的变化是由需求方面变化引起的，那么，猪肉市场中的农户价格和零售价格均具有扩大效应，市场中猪肉的供给余缺状况在一定程度上被扩大；如果猪肉市场中的变化是由供给方面变化引起的，那么，农户价格和零售价格的效应并不相同，从农户角度而言，其价格的变化程度更能真实地反映农户生猪供给的短缺和过剩状况，而就零售价格而言，则具有缩小的效应；如果猪肉市场中的变化是供给和需求两个方面变化的叠加，那么，各种外部冲击力量的对比将决定农户价格和零售价格的净放大或者缩小影响。

在纵向价格双轨制之下，中国煤—电纵向价格传递具有不对称性，20 世纪 90 年代末，中国煤炭市场低迷，煤炭价格逐年下跌，但电力价格并不因燃料下降而下调，进入 21 世纪后中国煤炭价格出现回升，为了弥补发电成本，电力价格在煤电联动的政策下进行了一定程度的上调，但是调整的速度和幅度都远远低于煤炭价格。图 2－3 显示了中国煤—电纵向价格传递的特征：

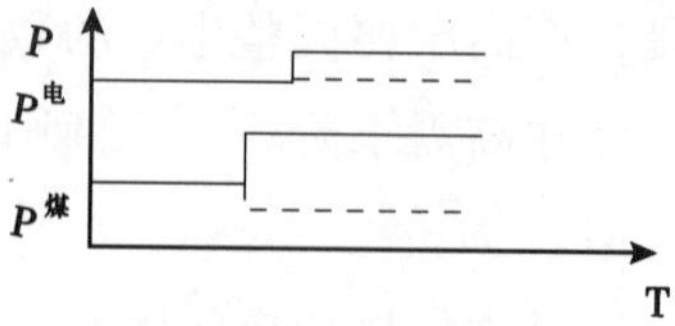

图 2－3　中国煤—电纵向价格关系

与通常研究的纵向价格关系不同，中国煤—电价格传递的不对称不是市场本身造成的，而是由于下游价格受到规制造成的，这种差异造成了方程的结构发生了变化，下游价格由于受到规制而成为外生变量，由此造成的供需失衡（数量变化）成为内生变量。尽管建模的现实基础发生了变化，但是分析方法与上述文献相同，理论分析部分采用了流行的移动均衡模型，经验分析部分主要使用了时间序列分析方法。虽然学者们对一般的纵向价格关系的研究汗牛充栋，但对价格规制下的纵向价格关系却较少研究，本书的思考试图弥补这一缺憾，也为该领域的研究提供了新的素材和例证。

第三章　煤炭产业和煤炭价格形成机制

第一节　煤炭价格的市场化

一　煤炭价格市场化改革历程

中国煤炭产业的市场化改革较早，目前价格已经随行就市。煤炭价格放开后很长一段时间内煤炭价格低迷，2002 年煤炭价格开始反弹，2002 年年初大同优混煤为 220 元/吨，2004 年年初已经超过 400 元/吨，到 2008 年 7 月更达到 980 元/吨，煤炭价格自进入上升通道以来翻了两番多。由于下游的电力价格基本固定，煤炭价格的上升给电力产业带来巨大压力，国家发展改革委专家周大地曾表示："电价如果不调整，就等于多发一千瓦时的电就多赔几分钱"。从煤—电纵向关系的视角出发，煤炭产业的市场结构变迁与资源税费改革对煤炭价格具有重要影响，本章的分析主要集中于这两个方面。

中国煤炭价格改革从 20 世纪 70 年代末以来，大致经过了三个阶段。第一阶段为 1979 年到 1993 年。起初为调整价格，后期显示出逐步放开价格的特征。1979 年 5 月 1 日起国家在全国范围内调整煤炭价格，1983 年 1 月起对全国 22 个部属统配矿实行超产煤炭加价办法，打破煤炭价格长期不变的局面，1985 年后为了缓解煤炭产业的亏损，国家对煤炭企业实行承包制，1986 年起煤炭价格的指令性特征表现为煤炭价格由两部分组成，在国家颁发的统一的出产价格基础上给予统一的加价幅度，1987 年从指令性转变为指导性，对超核定能力、超计划生产的煤炭实施加价议价政策，至此，煤炭价格先后出现指令性、指导性和协议价三种模式。1990 年至 1993 年，煤炭价格先后经历了最高限价、市场调节和价格开放的阶段。1990 年，根据国家治理整顿的要求，国家对计划外煤炭推行最高限价，统配矿计划内综合商品煤平均基本出厂价也在同年相应提高。1992 年开始煤炭价格尝试向市场调节过渡，改变统配矿新投产矿井达产期内生产的煤炭价格，通过市场力量予以调节，并取缔了计划外煤炭的最高限价政策。1993 年，煤炭出厂价格部分放开，包括东北、华东地区和湖南省国有重点煤矿，以及精煤和电力、冶金行业所用的动力煤。

第二阶段为 1994 年到 2001 年。这一阶段非电力用煤实现了市场化，电煤仍存在一定规制。在前期试点的基础上，国家于 1994 年 1 月全部开放了煤炭价格，所有煤炭的价格均由市场调节，不再区分计划内煤炭和计划外煤炭。鉴于电力价格没有放开，1996 年国家对重点合同的电煤价格实行规制，在 1995 年煤炭实际结算价格基础上，1996 年平均电煤每吨最高提价额为 8 元，此后电煤一直实行国家指导价。重点合同之外的电煤与普通煤炭价格一样，其价格随行就市。

第三阶段为 2002 年至今。这一阶段电煤指导价废除，煤炭价格逐渐完全走向市场。2002 年起国家宣布电煤不再实行电煤指导定价，然而由于电力产业改革滞后，为了防止电煤价格上涨过快，国家仍时不时出台电煤价格干预政策。2004 年年底，国家发展改革委决定 2005 年的车板价以 2004 年 9 月底实际结算的车板价为基础，在 8% 的幅度内进行浮动。2006 年 2 月 7 日，国家发展改革委发出《关于继续做好部分电煤价格协商，保障 2006 年煤炭电力生产供应的紧急通知》，要求部分重点煤炭、电力企业完成电煤合同签订任务，对违反《价格法》等法律法规，导致煤炭供应中断的，要追究企业主要负责人和当事人责任，这实际上是以行政命令干预煤炭市场的自由交易行为。2007 年后电煤价格的计划色彩才真正淡去，2007 年国家发展改革委下发了《关于做好 2007 年跨省区煤炭产运需衔接工作的通知》，传统的煤炭订货大会被取消，取而代之的是视频会议，并进一步明确了对煤炭价格市场改革方向的坚持。2008 年国家发展改革委下发了《关于做好 2009 年跨省区煤炭产运需衔接工作的通知》，其中明晰了电煤价格的改革时间安排，“明年电煤价格实行市场定价”，在2009年福州煤炭衔接会上，煤炭、电力产业的冲突升级，电煤合同一单未签，国家发展改革委恪守了“电煤价格实行市场定价”承诺，没有对此进行干预。

二 影响煤炭价格的主要因素

在煤炭价格市场化的情况下，影响煤炭价格的因素主要有以下几点：

（一）经济增长

煤炭主要用于电力、钢铁、建材和化工四大产业，四大产业的煤炭总消耗量占煤炭总消耗的近8成。而这四大产业的发展情况与经济周期高度相关，这使得煤炭消费需求受经济增长速度较大影响，进而影响到煤炭产品价格。当国民经济处于飞速增长时期，煤炭的市场需求大幅度上扬，导致价格快速上涨；当国民经济进入调整时期，煤炭市场需求受到一定抑制，煤炭的价格也将随之跌落。图3－1为2002年以来国内煤炭价格（大同优混煤的秦皇岛价格）和中国经济增长速度的关系，图3－2为2001年来的国际市场煤炭价格（澳大利亚BJ动力煤现货价格）和世界经济增长率的关系，从中可以看出，无论是中国还是世界，煤炭价格和经济增长都存在显著的正相关关系，经济增长是影响煤炭价格的重要因素。

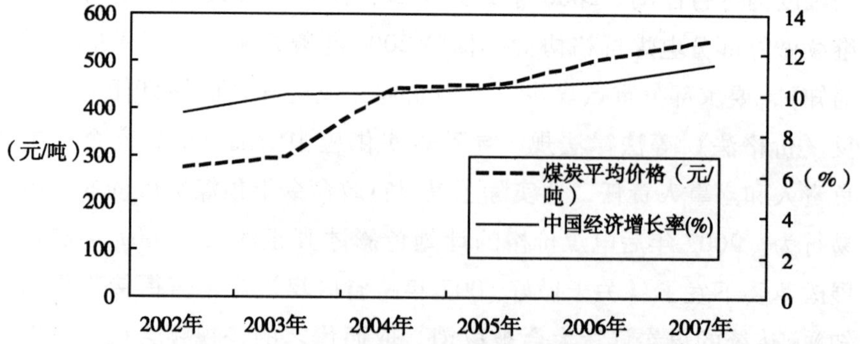

图3－1 国内煤炭价格和GDP增长率

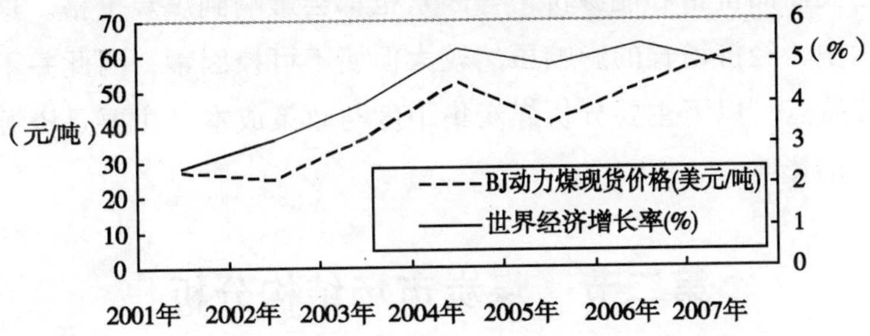

图3-2　国际煤炭价格和世界经济增长率

（二）市场结构

进入21世纪后，中国煤炭产业开始走向集中，到2006年原煤产量前4位企业（神华集团、中煤集团、山西焦煤集团和山西大同集团）的原煤产量达到3.39亿吨，CR_4达到14.2%；前8位企业的原煤产量达到4.9亿吨，CR_8达到20.80%；原煤产量超过1000万吨的企业达到31家，其中神华集团煤炭产量超亿吨。煤炭产业的市场结构越集中，煤炭企业的议价能力越强，煤炭价格上涨的趋势越强烈。

（三）政策成本

煤炭的政策成本主要指煤炭资源税费成本，长期以来中国煤炭等资源的价格不包含安全、环境和转产成本，造成煤炭开采中出现大量问题，如环境破坏无法修复、资源型城市"矿竭城衰"，等等。针对这些问题，中国已开始着手完善资源税费制度，煤炭产业作为试点率先改革，2006年9月，国务院批复山西、内蒙古、安徽、山东、陕西等8个煤炭主产省（区）成为进行煤炭资源有偿使用制度改革试点。据统计，由于资源税费改革成本的上升，山西地区煤炭2007年底生产成本也随之上升，与2006年初相比，大约上升70元。资源税费等政策性成本是支撑煤炭价格逐步走高的重要原因，2009年煤炭形势供过于求，但是煤炭企业仍要求提价，提价的重要理由也是政策性成本上升，内蒙古经济信息中心杭栓柱认为，2009年可持续发展基金等因素将使煤炭成本每吨增加50—70元，因此神华、中煤等煤炭企业提出了涨价10%以上的要求是合理的。

除了上述因素之外，煤炭运输成本、国际市场煤炭价格、汇率、其它相关商品价格和能源价格等因素也都会影响到煤炭价格。这些影响因素中，经济增长的影响虽然较大但属不可控因素，因此并不打算做研究重点，以下主要分析煤炭集中度与政策成本（主要是资源税费改革）的影响。

第二节 煤炭市场结构分析

一 中国煤炭市场结构特征

（一）煤炭产业集中度

中国煤炭产业的集中度演变经历了先分散后集中的过程，大致以1999年为界，之前煤炭市场结构的集中程度较低，之后煤炭产业市场结构走向集中。以集中率为例，1990年到1998年9年间的CR_4指数平均值为6.96，1999年到2006年8年间的CR_4指数平均值为13.11，上升幅度为88.51%；1990年到1998年9年间的CR_8指数平均值为12.15，1999年到2006年8年间的CR_8指数平均值为20.13，上升幅度为65.651%；以HHI指数为例，1990年到1998年9年间的HHI指数平均值为27.19，1999年到2006年8年间的HHI指数平均值为103.04，上升幅度为312.6%，目前HHI指数仍有上升的趋势（见图3－3）。

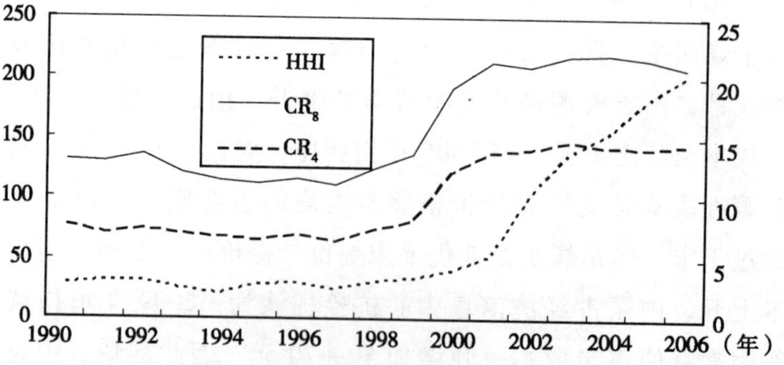

图3－3 煤炭产业集中度变化趋势

需要指出的是，中国的煤炭市场其实并非全国一个市场，而是存在若干个子市场，例如有研究表明东北地区（包括辽宁、吉林和黑龙江三省）的煤炭供给与中国其它地区的煤炭基地相对隔离，煤炭市场基本构成一个相对独立的市场（郝媛媛、于立，2009），在全国范围内与东北市场类似的还有西南市场和西北市场。但除此之外的华北、华东、中南的诸多省份，甚至包括东北的辽宁和吉林，都可基本看做是一个市场，这一点可用山西煤炭的流向作为证明，2006 年全国各大区基本都调用山西煤炭（见表 3－1），仅有西南和西北的 8 个省市完全不调用山西的煤炭，因为这些地区本身也是煤炭主产区。此外每年都召开的全国煤炭衔接会也从侧面说明，全国煤炭市场大体可看作是一个市场，因此尽管存在市场细分问题，使用全国水平的煤炭集中度仍可基本反映煤炭企业的市场势力问题。

表 3－1　　山西国有重点煤矿向各地区调拨煤炭情况　　单位：万吨

华北	北京	天津	河北	山西	内蒙古		
	809.22	1074.56	6028.45	4312.6	193.13		
东北	辽宁	吉林	黑龙江				
	906.31	34.58	0.65				
华东	上海	江苏	浙江	安徽	福建	江西	山东
	725.14	1560.1	930.12	290.63	185.93	206.93	3061.18
中南	河南	湖北	湖南	广东	海南	广西	
	420.06	742.62	392.03	505.86	18.6	68.15	
西南	四川	重庆	贵州	云南	西藏		
	0.03	0	0	0	0		
西北	陕西	甘肃	青海	宁夏	新疆		
	32.31	0	0	0	0		
出口	1649.76						

资料来源：《中国煤炭工业年鉴 2006》。

（二）产品差异化

产品差异包括客观差异和主观差异，客观差异指的是品质、外观等客观实在差异，主观差异是由于消费者对产品的偏好和喜恶不同导致产品出现的差异，广告和市场营销会使得产品出现主观差异，较高的广告和市场营销投入会创造出消费者对产品的偏好，这就是品牌效应。

中国煤炭产品的客观差异主要表现在两个方面：一是煤炭品质差异很大，如北方的煤炭灰份和硫份较低，而南方的煤炭灰份和硫份较高，这主要是因为不同的沉积环境所致，品质上的差异化造成很多火电企业被当地煤炭企业“套牢”，有研究显示（郝媛媛、于立，2008）：东北地区的很多发电厂是针对黑龙江龙煤集团煤矿设计的，如果使用其他企业的煤炭会给发电设备造成损伤，“套牢”使得当地电厂在与龙煤集团谈判中的地位非常不利。二是地理位置和交通条件造成的价格差异化，中国煤炭分布存在“西多东少”、“北多南少”的状况，交通费用会导致煤炭出现价格差异化，东南沿海地区的煤炭企业“占尽地利”，较内陆地区的煤炭企业有交通费用优势。目前中国的煤炭产品还不存在品牌差异，对于用户来讲，只要质量有保证，是大型煤炭企业生产的还是小煤窑生产的没有分别，已经在位的煤炭企业不可能通过主观差异化（广告等措施）驱逐潜在进入企业。

（三）生产要素壁垒

生产要素构成企业壁垒的情况是，由于特殊的生产要素被他人抢先占有或者难以筹集，导致后来者无法进入。就中国煤炭产业来讲，首先原材料不构成壁垒，中国煤炭资源丰富，煤炭资源基本不存在被他人“圈定”的可能，优质煤和劣质煤各有用途，只要这种煤炭有市场需求，价格不低于开采成本，那么就有企业进入；其次劳动力不需要特殊技能，基本不需要培训就能上岗，也不存在劳动力要素壁垒；最后必要的资本量也不一定构成壁垒，一般来讲，大规模的煤炭选采需要大量专用设备投资，但是由于各地煤炭资源的煤层深浅程度、地质结构条件不同，造成了煤炭资源的禀赋不同，在禀赋较好的地方开采煤炭不需要太高的工艺和专用设备，这些地方不存在资本进入壁垒或壁垒很低。

（四）规模经济壁垒

规模经济壁垒要求进入者拥有很大的市场份额，才能具有成本竞争优势，但是中国煤矿开采业的规模经济性不明显，小煤矿的开采成本不一定高于大矿，这与资源禀赋和宽松的政策环境有关。

（五）退出壁垒

企业退出有时会面临退出壁垒，包括解雇费用、沉没成本等，沉没成本是指企业退出后一些无法收回的成本，这种沉没成本可能是对实物资本的投资，也可能是创造品牌形象时做的广告。

中国国有煤矿退出壁垒较高，首先是职工的解雇费用高，国有煤炭企业长期以来走的是一条粗放式的增长道路，企业雇佣的职工较多且成分复杂，企业退出必须考虑这些职工的补偿问题，还有一些国有老矿必须安置大量退休职工，在社会保障尚待进一步完善的制度约束下，安顿下岗和退休职工不仅仅是一个经济问题，处理不好还会演化为政治问题。大型国有煤炭企业需要大量矿山设备和固定资产投资，这种投资的专用性很高，退出之后很难转作他用，加之中国的资本市场不发达，因此存在很大的沉没成本。目前中国的煤炭产品还不存在品牌差异，不存在品牌等无形资产沉没成本。在很多以煤炭开采为主的资源型城市，一些国有煤炭企业即使出现资源枯竭、成本畸高、长期亏损也不能顺利退出，也从另一个角度说明，中国国有煤矿的确存在很高的退出壁垒。对于小煤矿，其专用性投资较少，用工方式灵活，不存在退出壁垒。

（六）行政或政策壁垒

上述关于中国煤炭市场产业组织状况的几个特点表明，中国煤炭市场的进入障碍较低，且存在一定的退出障碍，如果不存在行政或政策壁垒，煤炭产业将是一个集中度较低、竞争较充分的市场，这实际上是1998年之前的情况，当时中国煤炭产业的行政壁垒较低，煤炭产业的市场结构分散。目前中国煤炭市场的集中度有上升的趋势，说明行政或政策壁垒可能在提高，下面我们将一一分析影响煤炭市场集中度的相关政策和法律法规。

二 影响煤炭市场结构的政策

（一）市场准入政策

改革开放之初，为了增加煤炭产量，缓解国民经济的煤炭“瓶颈”，国家放宽了煤炭产业的市场准入，对煤炭产业实行投资多元化的方针，即“国家、集体、个人一起上”和“大、中、小并举”，1983年国家出台了鼓励小煤矿①发展的8项措施，其主要内容是：提倡采取多种形式推动群众办矿，鼓励各行各业办矿，允许群众集资办矿，要求各省市区煤矿主管部门、矿务局和地质部门，本着统筹规划，合理利用的准则，积极为群众办矿提供煤炭资源；各级政府、各国营企业，要在办矿资金、物资、技术和减免税收等方面，积极扶持群众办矿。1984年，原煤炭部颁布《关于进一步放宽政策，放手发展地方煤矿的通知》和《关于积极支持群众办矿的通知》，要求在资源利用、办矿体制、供运销等方面进一步放宽政策。20世纪90年代中国提出建立社会主义市场经济之后，国家对煤炭发展方针进行了一些调整，注意引导乡镇煤矿产量有序增长。1995年，国务院颁布《煤炭生产许可证管理办法》和《乡镇煤矿管理条例》，第二年颁布《煤炭法》，进一步扶持、规范小煤矿的发展。在上述产业组织政策的推动下，中国煤炭产业中的企业数目大量增加，投资主体呈现多元化，煤炭产业集中度日益下降，1985—1996年煤炭产业的基本建设投资从61.14亿元增长到181.24亿元，国家投资的比重从61.1%下降到18.7%，投资主体变化推动了生产格局的变化，这十年中国有重点煤矿的产量比重从46.6%下降到35.9%，地方国有煤矿的产量比重从26.1%下降到17%。而乡镇煤矿的产量比重从27.3%迅速增加47.1%，占据了全国煤炭产量的半壁江山，乡镇煤矿的数量也从1980年的1万个增加到1997年的8万个。煤炭产业鼓励进入的政策

① 小煤矿是一个业界人士和学者常用的概念，从生产能力讲，小煤矿为不超过30万吨/年的矿井；从所有制角度讲，小煤矿以乡镇煤矿为主，同时包括部分国有煤矿和私人矿井；从企业经营角度讲，小煤矿一般只拥有1—2个矿井，年销售额低于3000万元。

取得很大成效，1990 年中国煤炭产量首次超过美国，至今仍保持世界第一产煤大国地位，彻底解决了煤炭“瓶颈”问题。

但是早期过于宽松的进入门槛也引发了一系列问题，国有煤矿出现大面积亏损，小煤矿安全事故频发。目前国家正在规范煤炭产业的市场准入，如2007 年末山西省出台的《煤炭企业办矿标准暂行规定》对生产技术、安全保障、资源保护、环境保护、从业人员、劳动保护等方面全面提高了煤炭产业进入门槛。进一步提高了新建矿井和现有矿井的最低生产规模，明确了煤炭开采的机械化程度和矿井生产的组织方式要求，细化了安全管理的具体规定，实施了煤矿生产“六证”制度，甚至规定了不同规模矿井主要管理人员和技术人员的学历要求。特别是煤矿生产“六证”制度，“六证”分别由山西省国土资源厅、煤监局、煤炭工业管理局和工商管理局负责审批发放。“六证”发放采取分步顺序审批发放方式，审批环节一环扣一环，环环相扣，前一审批环节没有完成不能进入下一个审批环节，办证时间拉长，办证难度加大。为满足合法生产的条件，有的煤矿派专人全职负责煤矿“六证”的办理工作，形成较为奇特的“办证副矿长”现象。经过实地调查发现，目前国有煤矿的办证速度明显快于私人煤矿，而在过去，私人煤矿的办证速度快于国有煤矿，这从另一个方面反映煤炭产业的进入壁垒在提高。

（二）小煤矿歧视政策

与小煤矿相比，国有煤矿虽然建有现代化矿井，装备先进的技术设备，但却无法在产量和价格上与小煤矿竞争，原因有以下几个：一是国有企业执行国家规定的煤炭资源回采率标准，以利于资源的合理开发，为达到对资源的充分利用，国有煤矿必须加大投入去开采一些成本较高的煤炭资源，而小煤矿则没有这些强制性约束，基本上按照成本最小化的方式开采，开采成本稍高的资源都被丢弃；二是国有煤矿执行国家规定的安全、劳动保护规定，必须投入资金改善巷道布置、巷道通风等，以保护职工的生命安全，而在监督不力的情况下，小煤矿对于这些投入能省就省，以最大限度地压缩开采成本；三是国有煤矿要承担环保支出，如承担塌陷区治理、土地赔偿、居民迁移等费用，而小煤矿则基本没有这类支出；四是国有煤矿承担着很多社会职能，如承办医院、学校，负责离退休人员养老支出等，小煤矿则没有这些包袱。针对国有煤矿竞争力不足问题，国家推行了照顾国有煤矿、歧视小煤矿的政策。在煤炭供应紧张、国有煤矿的生产不能满足需要时，国家鼓励社会各界资本进入，小煤矿能够获得较快发展；当煤炭供过于求、国有煤矿出现困难时，国家就开始对小煤矿实行关停的政策，这种歧视性政策破坏了竞争环境，客观上引发了小煤矿的短视行为，同时对煤炭市场的市场结构产生重要影响。

1998年在小煤矿激烈竞争下，国有煤炭企业出现了全行业亏损，60%左右的国有重点煤矿处于停产、半停产状态，国务院遂于1998年11月下发《关于煤炭工业关井压产工作有关问题的通知》，制定了一系列关闭小煤矿的政策措施，开始了数年之久的“关井压产、总量控制”的煤炭产业政策。按照中央部署，各地纷纷采取强有力的行政手段，对小煤矿进行大规模关闭整顿，之后竞争态势迅速扭转，1998年乡镇煤矿产量尚占总产量的41.8%，一年之后急剧下降为31.7%，不足总产量的三分之一，到2001年更是下降到22.6%，仅仅占五分之一强，与此同时，国有重点煤矿的产量快速回升，到2001年国有重点煤矿的产量比重上升到56.7%。由于很多煤矿企业被关闭，企业总数由1997年的11526个锐减到1999年的2795个，煤炭产业的集中度必然上升。

（三）安全规制政策

进入21世纪后，随着国民经济进入上升周期，煤炭需求再次旺盛，乡镇煤矿产量又开始扩张，高强度生产使得安全事故频发，2001年乡镇煤矿的死亡率达到14.81人/百万吨，为历史最高水平，是年国家开始实施安全专项整治，取缔关闭了一批不具备安全生产条件的小煤矿。2004年国务院颁布了《安全生产许可证条例》，再次对煤炭产业安全生产进行了明确规定。2005年国务院发布《关于坚决整顿关闭不具备安全生产条件和非法煤矿的紧急通知》和《国务院关于预防煤矿生产安全事故的特别规定》，按照上述部署国家安全生产监督管理总局和煤矿安全检查局在全国范围内对小煤矿进行了大规模关闭。2006年国家安全监督管理总局、煤矿安全监察局等十一部委联合下发《关于加强煤矿安全生产工作规范煤炭资源整合的若干意见》，提出了煤炭资源整合的6个目标，第一个目标就是减少矿井数量，提高矿井规模。2006年11月国务院安全生产委员会办公室对12个省市煤矿整顿关闭工作进行了督查，发现很多已公告关闭矿井又恢复生产，为了进一步规范煤炭资源整合工作，2007年2月国务院安全生产委员会办公室下发《关于进一步规范煤炭资源整合工作的通知》，对煤炭资源整合工作做出了进一步规定。安全监管主要针对小煤矿，导致小煤矿的数量急剧下降，煤炭生产向大企业集中。

（四）市场集中的偏好政策

决策层对集中市场结构的偏好是导致煤炭产业走向集中的又一因素。2004年国家发改委完成《煤炭工业中长期发展规划（2004—2020）》，其中强调大型煤炭基地建设要与培育煤炭骨干企业并举。2005年国务院颁布《关于促进煤炭工业健康发展的若干意见》，提出了28条意见，其中把培育大型煤炭企业作为意见中的一条单独强调：要打破地域、行业、所有制界限，加快培育和发展若干个亿吨级大型煤炭骨干企业和企业集团，使之成为优化煤炭工业结构，建设大型煤炭基地、平衡国内煤炭市场供需关系和“走出去”开发国外煤炭、参与国际市场竞争的主体。2006年《中华人民共和国国民经济和社会发展第十一个五年规划纲要》明确提出，鼓励煤炭企业联合重组，引导形成若干产能亿吨级的企业。2007年国家发改委编制的《煤炭工业发展“十一五”规划》提到，煤炭工业“十一五”发展目标为“形成6—8个亿吨级和8—10个5000万吨级大型煤炭企业集团，煤炭产量占全国的50%以上”途径是“鼓励大型煤炭企业兼并改造中小型煤矿”，明确指出此举的目的是要提高煤炭产业集中度。《煤炭工业发展“十一五”规划》还以省为单位，提出了小型煤矿数量和产量的目标控制数，显示出决策层对集中的偏好甚于分散。

在决策层的市场集中偏好政策影响下，大型煤炭集团企业纷纷成立，2001年由西山、汾西、霍州3家大型煤炭企业组建了山西焦煤集团公司；2002年由石炭井、石嘴山、宁武和宁夏煤炭进出口公司组建为宁夏煤业公司，随后被神华收购；2004 年 2 月由铜川、韩城、澄合、蒲白等 10 家煤炭企业组建为陕西煤炭集团公司；2004 年年底由鸡西、鹤岗、双鸭山、七台河等 4 家煤炭企业组建龙煤集团；2005 年攀枝花、广能等煤炭企业联合重组，成立川煤集团。到 2006 年原煤产量前 4 位的神华集团、中煤集团、山西焦煤集团和山西大同集团的原煤产量达到 3.39 亿吨，CR_4 达到 14.2%，原煤产量前 8 位的企业集团的原煤产量达到 4.9 亿吨，CR_8 达到 20.80%，原煤产量超过 1000 万吨的企业达到 31 家，其中神华集团煤炭产量超亿吨。在国家“抓大放小”的政策方针下，中国煤炭市场的集中度日趋提高。

第三节　煤炭资源税费改革

一　煤炭资源税费制度

1986 年 3 月《中华人民共和国矿产资源法》（以下简称《矿产资源法》）由全国人大常委会十五次会议通过，《矿产资源法》标志着中国进入了依法管矿的新阶段，而在这之前中国管矿手段带有浓厚的行政色彩，无论是在矿产资源的勘探方面，还是在矿产资源的开采方面。《矿产资源法》成为中国矿业管理法制化的一个里程碑，它确定了“税费并存”的资源有偿使用原则，第 5 条规定：“国家对矿产资源实行有偿开采，开采矿产资源，必须按照国家有关规定缴纳资源税和资源补偿费”，但此时并不存在资源补偿费，仅存在资源税，因此“税费并存”的具体细节没有落实，资源补偿费实际上处于“有法无费”状态。《矿产资源法》存在很多不足，如规定探矿权和采矿权采用国家无偿授予的形成取得，且不得上市流转，不过它明确了探矿权和采矿权的财产权属性，这是值得肯定的。

1993 年 12 月 25 日国务院发布了《中华人民共和国资源税暂行条例》，对 1984 年的第一代资源税作了重大修改，形成了第二代资源税，并实施至今。第二代资源税制度的主要特点有：

首先，扩大了资源税的课税范围。把资源税的征收范围扩大到所有金属矿产品和其他非金属矿产品以及盐。

其次，资源税采取“普遍征收，级差调节”的从量定额征收原则。“普遍征收”指中国境内开发的一切应税资源产品都要从量征收资源税；“级差调节”指对不同条件的企业征收差异的税额，由于矿山的自然条件和自然环境存在差异，影响了企业之间的公平竞争，实施差异化的税额可以对这些差异进行平衡，一般做法是：自然条件好的矿山面临的税额较高，自然条件差的矿山面临的税额较低。

最后，资源税本质属于地方税种。在形式上资源税属于中央和地方的共享税，但是与一般共享税不同的地方是，资源税不是按照分成比例来进行共享的，而是按照不同的资源品种来共享的，对陆地资源征收的资源税属地方，对海洋资源征收的资源税属中央。由于中国可以用来征税的资源大部分位于陆地，因此资源税大部分归资源所在地的地方政府所有，本质上属于地方税。

1994 年，国务院颁布的《矿产资源补偿征收管理规定》开始征收资源补偿费，结束了资源补偿费“有法无费”的历史，资源补偿费制度的征收特点是：

第一，由国土资源主管部门会同财政部门征收，企业交纳的补偿费列入管理费用。

第二，纳入国家预算实行专项管理，专款专用，主要用于矿产资源勘查。

第三，按照矿产品销售收入从价计征，与回采率挂钩。矿产资源补偿费的计算公式为：

征收矿产资源补偿费金额 = 矿产品销售收入 × 补偿费率 × 开采回采率系数

第四，中央与地方共享。中央与省、直辖市矿产资源补偿费的分成比例为 5：5，中央与自治区矿产资源补偿费的分成比例为 4：6。

1996 年 8 月 29 日，中国八届人大常委会第二十一次会议对《中华人民共和国矿产资源法》进行了修改，再次明确了采矿权和探矿权的财产属性，确立了采矿权和探矿权有偿转让制度，促使矿业权主体以更高的积极性来对矿产资源进行开发利用，1998 年国务院发布的 3

个配套行政法规《矿产资源勘查区块登记管理办法》、《矿产资源开采登记管理办法》和《探矿权、采矿权转让管理办法》，将采矿权和探矿权的有偿取得制度具体化，国家作为资源所有者除了收取资源税和资源补偿费外，在转让采矿权和探矿权时，还要收取采矿权使用费、探矿权使用费、探矿权价款和采矿权价款。

《矿产资源勘查区块登记管理办法》12 条规定："国家实行探矿权有偿取得的制度。探矿权使用费以勘查年度计算，逐年缴纳。"标准为："一勘查年度至第三勘查年度，每平方公里每年缴纳 100 元，从第四勘查年度起，每平方公里每年增加 100 元，但最高不超过每年每平方公里 500 元。"探矿权使用费制度明确了探矿权的有偿取得制度。第 13 条规定："申请国家出资勘查并已经探明矿产地的区块的探矿权的，探矿权申请人除依照本办法第十二条的规定缴纳探矿权使用费外，还应当缴纳经评估确认的国家出资勘查形成的探矿权价款。"征收探矿权价款的主要目的是避免国家的前期地质勘查投入及其收益被私营、外资等各企业无偿使用。

《矿产资源开采登记管理办法》第 9 条规定："国家实行采矿权有偿取得的制度。采矿权使用费，按照矿区范围的面积逐年缴纳，标准为每平方公里每年 1000 元。"采矿权使用费明确了采矿权的有偿取得制度，第 9 条规定："申请国家出资勘查并已经探明矿产地的采矿权的，采矿权申请人除依照本办法第九条的规定缴纳采矿权使用费外，还应当缴纳经评估确认的国家出资勘查形成的采矿权价款。"采矿权价款的主要目的也是避免国家地质勘查费所形成的国有资产的流失。

至此，中国的资源税费体系基本完善，资源税费的种类包括资源税、矿产资源补偿费、采矿权使用费、探矿权使用费、探矿权价款和采矿权价款，其中资源税和矿产资源补偿费所占的比例最大。

煤炭开采业作为矿业资源开采业，适用于上述各项资源税费法律法规，即煤炭企业需要缴纳资源税、矿产资源补偿费、采矿权使用费、探矿权使用费、探矿权价款和采矿权价款。除此之外煤炭行业还有独有的资源税费政策，2003 年之后针对煤炭行业的资源税费政策不断推出，具体而言包括：

（一）安全费用的征收

早期中国的煤矿安全费用的提取数额较低，如2004年之前的国有重点煤矿的安全费用标准为每吨20元左右，2004年之后开始有所提高，2004年财政部、国家发展改革委、国家煤矿安全监察局发布了《关于规范煤矿维简费管理问题的若干规定》和《煤矿安全生产费用提取和使用管理办法》，将安全生产风险较高的煤矿的安全费用提高到每吨30元以上。

2005年后中国实行安全生产风险抵押金制度，根据2005年财政部、国家安全生产监督管理总局联合下发《煤矿安全生产风险抵押金管理暂行办法》（财建［2005］918号），安全生产风险抵押金的提取与煤矿生产能力挂钩，采取专户存储的方式管理安全生产风险抵押金实行，存储标准为60万—600万元。

同年，劳动和社会保障部、国家安全生产监督管理总局、国家煤矿安全监察局发布了《关于做好煤矿企业参加工伤保险有关工作的通知》（劳社部发［2005］29号），规定煤矿企业必须缴纳工伤保险的相关法律，从业人员的工伤保险得到绝对保障。

（二）资源税的调整

2004年财政部、国家税务总局对6个省市的煤炭资源税进行了调高，2005年又先后对18个省市的资源税进行了调整，目前资源税已经提高到2.50—4.00元/吨。

（三）煤炭资源有偿使用

2006年9月由财政部、国土资源部和国家发展改革委联合提出的《关于深化煤炭资源有偿使用制度改革试点的实施方案》，在山西、内蒙古、黑龙江、安徽、山东、河南、陕西等8个省区进行试点，目的是推行煤炭资源有偿使用，试点范围内煤炭产量占全国煤炭总产量的70%以上。

（四）环保与生态支出

2003年国务院公布《排污费征收使用管理条例》，从2003年7月1日起，提高了煤矿企业排放矸石的排污费，征收标准为煤矸石5

元/吨，尾矿 15 元/吨；同时矿井水排污费征收范围也发生变化，由原来的按排出的污染量计征改为按排出量计征，即不扣除企业利用矿井水量，征收标准为每一污染当量征收 0.7 元。

大型国有企业还承担着一些政策性支出，如矿区的棚户区改造资金。2005 年 8 月在大连召开的东北地区中央下放地方煤矿棚户区改造试点工作座谈会上，对于改造资金的来源，会议提出多渠道筹措，但是最终承担的主体仍然为大型国有煤炭企业，例如山西省征收大同矿区采煤沉陷、棚户区治理资金共计 60 亿元，大同煤矿集团承担资金本息共计达 33.3 亿元。

2006 年，山西省推行煤炭开发、生态补偿机制，从每吨煤销售收入中提取 0.15 元育林基金进行生态补偿，计划每年筹集 5000 万元。

2007 年，山西开展煤炭工业可持续发展试点制度，根据《关于开展煤炭工业可持续发展政策措施试点工作的总体实施方案》，对煤炭生产企业征收矿山环境治理恢复保证金、煤炭可持续发展基金和煤矿转产发展基金。具体地，矿山环境治理恢复保证金依据矿井服务年限或剩余服务年限分年按月提取，按原煤产量每吨煤提取 10 元；煤炭可持续发展基金按照煤炭企业动用（消费）资源储量、区分煤种征收，其中动力煤 5—15 元/吨，无烟煤 10—20 元/吨，焦煤 15—20 元/吨，如果按照回采率 45% 折算为吨煤成本，那么可持续发展基金的征收标准为：动力煤 11—33 元/吨，无烟煤 22—44 元/吨，焦煤 33—44 元/吨；煤矿转产发展基金根据原煤产量按月提取，每月每吨煤提取 5 元，专户储存、专款专用。

二　煤炭资源税费的问题

虽然中国煤炭资源税费体系形式上基本完善，但深层次上仍存在不少问题，使其不能很好地调节相关主体的利益关系，现行的煤炭资源税费制度主要存在以下四个问题：

（一）资源补偿缺失

资源开采行业不同于其他行业，首先资源具有耗竭性，决定必须对后代人进行代际补偿，另外资源开采具有对环境的负外部性，决定必须对环境进行补偿。资源补偿机制的缺失是造成中国大量资源枯竭型城市出现的重要原因，这些城市缺乏积累，地方财政资金不足，支出压力大，无法筹集足够资金用于资源环境保护和偿还历史欠账，最终陷入“矿竭城衰”的危机。中国的煤炭资源税费体系中，资源税列入一般性财政收入，矿产资源补偿费主要用来矿产资源勘查等方面的支出，均难以解决代际和环境补偿问题，最近几年中国开始进行资源补偿收费的试点，试点效果值得期待。

（二）税率总体偏低

中国的资源税费制度是20世纪90年代制定的，一直沿用了十多年，税率严重滞后于经济发展水平，从2004年开始，中国对煤炭资源税进行调整，但调整幅度仍然相对较小。中国的资源税费在当初制定时，主要是考虑到当时的资源价格和开采企业的承受能力，税率制定较低，如今经济形势已经发生了很大变化，矿产资源价格逐渐放开，并且开始与国际接轨，这时再维持低税率的政策就不合时宜，过低的资源税费使资源价格不能反映其价值，助长了开采企业的乱采乱挖之风，最终损失国家作为矿产资源所有者的收益。

（三）级差调节不足

世界各国的矿产资源税费制度虽然名称不同，但都同时考虑了绝对地租和级差地租，国外资源税费体系中，权利金等构成了绝对地租，资源租金税、累进利润税等构成了级差地租。经济学理论也证明，征收级差地租不会扭曲资源开采者的开采行为，是比绝对地租更有效分配经济租金的方式。但在中国目前的资源税费制度中，属于级差地租的资源税费比例太小，仅有资源税一个项目，且由于其级差制定方式粗放还导致级差调节功能不足。

目前中国资源税的级差主要依据资源的开采条件，由人工计算得出，这种人为制定的级差会在两个方面削弱级差调节功能。首先，资源开发会使资源开采条件发生变化，资源税无法调节这种级差。如依据常规，矿藏的禀赋状况每三至五年就会发生较大的变化，则资源税级差也应随之发生变化，但由于资源品品目繁多且级次复杂，资源变化情况的地质资料又难以及时掌握，因此资源税级差不可能随着现实情况变化及时准确地调整，实际上，资源税的级差一经制定往往几十年不变，其调节效果可想而知。其次，资源价格变化也会导致级差变化，资源税也无法调节这种级差，当前资源产品价格普遍上涨，开采企业的超额利润部分也应随之上涨，这部分超额利润理应通过级差地租的形式收归国家，但现行的资源税级差和价格无关，不仅不能调节级差，反而由于其从量计征而演变为累退税。级差调节功能的弱化在损害了国家资源所有者权益的同时，造就了许多一夜暴富的开采者。

（四）理论概念不清

从法律角度和征收实践来看，《矿产资源法》中规定的资源补偿费和资源税都体现了矿产资源的有偿使用，但从理论层面上看，“有偿”经不起推敲。首先资源补偿费被解释为“对地勘费的补偿”，但《矿产资源勘查区块登记管理办法》、《矿产资源开采登记管理办法》和《探矿权、采矿权转让管理办法》三个办法都规定，地质勘探的费用应通过采矿权的流转来补偿，采矿权人为了从探矿权人处获得详细的地质勘探资料，必须向探矿权人支付足额的探矿权费用，这样采矿权人实际上已经支付了地质勘探费，不应再向其征收资源补偿费来补偿地勘费；使用资源税来补偿矿产资源的使用，则与税收的本质属性相背离，“税”的本质是无偿性和强制性，国家政权作为“税”的征收主体，征税时无义务说明税款的去向，亦无义务对被征税需人付出补偿，因此资源税并不符合“税”的定义。

中国的资源税和资源补偿费都应从国际流行的权利金的角度加以解释，两者都体现了矿产资源所有者的权益，但是由于概念理论不清，导致了实践中资源税与资源补偿费征收中的诸多问题。首先，本质上相同的权利金分别由不同的管理部门征收，导致多头管理，互不通气，资源税由税务机关征收，管理比较规范，资源补偿费由各地地矿部门征收，容易出现截流和挪用；其次，既存在从量的权利金（资源补偿费），也存在从价的权利金（资源税），还有按照面积缴纳的权利金（采矿权使用费、探矿权使用费），由于各种权利金的计算方法不同，这给企业资源税费核算带来很多不便的地方，企业需要多头申报其所缴纳的资源税费，接受多方检查，增加了很多无用的工作量。

三　煤炭资源税改革趋势

（一）继续完善资源补偿收费

山西已经开展煤炭工业可持续发展政策试点，山西计划要提取的基金包括山西煤炭可持续发展基金、矿山环境治理恢复保证金以及煤矿转产发展基金，其中可持续发展基金上缴山西省政府，主要用于解决各煤炭企业在以往生产中的历史遗留问题；其余两种基金则留存给煤炭企业自提自用。目前中国资源补偿收费只是处于试点阶段，区域仅仅限于山西，未来肯定会在全国各省铺开，资源补偿收费将是资源税费的重要组成部分。

（二）继续调高资源税水平

目前中国经济的高能耗特征明显，每公斤标准煤能源所能产生的GDP为0.36美元，而世界平均值为1.86美元，印度为0.72美元，日本为5.58美元。中国政府有意通过调高资源税来推动节能减排，转变经济增长方式。2004年之后中国两次调高了资源税水平，但税率仍然偏低，预期未来还会再调高。

（三）开征新的级差税种

由于中国缺乏有效的级差税种，未来这一税种可能会加入。国外用于调节级差收入的税费有资源租金税或累进利润税，它们简单根据盈利情况调节级差，因为盈利状况本身就是级差的一个测度标准，如果矿产资源自然禀赋好、地质构造简单、矿床规模大、对于矿业权人来说从找矿到最终实现矿产品价值比较容易，在正常的生产经营中可以获利很多；相反，如果矿产资源自然条件差、地质构造复杂、矿床规模小、矿业权人从找矿到最终实现矿产品价值的投入成本相对而说很大，那么与其他同样的生产经营条件的竞争者相比，则获利较少。根据盈利状况判断级差级别，进而征收差别资源税，克服了人为制定级差带来的问题，相比而言具有较多优点。中国1984年的第一代资源税，其性质类似于这种累进利润税，目前正在酝酿的对石油开采企业征收特别收益金，也具有这种特点（俗称“暴利税”）。未来的级差税种可能类似于这种资源租金税或累进利润税。

（四）合并权利金项目的资源税费

中国的大多数煤炭资源税费的属性可以界定为权利金（绝对地租），这与国外相同，但是在中国简单的属性却被复杂化，不仅不符合国际惯例，也给自身的操作带来很多不必要的麻烦。资源开采企业需要缴纳资源税和资源补偿费等项目，从这一点来看，纳税主体上交的仍然为权利金，差别在于缴纳环节和征收部门有所减少，它符合简化税制、公平税负的原则，对国家和企业都是双赢的现实选择。未来资源税、煤炭资源补偿费、采矿权使用费、探矿权使用费、探矿权价款和采矿权价款等权利金项目的税费可能会合一为权利金。

煤炭资源税费改革能够从一定程度上解决中国煤炭行业长期以来的欠账和补偿问题，可进一步完善和健全煤炭价格形成机制，为煤炭行业的可持续发展奠定良好的基础，从这一角度看，资源税费改革对于煤炭行业具有积极意义。但是放在煤—电纵向关系的视角，煤炭资源税费改革又面临新的矛盾，它仅仅解决了煤炭价格形成机制，却不能杜绝煤炭价格的大涨大落：资源税费制度改革必然抬高煤炭成本，进而推动电煤价格上升。在煤—电价格纵向双轨制之下，发电企业无法将电煤价格继续向下转嫁，这会给本就已经紧张的煤—电关系蒙上阴影。

第四章　煤炭价格波动与传导

第一节　煤炭价格波动与传导机制

一　煤价波动与通胀担忧

近几年来中国煤炭价格较大波动，2008 年 7 月秦皇岛港大同优混煤报出 1080 元/吨的历史最高价，这一水平比半年前翻了一番，比 2003 年初翻了两番，之后煤炭价格经过短暂回落又开始上涨。作为上游的基础原材料，煤炭价格引发了对成本推动型通货膨胀的担心，两件事情促使我们关注是否存在这种通货膨胀，第一是煤炭价格干预政策，2010 年 6 月国家发展改革委以座谈的形式劝诫煤炭企业不要涨价，原因就是“煤价上涨不仅影响下游行业经营，还会加剧社会通胀预期”；2011 年 4 月发展改革委约谈了白酒等消费品企业之后，又约谈大型煤炭企业，要求其合理控制涨价幅度。煤炭是中国价格放开最早、市场化改革最为彻底的资源类商品，如果煤炭价格没有引发通胀，那么这种干预市场的行为便没有合理的理由。第二是资源税改革，2010 年 6 月中国重启资源税改革，新的资源税由从量计征改为从价计征。也是基于对通货膨胀的担忧，这次资源税改革没有纳入煤炭。财政部苏明认为对煤炭实行税制改革，可能导致价格大幅上升，在通货膨胀时期，煤炭价格变化会对市场预期造成影响。林伯强（2011）认为中国煤炭市场基本上是卖方市场，资源税上涨新增的成本将会很快被转嫁给终端消费者。但也有不同观点，国家开发银行原副行长刘克崮认为推行资源税改革不会助推通胀，他建议应推进煤炭资源税改革。

二 能源价格波动与传导

煤炭价格上涨与通胀关系受到政策层面和媒体的关注，但是没有引起学术界太多的兴趣，国内较多学者将注意力集中在石油价格上涨对通胀的影响上，曾秋根（2005），曾林阳（2008），肖争艳、安德燕和易娅莉（2009），刘建和蒋殿春（2009），吴翔、刘金全和隋建利（2009）、林伯强和王锋（2009）以及“中国年投入产出表分析应用”课题组（2010）都认为石油价格上涨会给中国带来通货膨胀（CPI）。这一方面可能是因为石油价格的数据容易获得，另一方面也可能是受到了美国学者的影响，20 世纪 70 年代美国发生石油危机后，一大批美国学者分析了石油价格波动的影响，认为石油价格的上升导致了美国的“滞胀”，如 Rasche 和 Tatom（1977），Rasche 和 Tatom（1981），Hamilton（1983），Loungani（1986），Lee、Ni 和 Ratti（1995），Raymond 和 Rich（1997），Balke、Brown 和 Yucel（2002）等。但是中国与美国在能源消费格局上存在较大差异，美国等发达国家的能源结构以石油为主，而中国的能源结构以煤炭为主，石油在中国一次能源消费中所占比例为 20%，而煤炭所占比例为 70%，换句话说，中国经济是靠煤炭“驱动”而非石油“驱动”的，因此关注中国的煤炭价格波动对通货膨胀的影响更有意义。

即使是对于石油价格带来通货膨胀的观点，越来越多的人也持怀疑态度，Bohi（1990）认为石油危机后的通胀与石油危机本身没关系，而是美国联邦储备系统采取的紧缩政策造成的。Bernanke、Gertler、Watson、Sims 和 Friedman（1997）认为如果美联储能够降低联邦基金利率，那么石油危机后的经济危机就可以避免。Hooker（1996）发现在 1973 年之后的石油价格不复许多宏观经济指标的格兰杰原因，Rogoff（2006）认为石油价格冲击已经和 10 年前不可同日而语，更高的能源效率、更加深化的金融市场、更加灵活的就业市场已经弱化了石油价格的影响。我们对于煤炭价格会推高通货膨胀也表示怀疑，从图 4－1 可以看出，2008 年 1—7 月煤炭价格出现加速上涨，同期和随后一段时期 CPI 处于回落状态，2009 年 8 月到 2010 年 1 月煤炭价格出现新一轮上涨，但这一轮的CPI的上涨是与煤炭价格同步的，不存在滞后性，2010年至今煤炭价格呈“W型”波动，但是同期和随后的CPI仍然持续上涨。

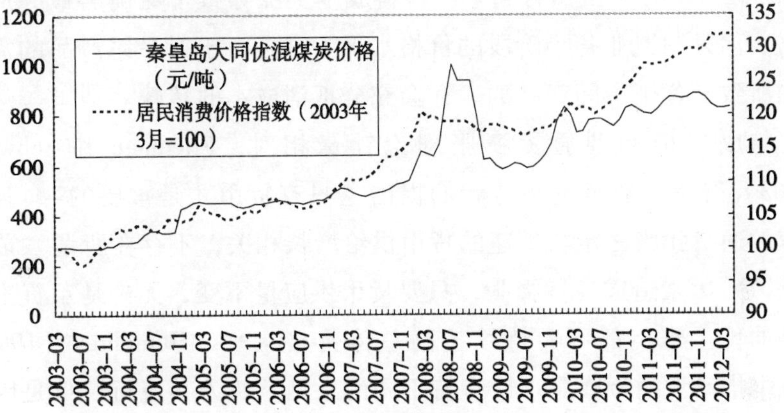

图4-1　煤炭价格与CPI

但是，直觉不一定正确，煤炭价格是否带来了通胀，仍需要借助实证检验才能做出判断。本部分的结构安排如下：首先介绍了成本推动型通货膨胀的相关研究，其次为数据和检验方法，接来下为实证结果，最后为结论和政策建议。

第二节　成本推动型通货膨胀

一　有关成本推动型通胀的争议

成本推动型通货膨胀顾名思义指由生产成本增加而引起的通货膨胀，学术界关注的成本上涨有三种：工资、利润和原材料，工资成本推动型通胀的理论在20世纪六七十年代得到发展，该理论强调工资刚性，它会导致了企业不断提高产品价格从而引发通货膨胀；利润推动型通货膨胀指的是，在不完全竞争市场上寡头垄断者和完全垄断者抬高价格而引发的通货膨胀，这种通货膨胀更多的是作为一种理论而存在；原材料价格上涨而引发的通货膨胀在20世纪70年代石油危机发生后引起了重视。成本能否推动通货膨胀是一个非常有争议的话题，Humphrey（1998）认为“批评家重复地揭露该理论的错误至少有200年的历史”，Batten（1981）指出成本推动型通货膨胀是一个“神话”（myth），虽然看起来原材料成本上涨导致了更高的最终产品价格，但是制造业各个阶段的价格水平上升是由于对最终产品的需求增加所致，各个中间产品的库存会充分抵消成本的转嫁。

与成本推动型通货膨胀理论针锋相对，Friedman 和 Schwartz（1963）等货币数量论坚持者们提出“只有货币才是重要的”，强调高速的通货膨胀必定与高速的货币供给增长相关，不存在所谓“成本推进”等因素造成通货膨胀，只要货币供应量不变，无论是工资上涨还是油价上涨，都不会持续抬高总体价格水平。Humphrey（1998）对成本推动型通货膨胀理论有持不同的意见，认为其流行仅仅是因为简洁和直观，更易于被未受过经济学训练的人所接受，这些人只了解成本和竞争会影响价格，缺乏宏观经济的知识，不理解货币数量也会左右价格。货币数量论其实是非常古老的观点，古典经济学家 Ricardo（1891）就曾指出，1797 年英国的通货膨胀是英格兰银行不负责任的超发货币所致。美国经济学家、耶鲁大学教授 Fisher（1911）给出的交易方程表述了货币与价格的关系：MV = PT，M 代表货币供应量，V 为货币流通速度，P 为商品或劳务的平均价格，T 表示商品或劳务的交易量，根据该方程，当货币供应量 M 变动时，价格 P 将作同比例的变动。

二　对成本推动型通胀的实证

在关于中国是否存在成本推动型通货膨胀的实证研究中，Kojima、Nakamura 和 Ohyama（2005）使用向量自回归模型发现工资成本显著影响了通货膨胀，而导致工资上涨的原因是工资政策的调整。范志勇（2008）对此提出了质疑，通过对 2000 年之后超额工资增长与通货膨胀（CPI）的关系进行检验后，发现货币供给是导致通货膨胀变化的主要因素，而不是所谓的超额工资增长。贺力平、樊纲和胡嘉妮（2009）检验了 CPI 与 PPI 的相互联系，发现格兰杰因果关系是从

CPI到PPI，而不是相反，据此他认为影响国内通货膨胀的因素中，需求因素相对于供给因素更为突出。一批研究石油价格的文献都倾向于认为油价上升会给中国带来成本推动的通货膨胀，曾林阳（2008）基于Almon PDL模型发现石油价格波动对通货膨胀（CPI）的影响显著，影响滞后为6个月。肖争艳、安德燕和易娅莉（2009）基于BVAR模型发现国际石油价格在短期内会影响通货膨胀（CPI）。刘建和蒋殿春（2009）使用SVAR模型分析了国际原油价格波动对中国经济所产生的影响，发现油价冲击会在2个月内导致中国的CPI提高。吴翔、刘金全和隋建利（2009）使用Ganger因果关系检验和VAR模型的脉冲响应分析等方法，发现国际原油价格的波动对CPI有显著的影响，包括直接的和间接的影响。林伯强和王锋（2009）以及中国年投入产出表分析应用课题组（2010）使用投入产出法分析都认为原油等能源价格上涨会带来通货膨胀（CPI）。总而言之，国内是否存在成本推动型通货膨胀存在较大争议，而煤炭作为中国最重要的基础能源，其价格波动对通货膨胀的影响尚未引起重视。

第三节 数据和方法

一 数据

考虑到煤炭价格波动的实际情况和数据的可得性，我们选择的样本区间为2003年3月到2012年4月，共计110个月度样本观察值。使用秦皇岛港大同优混煤炭价格作为煤炭价格（C）的衡量指标，秦皇岛港是中国最大的煤炭集散地和煤炭交易市场，这里的煤炭价格一般被作为全国煤炭价格的“风向标”，由于存在替代性，各品种煤炭价格走势高度同步，经过仔细辨认我们认为用秦皇岛港大同优混煤炭价格衡量煤炭总体价格是可行的，数据来自中国煤炭信息网；使用CPI作为通货膨胀（P）的衡量指标，数据来自中经网统计数据库，CPI是各国通常采用的衡量通货膨胀的指标，学者也都一致地采用这一标准，中国公布的CPI可以分为同比和环比两种数据，为了与其余变量具有可比性，将同比的CPI数据换算为定基比数据；使用工业总产值作为总产出（Y）的衡量指标，一般使用GDP衡量总产出，但是无法得到中国的月度GDP数据，最终选择工业总产值替代，数据来自中经网统计数据库，我们对该指标进行了季节调整和价格平减（以2003年不变价格计价）；货币供应（M）的口径有很多，我们使用M1即现金加活期存款表示货币供应，数据来自中经网统计数据库；使用Brent原油价格表示国际油价（O），全球原油贸易的50%左右都参照Brent原油定价，其价格是全球原油价格的重要“风向标”，数据来源为美国能源信息署（EIA）的官方网站，使用月度平均汇率将Brent原油价格换算为人民币计价以剔除汇率变化影响。为了稳定方差，对上述数据都进行了对数化处理。

二 方法

首先参考了贺力平、樊纲和胡嘉妮（2009）分析CPI与PPI引导关系时的做法，从相关系数的角度进行考察，拟估计以下两个方程：

$$P_t = a + \sum_{i=0}^{n} b_i * C_{t-i}$$

各滞后相关系数可在一定程度上反映煤炭价格对CPI的影响关系，如果煤炭价格会推动通货膨胀，那么各滞后相关系数都应为正。有观点认为国际油价会推高中国的能源价格，我们也使用这种方法检验了煤炭价格与国际油价的相关关系。

鉴于格兰杰因果检验已成为同类文献的必备研究工具，我们也采用了该方法，检验原理是：如果变量x有助于增进对变量y的预测，那么x就是y的格兰杰原因。可在方程中检验x滞后项系数是否联合为0，如果为0，那么可判断x不是y的格兰杰原因，我们除了使用该方法检验煤炭价格与CPI的格兰杰因果关系，也用这种方法检验了煤炭价格与国际油价的格兰杰因果关系。

$$y_t = \alpha_0 + \sum_{i=1}^{n} \alpha_i x_{t-i} + \sum_{i=1}^{n} \beta_i y_{t-i} + \varepsilon_t$$

为控制其他因素的影响，我们还使用了脉冲响应分析。产出扩张、货币供应同样可能影响通货膨胀，这些变量之间也存在相互反馈，脉冲响应分析可综合考虑这些因素的影响。首先建立如下的向量自回归模型：

$$x_t = A_0 + A_1 x_{t-1} + A_2 x_{t-2} + \ldots + A_p x_{t-p} + u_t$$

x_t 为包含煤炭价格、CPI、货币供应、产出等变量的向量，A_0 为截距向量，A_i 为系数矩阵，p 为滞后阶数，u_t 为对应与各个变量的新息向量。使用 Lütkepohl and Krätzig（2004）建议的方法可转换为新息向量的移动平均形式：

$$x_t = \Phi_0 u_t + \Phi_1 u_{t-1} + \Phi_2 u_{t-2} + \ldots$$

Φ_s 中的第（i，j）个元素可视为 s 的方程，假设 x_t 的过去值不变，这个元素就反映了 $x_{i,t+s}$ 对 x_{jt} 一个单位变化的反应，这就是脉冲响应分析。u_t 的组成部分一般是同期相关的，由此带来的问题是 ut 各部分的冲击不会独立发生。Sims（1980）建议施加三角形递归形式的约束，即 $u_t = B$（t，其中 B 为下三角矩阵，在这一约束下模型中的冲击被依此引入方程，（t 可通过 u_t 的估计值和方差协方差矩阵进行识别，该方法又称 Choleski 分解。

与其他很多计量经济学中的检验方法一样，上述所有检验都是建立在大样本渐进理论基础上，样本容量必须达到一定规模才能保证检验是可靠的，但是新一轮的煤炭价格上涨只不过是近十年来的事情，为了克服样本容量偏小的问题，我们引入了拔靴方法。Efron（1979）提出的拔靴方法（bootstrap method）是一种基于计算机模拟的推断方法，主要思想是对已有样本进行随机抽样来生成新的样本，实现将小样本问题转换为大样本问题。Hall（1992）、Hall 和 Horowitz（1996）、Horowitz（2002）、Davidson 和 MacKinnon（2006）等从理论上证明了拔靴方法的检验的功效高于渐进理论，相关蒙特卡罗实验结果也表明同样的观点。拔靴方法分为参数拔靴、非参数拔靴以及残差拔靴，我们采用的是残差拔靴。基于拔靴方法我们重新设计了上述检验，使用了拔靴相关检验、拔靴 Granger 因果检验和拔靴脉冲响应分析，主要是计算了各统计量的拔靴标准误，拔靴 P 值或拔靴置信区间等。

第四节　实证结果

一　平稳性与相关性检验

我们使用ADF检验来检查变量的平稳性，该检验需要设定恰当滞后阶数，实践中研究者们倾向于使用SBC准则或者AIC准则来选择尽量简练的阶数，但这里目的不在于估计模型本身，各类信息准则只能作为参考。ADF检验比DF检验的改进之处是通过更多的滞后项来消除扰动项的序列相关，阶数选择应确保其残差是白噪声。我们通过Ljung－Box的Q序列相关统计量来确定ADF检验的滞后阶数，检验结果如表4－2。在5%的显著性水平下，不能拒绝这些变量存在单位根的原假设，但可以拒绝一阶差分后变量存在单位根的原假设。我们使用差分后的数据进行实证分析，由于数据取过对数，差分后数据可解释为增长率。

表4－1　　单位根检验结果

变量	滞后阶数	ADF统计量	Ljung－Box的Q统计量		
			Q（1）	Q（2）	Q（3）
C	2	－1.539	0.01872	0.1059	0.12281
P	2	－0.252	0.09368	0.11811	0.9427
Y	1	－1.566	0.47676	1.6795	1.9345
M	0	－0.713	1.7214	2.7834	4.1216
O	2	－2.600*	0.01249	0.02512	0.45984
ΔC	1	－7.019***	0.02226	0.07918	0.09832
ΔP	0	－7.706***	0.0034	0.28164	0.53322
ΔY	0	－16.773***	0.38096	1.3103	1.6599
ΔM	0	－11.615***	0.01542	0.89805	1.766
ΔO	1	－5.938***	0.00021	0.11176	0.29839

注：ADF检验原假设为变量含有单位根，Ljung－Box检验的原假设是不存在序列相关，*表示在10%显著水平上可拒绝原假设，**表示在5%显著水平上可拒绝原假设，***表示在1%显著水平上可拒绝原假设。

CPI 和煤炭价格的相关性检验结果见表 4－2，括号内为重复 1000 次的拔靴标准误。我们发现，当前和先行 1—3 个月的煤炭价格与 CPI 正相关，先行 4—6 个月的煤炭价格与 CPI 负相关，其中先行 3 个月的煤炭价格与 CPI 的相关性在 10% 水平上显著，先行 5 个月的煤炭价格与 CPI 的相关性在 10% 的水平上显著。偏相关系数的估计中，除先行 2 个月的煤炭价格与 CPI 负相关，其余与简单相关系数符号相同，显著性水平上仅滞后 3 期的煤炭价格与 CPI 在 5% 水平上显著。上述结果与成本推动型的通货膨胀逻辑并不完全一致，因为如果煤炭价格会推动 CPI 上涨，那么考虑到传递存在时滞，所有滞后变量的相关系数都应表现为正。负的相关系数表明，在一定时期内存在负向影响通货膨胀的力量，并且这种负向力量超过了正向影响的力量，最终煤炭价格对 CPI 的累积影响可能被互相抵消。

表 4－2　基于 1000 次重复的拔靴的相关性检验：CPI 与煤炭价格

P	C	C(−1)	C(−2)	C(−3)	C(−4)	C(−5)	C(−6)
相关系数	0.019	0.003	0.006	0.022*	−0.013	−0.026*	−0.011
	(0.014)	(0.013)	(0.009)	(0.013)	(0.013)	(0.013)	(0.013)
偏相关系数	0.018	−0.002	−0.007	0.033**	−0.021	−0.0132	−004
	(0.015)	(0.014)	(0.014)	(0.017)	(0.022)	(0.017)	(0.015)

注：* 表示在 10% 显著水平上可拒绝相关系数为 0，** 表示在 5% 显著水平上可拒绝相关系数为 0，*** 表示在 1% 显著水平上可拒绝相关系数为 0，括号内为拔靴标准误。

煤炭价格和石油价格的相关性检验结果见表 4－3，我们发现当前和所有先行的石油价格与煤炭价格都呈正相关，其中先行 1 个月的石油价格与煤炭价格相关性在 10% 水平上显著。将所有的先行石油价格都纳入方程后，先行 1 个月的石油价格与煤炭价格相关性的显著性水平上升至 5%。此外无论是相关系数还是偏相关系数，先行 1 个月的石油价格与煤炭价格的相关系数在绝对值上都较大。这些结果说明中国的煤炭价格受国际油价影响较为明显，两者间存在“比价效应”，从国际油价到国内煤炭价格的传导大约需要 1 个月。

表 4-3 基于 1000 次重复的拔靴的相关性检验：石油价格与煤炭价格

C	O	O（-1）	O（-2）	O（-3）	O（-4）	O（-5）	O（-6）
相关系数	0.090	0.171 *	0.097	0.116	0.094	0.021	0.054
	（0.083）	（0.088）	（0.067）	（0.079）	（0.061）	（0.039）	（0.059）
偏相关系数	0.094	0.161 **	0.056	0.071	0.060	0.007	0.076
	（0.065）	（0.078）	（0.060）	（0.070）	（0.068）	（0.072）	（0.063）

注：* 表示在 10% 显著水平上可拒绝相关系数为 0，** 表示在 5% 显著水平上可拒绝相关系数为 0，*** 表示在 1% 显著水平上可拒绝相关系数为 0，括号内为拔靴标准误。

二 格兰杰因果检验与脉冲响应

格兰杰因果检验对于滞后阶数的选择敏感，一般用各种信息准则选择尽量简洁的滞后阶数。为了稳健起见，也为了探测影响的滞后结构，我们尝试使用了不同的滞后阶数，表 4-3 报告了各种滞后结构下的 Wald 统计量，括号内为重复 1000 次的拔靴 P 值。（1）栏和（2）栏为煤炭价格与 CPI 之间的格兰杰因果检验结果，我们发现在滞后 1—3 期时不能拒绝煤炭价格不是 CPI 格兰杰原因的原假设，但是在滞后 4—5 期时可以在 5% 水平下拒绝这一原假设，在滞后 6 期时可以在 10% 水平下拒绝这一原假设，而在考察的所有在滞后期上，CPI 都不会格兰杰引起煤炭价格。格兰杰因果检验结果似乎支持煤炭价格上涨会推高通货膨胀，但下这样的结论过于武断，因为该检验仅能告诉我们煤炭价格对 CPI 存在影响，无法告诉这种影响关系的方向，联想上面的相关检验结果，这种影响在某些滞后期上很可能是负向的，检查相关回归系数发现确实如此。（3）栏和（4）栏为石油价格与煤炭价格之间的格兰杰因果检验结果，在考察的所有滞后期上国际石油价格都会显著的格兰杰引起国内煤炭价格，滞后 1 期时显著性水平为 1%，滞后 2—6 期时显著性水平为 5%。在考察的所有滞后期上，煤炭价格都不是石油价格的格兰杰原因。这些结果再次支持了煤炭和石油之间存在“比价效应”的观点，国际油价会单向的影响国内煤炭价格，而由于中国的煤炭市场集中在国内，对国际油价没有影响。

表 4-4 基于 1000 次重复的拔靴格兰杰因果检验结果

滞后	原价设			
	(1)	(2)	(5)	(6)
	$C\neq>P$	$P\neq>C$	$O\neq>C$	$C\neq>O$
1	0.055	0.0138	9.559 ***	0.008
	(0.818)	(0.891)	(0.007)	(0.934)
2	0.535	0.715	9.825 **	0.6368
	(0.769)	(0.682)	(0.023)	(0.709)
3	4.465	1.027	13.713 **	0.866
	(0.235)	(0.783)	(0.012)	(0.783)
4	13.003 **	3.245	15.142 **	2.631
	(0.021)	(0.507)	(0.016)	(0.601)
5	13.637 **	5.270	13.876 **	8.772
	(0.03)	(0.38)	(0.035)	(0.157)
6	13.756 *	5.4308954	19.351 **	11.247
	(0.053)	(0.502)	(0.016)	(0.131)

注：*** 表示在 1% 的显著水平下拒绝原假设，** 表示在 5% 的显著水平下拒绝原假设，* 表示在 10% 的显著水平下拒绝原假设。括号内为拔靴 P 值。

通过滞后期选择准则确定 VAR 滞后结构时，FPE、AIC、HQIC 和 SBC 等准则支持选择滞后 1 阶，LR 准则支持选择滞后 3 阶，但滞后 1 阶不足以消除残差的序列相关性，滞后 3 阶则不存在序列相关，考虑后续要用最大似然估计得到脉冲响应函数，最终我们使用了 VAR（3）模型。经过检验，VAR（3）模型相伴矩阵的所有特征根均落在单位圆内，因此满足稳定性条件。

我们首先将冲击的引入次序设置为：M→Y→C→P，暗示了货币供应的冲击会当期影响产出、煤炭价格和 CPI，产出的冲击会当期影响煤炭价格和 CPI，煤炭价格的冲击会当期影响 CPI。对其的解释是宏观经济变量会较快地受到货币供应影响，而货币供应主要是受央行调控，央行会参考产出状况、通货膨胀等宏观经济指标来调控货币供应，这样从宏观经济变量到货币供应的传递应存在时滞。在这种排序中主要考虑产出增长会当期拉动煤炭价格上涨，忽视了煤炭价格的上涨也可能当期给产出带来紧缩效应，在稳健性分析中我们将尝试不同的次序以兼容这些考虑。

图4-2为各种冲击对CPI的脉冲响应函数图，虚线中间部分为基于1000次重复的90%拔靴置信区间。从中可以看出，一个正的煤炭价格冲击会在当期以及1个月后使得CPI上涨，2个月后煤炭价格冲击影响为负，但这些正向和负向的影响都不显著。3个月后煤炭价格冲击对CPI影响显著为正，4个月后的影响接近于0，第5、第6、第7个月后煤炭价格冲击又开始显著为负，8个月之后冲击对CPI的影响不再显著。与相关性分析和格兰杰因果检验的结果类似：煤炭价格冲击对CPI的影响方向存在反复。其他因素对CPI的影响情况是，一个正的货币供应冲击对CPI的影响在当期为负，随时间推移上升很快，1—4个月后的影响均显著为正，6个月后冲击不再显著；一个正的产出冲击在当期为负，但随时间推移上升很快，在第1个月和第2个月后的影响均显著为正，第3个月后产出冲击的影响不再显著。从显著正向冲击的绝对值来看，货币供应的冲击的绝对值最大，第2个月后的脉冲响应值达到0.0023，煤炭价格的冲击次之，第3个月后为0.001168，产出冲击的影响稍小于煤炭价格的冲击，第2期为0.00106。从显著正向冲击的持续时期看，货币冲击的持续时期最长，连续4个月的冲击影响显著为正，产出的冲击为连续2个月为正，煤炭价格仅1个月为正。一个出乎意料的现象是煤炭价格冲击从第5个月开始连续3个月内维持负向影响，煤炭价格的上涨非但没有推动通胀，反而会有助于降低通胀。

图4-3为各种冲击对CPI的累积脉冲响应函数图，虚线中间部分为基于1000次重复的90%拔靴置信区间。由于影响方向存在反复，最终煤炭价格冲击对CPI的累积影响相互抵消，尽管0—6月的煤炭价格累积冲击影响为正，7月之后的累积冲击影响为负，但是绝对值较小，影响也不显著。货币供应冲击对CPI的累积影响随时间推移迅速上升，5个月后达到最大值为0.004，此后一直维持这一水平，影响十分显著。产出冲击对CPI的累积影响尽管随时间推移而上升，但都不显著。因此我们可以得出结论，煤炭价格并没有显著推高通货膨

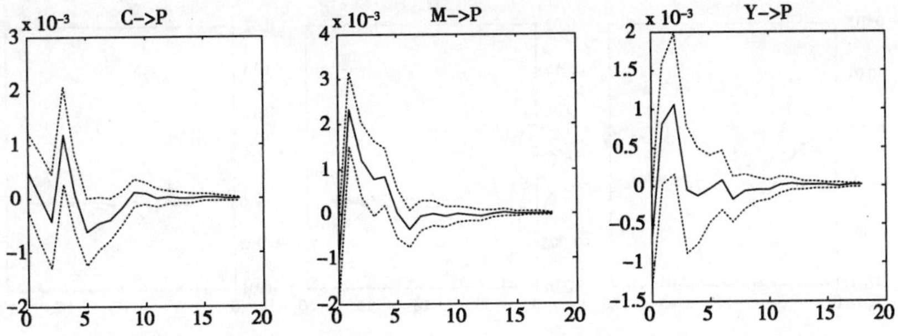

图 4－2　基于 1000 次重复的各种因素对 CPI 的脉冲响应分析

胀，货币供应增长是通货膨胀的主要影响因素，货币数量论的观点在中国这一轮通货膨胀中是成立的。

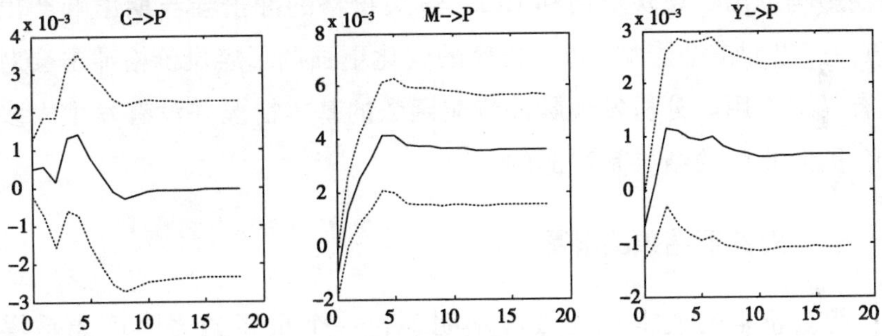

图 4－3　基于 1000 次重复的各种因素对 CPI 的累计脉冲响应分析

既然货币数量论成立，我们有理由认为煤炭价格也受到了货币供应量的影响，图 4－4 显示了各种冲击对煤炭价格的影响，虚线中间部分为基于 1000 次重复的 90% 拔靴置信区间。货币供应冲击对煤炭价格的影响方向基本都为正，1 个月后冲击的影响达到最大值，在统计上也显著，此后的影响逐渐减弱，这证实了货币因素也是煤炭价格上涨的原因。CPI 冲击对煤炭价格的影响在方向上为正，但在数值上都较小，统计上也都不显著，这一点与格兰杰因果检验的结论一致，说明煤炭价格不受下游消费品价格波动的影响。产出冲击对煤炭价格的影响方向也基本为正，3 个月后影响达到最大值，在统计上也显著，说明产出扩张因素也拉动了煤炭价格上涨。

不同的三角形递归形式约束会引入不同的冲击顺序，这可能影响

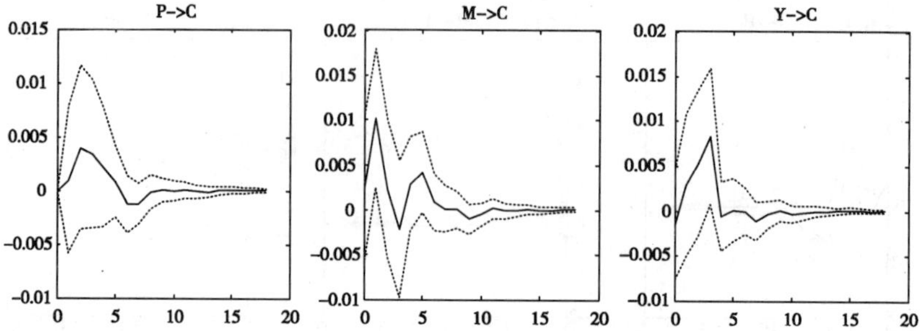

图4-4 基于1000次重复的各种因素对煤炭价格的脉冲响应分析

到最终结果，作为稳健性检验，我们尝试了其他顺序下的分析结果。这里将冲击引入的次序假设为：M→C→Y→P，即货币供应的冲击会当期影响产出、煤炭价格和CPI，煤炭价格的冲击会当期影响产出和CPI，产出冲击会影响CPI，排序的变化更强调了煤炭价格冲击会对产出有紧缩作用。分析发现脉冲响应函数的基本情况并没有发生太多变化，因此我们的结果是稳健的。

三 对实证结果的解释

煤炭价格的成本推动效应不明显，一个重要的原因可能是煤电“纵向价格双轨制”。目前中国的燃煤火电占全国总发电量的80%以上，消耗煤炭占煤炭产出的50%以上，但是电力价格无法将煤炭价格上涨向下游传递，因为电力价格属于管制价，价格调整需要上报发展改革委批准。2004年底，国家发展改革委拟初步建立了煤电价格联动机制，规定了煤电价格联动周期，若周期内平均煤价比前一周期变化幅度达到或超过5%，则相应调整电价。但价格联动政策制定后执行情况并不理想，很多时候达到了联动的条件，但没有真正执行价格联动，而是使用临时性电价调整替代，这造成煤电价格之间存在一定程度的纵向“剪刀差”。根据《中国统计年鉴2011》提供的电力工业品出厂价格指数推算，2010年的电力工业出厂价格仅比2004年高16%，这一幅度显然低于煤炭价格的涨幅。

即使没有电力价格的阻滞，煤炭成本也不可能做到百分之百的传递，生产和流通环节本身会过滤煤炭价格上涨。商品和服务流经的环节越多，价格上涨被过滤的部分就越多。举例来说，如果每个环节原料投入占总成本的50%，那么经过四个生产环节，原材料的比例便低于10%，这样上游原材料价格上涨10%引起的下游消费品价格上涨不到1%。中国的煤炭除少部分直接进入消费领域外，绝大部分会经过诸多环节才能进入消费领域，有理由相信成本的传递效应会大大抑制。林伯强和王锋（2009）根据中国的投入产出表测算，最终消费中煤炭成本转移的价值不到3%，因此即使存在成本的转移也微乎其微。这还仅仅是从纯供给的角度测算的成本传递，没有考虑竞争和替代的影响，中国下游制成品部门的竞争程度要大于上游的原材料部门，竞争会进一步抑制最终产品部门的提价。此外煤炭价格的提高还会带来技术替代效应，即厂商会增加技术和设备的投入，减少煤炭的投入，这样能耗效率的提高可以部分消化煤炭成本的上涨。

由于货币数量论的观点在中国成立，这也可以解释为什么控制了货币供给后煤炭价格会反向影响CPI。在Fisher的货币交易方程中如果不使用平均价格，而是引入煤炭价格和一篮子商品价格，那么交易方程式可改写为：$MV = P_{煤}T_{煤} + P_0T_0$，或者移项得到：$MV - P_{煤}T_{煤} = P_0T_0$。从这一等式中看到，煤炭价格的上涨会起到“吸收”货币的作用，导致一篮子商品的货币供应下降，造成CPI下跌。2011年中国的煤炭产量近36亿吨，是世界上最大的煤炭生产国，同时煤炭又是高度市场化的商品，煤炭交易吸引了大量中间商“囤煤”、“倒煤”等，因此煤炭对货币的“吸收”效应可能相当可观。由于存在这种货币“吸收”效应，如果强行压低煤炭价格，则可能会释放货币，反而导致CPI的上涨①。

第五节　结论与建议

尽管煤炭价格上涨会给下游企业带来成本压力，但是没有证据表

---

①　严格来讲，由于煤炭价格下降导致的CPI上升并不是真正的通货膨胀，这只是货币主义经济学家们提到的相对价格变化，只有当所有商品的价格总体水平持续上涨时才可称为通货膨胀。

明煤炭价格上涨推高了通货膨胀，中国的通货膨胀主要是受到市场流动性影响，即由于货币当局发行了过多货币，煤炭价格本身也受到了市场流行性的影响，我们的观点和范志勇（2008）基本一致。煤炭价格除了通过成本传递渠道影响通货膨胀外，还会通过货币“吸收”效应反向影响通货膨胀，两种效应的叠加最终使得煤炭价格对 CPI 影响不显著，因此对通货膨胀的治理仍需从货币入手。

在全球都存在流动性过剩的情况下，大宗商品的涨价已经成为世界现象，我们的实证结果发现煤炭价格会跟随国际油价而波动，在这种情况下如果使用行政手段强行压低煤炭价格，可能会扰乱价格信号，例如煤炭价格低于一定水平，“煤变油”会有利可图，这会导致对煤炭的过度需求。在流动性过剩的情况下，强行压低煤炭价格还会降低货币“吸收”效应，释放多余的货币，这些货币如果流入消费领域，反而会推动 CPI 的上涨，因此在市场经济体制下，“约谈”、“劝诫”等价格干预行为应谨慎使用。此外，资源税改革也不应该将煤炭排除在外，资源税即使能够向下游传递，其影响也在可控的范围内，中国目前的煤炭资源税平均税率不到1%，远远低于国外的水平，已无法起到调节开采行为的作用，应尽快将煤炭纳入资源税改革范围，遏制对煤炭资源的过快消耗。对于煤炭价格上涨，唯一需要考虑的是对下游电力部门的影响，由于存在煤电“纵向价格双轨制”，需要做的是适当控制电煤价格涨幅，同时完善煤电价格联动机制，及时疏导燃料价格上涨压力。

第五章　电力价格机制及其与煤炭市场的关联

电力产业是煤—电产业链的下游产业，市场化改革滞后是电力产业的重要特征，与煤炭价格不同，电力价格不是由市场形成的，正是煤—电两产业的改革不同步才造成了煤—电矛盾。本章重点关注中国电力价格体制、影响因素与改革状况，以及由于电力价格规制不当造成的厂网矛盾等问题。

第一节　电力市场化改革情况

一　计划经济时代

中华人民共和国成立时，中国的电力工业非常落后，1949 年中国发电总装机容量为 185 万千瓦，年发电量 43 亿千瓦时，两个指标居世界 25 位。新中国成立初期到改革开发的 30 年间，经济成分上公有制一统天下，禁止其他经济成分的存在，电力体制也采取了国家集中办电的模式，尽管这一期间国家也曾进行了一些电力体制方面的调整，但这些调整的结果仅仅是权力的重新分配，如电力的主管部门先后经历了燃料工业部、电力工业部、水利电力部等部门，但丝毫没有改变“集中管理、国有国营”的计划模式和思维。

从新中国成立到改革开放前的 30 年中，中国共制定了 5 个涉及电力工业的“五年计划”，这些计划目标或者制定不科学，或者受到干扰，除了“一五”计划进展顺利外，大部分都没有完成。“二五”计划处于“大跃进”时期，夸大了主观能动性，计划指标脱离客观实际；“三五”、“四五”处于“文化大革命”阶段，整个电力工业处于动乱之中，“三五”计划没有完成，“四五”计划的制定不断拔高，结果欲速不达，与“四五”一样，“五五”计划的制定也脱离实际。改革后的一段时间内，虽然政治运动对电力发展的干扰减小，但电力工业的集中模式基本没变。1979 年 2 月国务院撤销水利电力部，成立了电力工业部和水利部。1979 年 5 月国务院提出“电力工业必须实行高度的集中统一管理”的方针，在这一方针的指导下，1979 年 12 月到 1981 年 12 月，电力部相继成立了华北电业管理局、西北电业管理局等六个大区电业管理局，把全国主要省（市、自治区）的重要电网统一监管起来。这一阶段的经营模式为政企合一的垄断经营模式，体制问题造成了电力供应严重短缺。

在计划经济时代，国家制定全国统一电价，期间也会根据国民经济的发展状况对电价进行调整，但总体变化不大。

二　集资办电的改革阶段

这一阶段，电力价格的计划价格体制有所松动，但仍然以计划价格为主。20 世纪 80 年代迫于缺电压力，电力工业投资体制开始松动，允许地方、外资等投资主体进入电力行业，集资办电应运而生。1981 年，山东龙口电厂开工建设，成为首个中央与地方合资建设电站。1984 年华东电网获准征收地方电力建设基金，并采用了工业用电提价不超过两分钱的办法，“两分钱”的办法为地方电力建设提供了稳定的资金来源，1988 年这一办法向全国推广。同年中国云南省鲁布革水电站开工建设，由日本公司中标承包，这是中国首个利用外资兴建的大型水电站；1985 年中国华南地区最大的火力发电基地——沙角电厂开工，它是深圳与香港合和电力有限公司合资建设的。1986 年国务院批转了《关于鼓励集资办电和实行多种电价的暂行规定》，其中对电厂和电价改革进行了明确规定：集资电厂可以独立经营；电厂与电网之间可以签订供电经济合同，也可以委托电网代为经营管理；在电价改革实行多种电价，独立经营的集资电厂的售电价格允许浮动。由于有了较完善的法律法规，电力领域对投资者的吸引力增强，集资办电进入了一段高速发展时期，大大促进了我国电力工业整体的发展。

集资办电的政策打破了电力价格铁板一块的局面，这一阶段出现了多种电价，所谓多种电价，是指电价的定价方法主要表现为以个别成本为基础的成本加成法。可以说20世纪80年代电力价格改革的主要目的是解决电力供应能力问题，而制约供应能力的瓶颈是资金来源，那时电力工业普遍资金不足、设备不足，改革主要目的是吸引各方投资。由于经济发展始终快于电力发展，这次改革最终没有解决电力短缺问题。

三　政企分开的改革阶段

1997年1月，国家电力公司的成立拉开了新一轮电力体制改革的序幕。这次改革的目标是完成公司制改制、实现政企分开，以适应市场经济发展的需要。1998年九届人大一次会议决定撤销电力部，电力行政管理职能由国家经贸委等综合经济部门负责，国家电力公司制定了“四步走”改革方针：政企分开、省为实体、厂网分开、竞价上网。这一年年底国务院办转发《国家经贸委关于深化电力工业体制改革有关问题的意见》，明确指出了改革的步骤，认为电力工业体制改革相对稳妥的办法是先进行厂网分开、竞价上网，条件成熟时再进行输电和配电分离，最后在配电领域引入竞争。这次改革形式上形成了“政企分开”的局面，国家电力公司是自主经营的企业，国家经贸委是电力主管部门，电力联合会是提供行业自律服务的行业协会。

这一阶段多种电价制度的弊端开始显现，随着市场经济体制改革的逐步深入，多种电价制度之间的矛盾冲突及其带来的后续经济问题越来越突出，电价以成本定价鼓励了低效率企业的盲目扩张，售电价不能有效反映出发电侧的市场竞争状况，不能反映不同发电企业的成本差异和效率等等。

四　打破垄断的改革阶段

2000年以后，社会各界对电力行业垄断的批评见诸媒体，引发了对现行电力体制的大讨论，2002年中国遂开始了以打破垄断、促进竞争为目的的第三轮电力体制改革。这一年 2 月国务院颁布了《电力体制改革方案》，决定对电力产业实行横、纵向拆分，推行厂网分离，重组发电和电网企业，这一系列改革试图通过在发电侧引入竞争，以打破垄断坚冰，形成竞争性的电力价格。2003 年 3 月电力资产重组进入到实质阶段，国家电力公司被拆分为 5 家发电公司：中国大唐集团公司、中国华电集团公司、中国国电集团公司、中国电力投资集团公司和中国华能集团公司，为以后建立发电侧竞争市场考虑，拆分时各个发电公司装机容量力图平均；将全国电网资产重组为两大电网公司：国家电网公司和南方电网公司，国家电网继承大部分电网资产，设立华北、东北、西北、华东、华中 5 个区域电网公司，南方电网公司经营范围较小，限于云南、贵州、广西、广东和海南。2003 年电监会颁发《关于区域电力市场建设的若干指导意见》、《电力市场运营基本规则》、《电力市场监管办法》和《电力市场运营技术支持系统功能规范》等 4 个配套文件。2005 年东北地区启动了区域电力市场，建立了区域电力调度中心，开始竞价上网，标志着中国电力体制向市场化改革迈出了实质性的关键一步。伴随着竞价上网，2005 年 4 月 5 日国家发改委出台《上网电价管理暂行办法》、《输配电价管理暂行办法》和《销售电价管理暂行办法》。按照上述文件的规定，容量电价和电量电价分别由政府确定和市场竞争形成，因此，这样的价格形成机制仍然带有传统行政色彩。

第二节 现行电力价格体制

一 中国的电价体制历史

中国在计划经济年代实行指令性电价，电源和电网建设全部由中央政府出资，发电、输电、配电、售电实行纵向一体化，全部执行计划性指令，没有上网、输、配电价的概念，只有针对最终用户的销售电价，此时电价的成分比较单一，全国销售电价水平也基本统一，只有对高能耗的工业和农业实行一定优惠政策。1985 年之后，电价成分开始变得复杂，原因在于国家开始鼓励集资办电，为了使电价对投资者有吸引力，电价政策进行了相应的调整，在原有的指令性电价之外，还出现了指导性电价，电价双轨制的特征是多种电价并存，不仅存有“新电新价”和“老电老价”，还包括有小水电价、小火电价、外资电价等9种指导性电价，而且对于地方集资建设的电厂，地方政府也有一定权力来制定电力价格。指导性电价与指令性电价的最大不同是考虑了投资回报，计划经济时代的指令性电价不包括投资回报，制定电价水平仅能维持电力企业的简单再生产，而指导性电价则留给了电厂的投资者不菲的利润空间。由于电价政策的激励，集资办电成功地解决了长期困扰我国的电力紧张问题，1985年后的10年间，发电装机容量高速增长，年均增长率接近两位数，10年间来自地方筹集和引进外资的资金共达两千亿，这一数字相当于中国电力总投资的一半，到上个世纪末中国的电力供应问题基本得到解决。

早期的指导性电价——还本付息电价以个别企业运营成本核算电价成本，导致企业的成本无约束上升，发电机组的造价越来越高，电价节节攀升。20世纪90年代后期，随着电力供应环境的宽松变化，我国开始着手重视发电企业的效率问题，1997年后开始推行经营权电价，经营期电价的显著特点是引入平均成本的概念，成本基础不同于之前的指导性电价，核定电价不再以自行申报的个别成本为依据，而是依据同类机组的社会平均成本，以激励企业努力降低成本，目前几乎所有的发电机组都采用经营期电价。集资办电政策出台以后，纵向一体化电力企业之外开始出现独立的发电商，独立发电商需要电网代售电能，于是代售加价开始出现，这是中国输配电价的最早雏形。

二 中国现行电价体制

2005年国家发展改革委出台了《上网电价管理暂行办法》、《输配电价管理暂行办法》、《销售电价管理暂行办法》，这些规定构成了现行的电价体制框架。

（一）上网电价

当前中国的电价体制处在过渡阶段，根据上网的方式是否竞价，上网电价分为竞价上网电价和非竞价上网电价。参与竞价上网的电价实行两部制，包括容量电价和电量电价，其中仅电量电价实行竞价。

电量电价的竞价一般采用某种类似股票市场的竞价方式，各电力市场区域可选择本区域的市场交易模式，但是在同一电力市场区域内，竞价规则必须是相同的。理论上电量电价主要用于弥补可变成本，如燃料、人工等运行成本，以及提供税金和合理利润，但是采用竞价规则后，可变成本是否得到补偿将具有不确定性，低成本高效率的机组将被优先使用，高成本低效率的机组将被最后使用，这样由竞争形成的电量电价能够促进电厂降低运行成本、引导低成本电力进入市场。

容量电价不具有竞争性，基本属于成本加成定价，由政府价格主管部门根据参与竞争的各类发电机组平均投资成本为基础制定，并力图反映供需关系。容量电价的计算公式为：

容量电价 = 容量电费/机组的实际可用容量

其中：容量电费 = K ×（折旧 + 财务费用）

K 为根据各市场供需关系确定的比例系数，折旧按政府价格主管部门确定的计价折旧率核定，财务费用按平均投资成本 80% 的贷款比例计算确定，容量电费由购电方根据发电机组的实际可用容量按月向发电企业支付。容量电价主要为投资者提供部分的收入保障，确保电厂投资后能够还本付息，以利于吸引长期投资。

不参与竞价上网的电价维持原有定价方式，主要分为老电厂电价、还本付息电价和经营期上网电价等。老电厂特指早期的、中央投资的、以较低的资金成本建设的电厂，如 1985 年之前由政府拨款建设的，以及后来利用补贴贷款建设的，由于建设资金来源特殊，电价中不包括与基建成本相关的各种固定成本，如不用计提折旧，不用考虑偿还投资等，只包括燃料成本、人工成本和维修成本等可变成本，老电厂的上网电价以原电力部和原国家计委颁布的目录电价表为根据。

新电厂特指 1992 年之后的所有电厂，以及 1992 年之前 1986 年之后的、非中央投资的电厂，新电厂的电价必须考虑投资的偿还，主要实行三段式还本付息电价和以后的经营期平均上网电价。三段式还本付息电价按照电厂投产期、还贷期、还贷后分别制定三段电价，各个阶段的电价由运营成本加归还本息和合理利润的原则确定；经营期上网电价按照经营期内成本加合理利润的办法测算平均上网电价，一般做法是，经营期内资本金内部收益率高于同期银行5年期以上贷款利率若干个百分点，经营期电价均由省电力公司确定并呈报物价局和国家发展改革委批准，老电厂暂执行原来核定的上网电价，但需要向统一的经营期电价靠拢。目前中国上网电价平均占销售电价的75%左右，燃料成本占发电成本比重超过70%。

（二）输配电价

在中国以前的电力垂直一体化经营时期，中国的电力价格只有终端的销售电价，发、输、配等环节发生的成本都需要在销售电价中得到反映，没有单独的输配电价。垂直一体化的体制被打破后，出现了上网电价，此时输配电价仍然没有独立，输配环节的成本靠销售电价和上网电价之间的差额决定，国家通过每年对上网电价、销售电价的疏导，来保障输配电环节的利润空间，但是也有少数长距离输电线路规定了输电电价。目前全国输配电价的平均水平为0.1元/千瓦时，输配电环节的电价比重为25%左右，发达国家的这一比重一般为50%左右，如意大利占46%，法国占55%。

（三）销售电价

中国的销售电价是一个复杂的价格体系，各省有自己的销售电价，区域性差别较大，但一个共同的特征是，上网电价高的地区销售电价也高，上网电价低的地方销售电价也低，如广东、浙江、江苏等地区的上网电价和销售电价都较高。各省的销售电价尽管不同，但都根据用户不同制定差别电价，销售电价目录上的分类一般是：居民生活用电、非居民照明用电、商业用电、非工业和普通工业用电、大工业用电、农业生产用电、贫困县农业排灌用电等。电价目录对居民生活用电和农业生产用电有所照顾，上调销售电价时这两部分一般不做调整；在非工业和普通工业用电中，中小化肥生产商也给予优惠待遇；以前电力供应宽松时，高能耗的大工业实行用电优惠，但目前国家能源政策发生变化，高能耗行业的电价优惠已经全部取消。

三 中国现行电价体制的问题

在发电环节，中国对上网电价规制存在规制滞后的问题，《上网电价管理暂行办法》规定，“燃料价格涨落幅度较大时，上网电价在及时反映电力供需关系的前提下，与燃料价格联动”。但是被规制者与规制者之间缺乏畅通的谈判渠道，规制价格的调整存在盲目性和被动性，容易引发规制性电力短缺。虽然上网电价历经多次改革，已由个别成本加成定价转换为根据平均成本定价，但总体来讲上网电价仍属于基于成本的收益率定价，这一定价方式早已被证明存在大量弊端，它会鼓励盲目投资、高成本运营和虚增成本，对控制造价、降低煤耗没有积极引导作用。

在输电环节，纵向一体化的电力体制打破后，输电环节是唯一具有显著自然垄断的环节，理应是价格规制的重点，但目前对输配电价的监管基本属于“一锅粥”，一方面政府对电网价差的制定具有太多的主观性和随意性，容易造成发、输、配环节的苦乐不均，引发厂网矛盾，另一方面电网价差也缺乏激励和约束作用，难以引导电网企业提高效率、降低成本。

在销售环节，销售电价制定过于单调，缺乏引导合理用电的差别电价、峰谷电价等电价形式，无法准确和及时地反映和调整电力供需关系，以达到错峰避峰、节约能源的目的。

四 中国电价水平调整情况

中国电力价格虽然受到严格规制，但是仍存在着动态调整，从第一次煤电联动起，中国的电力价格水平共上调了 7 次。第一次煤电联动政策出台于 2004 年年底，正式实施在次年的 5 月，2005 年 5 月 1 日全国销售电价水平平均每千瓦时提高 2.52 分钱，其目的在于消除 2004 年 6 月以来全国经济出现的煤炭价格上涨、部分电厂经营亏损和取消超发电价等对电价的影响；[①] 第二次政策出台于2006年6月30日，国家发展改革委再次发出通知，决定自该日起，调整华北、南方、华中、华东、东北和西北六大电网的上网电价；2007年7月1日发展改革委将山西省、内蒙古自治区内新投产电厂送京津唐电网上网电价分别调整为每千瓦时0.298元和0.297元（不含脱硫加价），电价调整自2007年7月1日起执行；2007年10月1日国家发展改革委通知要求，上调东北电网内部分电厂的上网和输电价格，以维持电力企业正常运营；2007年12月国家发展改革委采取分步降价或转让部分发电量指标方式，下调吉林、湖北等八省（区、市）统调小火电机组上网电价；2008年6月30日国家发展改革委确定自7月1日起全国平均销售电价每千瓦时上调2.5分钱；2008年8月19日国家发改委发出通知，决定自8月20日起，将全国火力发电企业上网电价平均每千瓦时提高2分钱，电网经营企业对电力用户的销售电价不做调整。

第三节　厂网矛盾与电力价格

一　中国的厂网矛盾问题现状

2002年，中国电力体制改革按照“厂网分离”的原则成立了五大发电集团、两大电网公司和四大电力辅业集团，纵向分离后电力由发电企业提供给电网公司，然后再由电网公司通过电力线路网络分销给消费者。在电力产业组织结构调整的同时，电力价格体制改革没有跟上，发电企业竞价上网没有全面铺开，上网电价和销售电价仍然由发展改革委制定，上网电价延续了过去的一厂一价，甚至是一机一价，售电电价则根据不同消费客户相应制定。在这一体制下，由于上网电价锁定、煤炭价格放开，电力燃料成本上升的压力基本由发电企业承担，而电网企业的利润来源于上网电价和销售电价之差，国家制

---

① 2005年11月份虽然再次满足了联动条件，但煤电联动并未实施。

定两者“价差”时考虑了电网企业的“合理成本、合理盈利”，因此电网企业经营不受煤炭价格影响，其利润得以保持。在国家历次煤电联动中，不仅上调上网电价，同时还上调销售电价。

由于“价差”空间较大，电网企业始终是盈利大户，国务院国资委的数据显示，国家电网公司的经营效益在150多家中央企业中排名前茅。2008年1月广东省物价部门对广东电网公司进行成本监审发现，其资产回报率过高，2007年其利润达142亿，而资产仅800亿，超过国外电网约6%到8%的盈利水平。2008年中国电力企业联合会发布《2008年1—2月份电力工业经济利润情况简要分析》，提到由于燃料成本增加，在4773家规模以上电力企业有1990家亏损，大部分是火电企业，亏损面为4成。中国煤炭运销协会市场观察员李朝林认为，利润的合理分配对于发电企业的发展很重要，为了化解相对电力价格而言上涨较快的煤炭成本压力，应将发电厂的上网电价适当调整，适当保障发电企业的利益，维持下网电价（包括工业用电、居民消费用电等）不变，以压缩电网企业的利润空间。虽然这一建议能够暂时缓解利益分配的矛盾，但绝非化解厂网矛盾的长久之计。

二 美国解决厂网矛盾的经验

美国历史上也曾出现过“厂网矛盾”，虽然由于电力体制历史和背景不同，美国的厂网问题与中国也并不完全相同，但是考察美国的厂网矛盾对中国仍有一定启发。美国电力体制的特色是并存着私人投资的公用事业公司和政府投资的公用事业公司，其中私人投资的公用事业公司占主导地位，这些公用事业公司由140个投资者拥有，在电力体制改革前它们是垂直一体化的，有自己的输电网和发电厂，在地方性垄断特许经营的体制下，公用事业公司在特许经营的地理范围内从事电力生产和供电活动。1978年美国通过了《公用事业公司管制政策法》（PURPA），立法的初始目的在于推广环保的小电源，但在客观上打破了公用事业公司发电侧的垄断，给纵向一体化的电力公司带来冲击，《公用事业公司管制政策法》规定只要符合一定的门槛限制，合格生产能力（Qualify Facility）的独立发电商（IPP）可以向公用事业公司出售电力，同时公用事业公司有义务购买有合格生产能力独立发电商的电力，《公用事业公司管制政策法》对独立发电商合格生产能力的要求是，使用普通燃料的发电设备装机容量要大于50MW，使用可再生燃料的发电设备可以适当降低。在独立发电商上网定价方面，《公用事业公司管制政策法》确定了回避成本（Avoided cost）的定价规则，即独立发电商的上网价格只要不高于公用事业公司的成本即可，以保证交易不会对消费者产生不利影响，在这一定价政策下，合格的独立发电商能够获得生产率提高的全部收益，公用事业公司的生产成本越高，该州的电价水平越高，独立发电商就可以获得更高的收益。这一法案的通过吸引了发电领域的投资者，促进了独立发电商的迅速发展，发电市场的新进入者渐渐形成了势力较大的利益集团，在政治上得到了大量的支持，甚至部分公用事业公司也成立了附属公司进入独立发电市场，独立发电商的崛起使得传统的纵向一体化体制不再适应竞争需要，因为纵向一体化的公用事业公司既参与发电市场的竞争，又控制着关键的输、配电网，难以保证发电市场的公平竞争，厂网问题开始凸显。

为了改善这种状况，当时有三种可供选择的方案：第一种是对纵向一体化的公司进行纵向分解，即将公用事业公司的发电、输电、配电资产进行重组，新组建的发电、输电、配电公司之间是独立关系，这样就可以保证发电市场的公平竞争，但是这一方案需要付出很高的谈判成本，因为公用事业公司大部分是私有的。第二种是对纵向一体化的公用事业公司进行功能上的分割，即保证公用事业公司拥有自己的发电、输电和配电资产不变，在此前提下要求公用事业公司对发电、输电、配电在服务功能上分开，对这三种服务分别定价，这样发电、输电和配电服务不再捆绑在一起，独立发电商可以进入公用事业公司的输电和配电网络，公用事业公司对自己的零售客户收取的输电和配电费用，与向第三方提供输电和配电服务时收费相同。这一方案也存在大量谈判成本，公用事业公司认为，本公司的输电网是适合本公司的发电厂配套建设的，额外增加输电量会增加网络阻塞，增加成本。第三种政策选择是不改变公用事业公司对输电资产所有权，在此前提下将输电网络转移给独立的系统运营者，独立的系统运营者对所有发电商和零售商开放电网，负责电网的运行、电力交易合约的履行和结算、为电力交易各方提供信息服务。

美国电力体制改革的推动者对上述各个方案进行了尝试。1992年为了进一步促进电力批发交易市场的竞争，美国通过了《联邦能源政策法》（EPACT），对输电接入进一步放松，《联邦能源政策法》要求只要符合以下条件，能源管制委员会就可以同意输电接入：（1）发电商和输电网所有者自行协商达成协议已有60天；（2）符合公共利益；（3）输电接入不影响电力系统的可靠性；（4）公用事业公司的现有客户不向输电接入方提供补贴。1996年联邦能源管制委员会发布888号和889号法令，要求纵向一体化的公用事业公司实施功能分离改革，对从事的发电、输电和配电业务分别定价，向所有外部竞争者放开输电服务，以进一步放开发电市场，推动电力批发市场的竞争。虽然这种结构分离减少了公用事业公司对独立发电商的歧视，但是高度分割的输电网络仍然阻碍着电力市场的竞争，美国的三大电网是由一百多个公用事业公司拥有的输电网连接而成，这就意味着如果输电交易双方的距离较远，就不得不同众多的输电网络的所有者分别签订输电服务协议，导致输电服务的交易成本大大增加。1999年12月，美国联邦能源管制委员会发布了2000号法令，通告公用事业电力公司，要求他们找到合适的合作伙伴，联合组成区域性输电组织，由地区性的输电组织对输电业务进行统一的安排，这种地区性的输电组织可以是独立系统运行者（Independent system operator IS0）也可以是输电公司（Transmit co.）或电网公司（Grid co.），它们能够有效扩大输电网的规模，提高输电效率。在联邦能源管制委员会的推动下，美国出现了一些新的地区性输电组织，这些新组建地区性的输电组织大都采用独立系统运行者的组织形式，主要有宾夕法尼亚一新泽西一马里兰州、纽约、新英格兰、德克萨斯和中西部的一体化地区输电组织。

三　中国厂网矛盾的症结：畸形的输电模式

很多学者认为，中国的输电领域由电网企业高度垄断，电网企业能够获得垄断收益，由此引发了“厂网矛盾”，这些观点值得商榷，因为输电领域本来就是自然垄断领域，电网企业的垄断经营也是世界共同潮流。我们认为输电环节是否垄断不是问题的关键所在，厂网问题的症结在于输电模式的问题，世界范围内输电模式主要存在两种形式：独立系统运营者模式和输电公司模式，独立系统运营者模式在很多国家流行，如上述美国部分地区、阿根廷、澳大利亚等，这一模式把系统调度机构作为一个单独的机构，即独立系统运营者，同时把输电网所有权也分离出来，成立第二个独立的实体，即电网公司，按照这一模式成立的电网公司是受到规制的、营利性的公司，它拥有电网资产，负责扩建和维护输电系统，通过向用户收入费用来赚取资产回报。独立系统运营者负责系统的调度运行，提出输电扩展和维护的建议，但不参与这些活动。一般来讲独立系统运营者是一个非营利机构，它也受到规制，但是它除了控制室外没有自己的资产，规制的问题是如何激励它们高效的运营。另一种模式是建立一个独立于所有交易商的公司，它是输电网络的所有者，负责电网的扩展和维护，同时也负责系统的调度运行，这种类型的公司一般称为输电公司，英国国家电网公司是典型代表，西班牙和北欧等国也采用了这一模式。

按照上述划分，中国的输电模式最接近输电公司模式，因为中国国家电网和南方电网既是输电资产的所有者，又是电力系统的运营者，但是与输电公司模式的最大不同在于开放接入问题，无论对上游发电企业而言，还是对下游电力用户而言，中国的电网企业都不提供无歧视接入。对下游电力消费者而言中国电网企业处于卖方垄断地位，电力用户只能在所处供电区域向当地电网企业买电，对上游发电企业而言中国的电网企业处于买方垄断地位，虽然电网企业不能通过调节上网价格来获得垄断租金，但完全可以根据自己的喜恶偏好决定哪家发电企业的电量可以上网，哪家发电企业的电量不能上网，因此电网企业买方垄断势力仍然存在，主要体现在上网电量的控制上。

二滩水电站事件是电网买方垄断的一个鲜明的例证，二滩水电站是作为促进中西部经济发展的大型项目来建设的，1987年二滩水电站列入国家的“七五”计划，1991年9月开工建设，1999年12月最后一台机组投入商业运行。但由于二滩水电站的发电无法上网，使得它在建成发电之日，就成了面临亏损之时，2000年1—7月，实际发电量不到年计划的一半，在此期间因弃水浪费了巨大电量。二滩水电站的电量之所以不能上网与它的资本结构有关，电站主要靠国家开发银行和世界银行的贷款建成，四川省所占股份只有6%，而且二滩水电站隶属于国务院有关部门管理，独立于四川省电力主管部门。四川省本地还有大量的发电企业与二滩水电站竞争，当市场环境稳定时，尚相安无事，但是1999年后电力市场需求不足，四川省电力主管部门开始倾向于照顾地方利益，优先让本省的发电企业上网，二滩电站的发电上网量始终得不到满足。

由于电网企业拒绝提供开放接入，对发电企业实行差别待遇，严重扰乱了发电侧的市场竞争。即使未来推行“竞价上网”也不会改变各地区的电网公司独家垄断买电的格局，电网企业将会利用瓶颈地位压低上网价格，结果只会使电网企业买方垄断势力得到加强，“厂网矛盾”进而加剧而不是减缓。在下游，电网公司集输电、配电和售电于一体，输配分离改革滞后，终端的电力消费者只能从覆盖它们的电网公司购电，而不能选择供电商，更不能直接选择发电厂，电网企业的卖方垄断地位使得发电侧竞争带来的收益无法向终端用户传导。世界上基本不存在中国这样的输配电模式，一方面维持垄断的经营局面，另一方面却不承担放开接入的义务。

在这一畸形的输电模式下，中国的电网企业根本不是自主经营的企业，上游发电企业的成本上升压力无法向下游电网企业传导，煤炭价格上涨的影响基本被隔离，电网可以获得稳定可靠的“价差”租金，由于“价差”租金丰厚，且跟自己的经营效率无关，致使电网企业没有降低成本提高效率的动力，也没有承担起相应的电网建设责任，新中国成立后电网投资累计占电力投资的比例仅为30%左右；而世界范围电网投资占电力总投资的比例大约在50%以上。在一些局部地区如东北，一些非常陈旧的输变电设备仍在使用，大电网的安全稳定与跨区电网规模、电网负荷以及其他内外部条件显著相关，如果这些条件不能得到很好的控制，将把电网置于很大的风险中，这使得中国电网安全问题越来越严重。

我们认为，缓解“厂网矛盾”的唯一途径是仿效美国的经验，做到输电、配电网络的开放接入，在此基础上再推行竞价上网，这也是今后电力体制改革的方向和关键问题。从美国的例子可以看出，如果电网不开放接入，发电侧的竞争仍然受到电网企业的制约，而下游用户也要忍受价高质次的电力服务。中国未来的输电模式很可能采取输电公司模式，在这一模式下系统调度与电网所有者合为一体，如果不提供无歧视的接入政策，“竞价上网”后的发电企业更加受制于电网企业，强势电网企业很可能从自身利益出发，凭借自身的垄断地位对发电企业采取的不规范行为和利益侵占，市场就可能出现种种不公平现象，发电环节的竞争效率也会受到损害。当电网资源开放接入后，竞价上网会使得上游的燃料成本向下游传导，最终反映到终端用户那里，从而平抑各方利益。

第四节　煤—电纵向价格关系的发展沿革

中国煤—电纵向价格关系从新中国成立到现在大致经过了三个阶段：一是新中国成立以来至 1993 年，上下游都是计划价格；二是 1993—2002 年相对平稳的纵向价格双轨制时期；三是 2002 年以来煤—电发生冲突的纵向价格双轨制时期。

一　上下游都是计划价格阶段

1993 年以前，煤炭价格没有放开，中国的煤—电价格链条表现为：计划价 + 计划价，即煤炭价格和电力价格都采取政府定价的方式，煤炭企业和电力企业在给定的计划价格下，每年完成一定量的生产指标，这一阶段煤—电企业间基本不存在价格矛盾。在此期间，由于电力发展规划不利，电力供应长期短缺，但这种短缺与煤—电价格关系无关。

二 相对平稳的纵向价格双轨制阶段

这一阶段的时间跨度为1993—2002年。1993年后，中国放开了上游的煤炭价格，但下游的电力价格没有放开，考虑到电力用煤的特殊性，1996年国家层面重新考虑对电煤价格进行规制，对发电用煤实行指导价。煤炭行业引入竞争机制后煤炭产量大幅增加，煤炭市场价格则逐渐下降，以致大部分年份电煤市场价低于指导价，许多电力企业放弃重点合同电煤，改由现货市场采购，煤炭价格的低迷导致了煤炭行业的全行业亏损，尤以20世纪90年代末最为严重。反观电力行业，20世纪80年代中期为了吸引电力行业投资，中国引入了对投资者较优惠的还本付息电价政策，虽然制定电价时考虑了燃料成本因素，但燃料价格下降时电价并没有相应下调，这导致了电力行业的利润水平大大高于煤炭行业。这一阶段，煤—电关系的特征是电力企业有很大的优势，煤炭企业的产品积压，煤炭企业在与电力企业谈判时处于不利地位，必须做出很大让步才能达成交易，虽然存在煤—电纵向价格双轨制，但是由于煤炭价格较低，煤—电之间矛盾并不突出，电力供应基本平稳，受1997年东南亚金融危机的影响，中国电力还一度出现了过剩。

图5-1描述了这一阶段的煤炭与电力之间的纵向价格关系。图中包括上游的煤炭市场和下游的电力市场，上游价格基本由市场决定，下游市场受到政府的严格价格控制。当煤炭价格放开后，煤炭企业的供给曲线大幅向右移动，由$S_1^{煤}$右移至$S_2^{煤}$，虽然煤炭需求曲线也在右移，但是幅度较小，由$D_1^{煤}$右移至$D_2^{煤}$，这一阶段的总体特征是煤炭供给始终大于需求，造成煤炭价格下跌，由$P_1^{煤}$下降至$P_2^{煤}$。电力市场基本平静，电力的规制价格为$P_*^{电}$，电力供需基本平衡，只是后来受金融危机影响，电力需求曲线由$D_1^{电}$左移至$D_2^{电}$，电力市场出现了过剩，过剩程度为$Q_2^{电}-Q_1^{电}$。

三 煤—电冲突的纵向价格双轨制阶段

从2002年开始，中国取消了电煤指导价，在随后一段时间内，

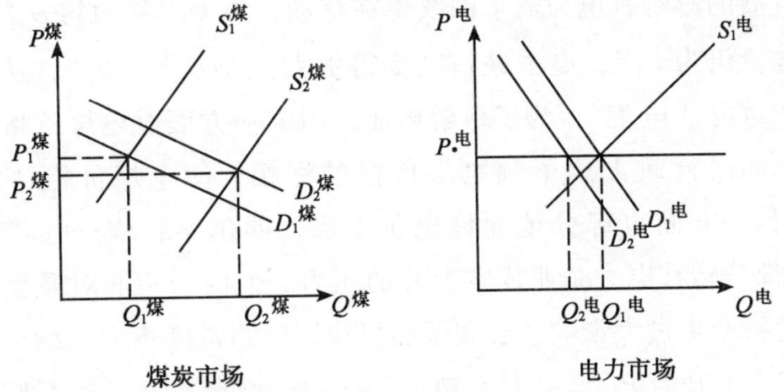

图 5-1　纵向价格双轨制下的煤—电关系（1993-2002）

由于国民经济的快速发展等各种原因，煤炭需求量大幅上升，电煤由过去的供过于求变为供不应求，电煤价格出现上升。而在发电领域，发电企业燃料成本增加的同时，电力价格改革没有跟上，电价仍然受到规制，2002 年开始中国出现了绵延数年的“电荒”。迫于电力短缺的压力，2004 年、2006 年中国两次实施了煤电价格联动，对电力规制价格进行了一定程度的提高。除此之外，价格主管部门还时不时对电煤价格进行干预，2008 年下半年全球性金融危机的爆发，意外缓解了中国用电紧张的局面，这一点与 1997 年的东南亚金融危机类似。

可用图 5-2 做如下具体分析，2002 年以前，煤炭市场需求曲线为 D_1煤，供给曲线为 S_1煤，此时煤炭的市场均衡价格为 P_1煤；相应的电力市场需求曲线为 D_1电，供给曲线为 S_1电，市场的“均衡价格”为 P_1电。当时尽管存在煤—电纵向价格双轨制，但由于煤炭价格整体较低，煤—电关系基本协调，双方相安无事。

2002 年后，煤炭的需求曲线由 D_1煤上升至 D_2煤，拉动煤炭价格上升，煤炭价格上升又引发了煤炭行业投资加速和市场进入，煤炭供给曲线右移至 S_2煤，相应煤炭价格由 P_1煤上升至 P_2煤。煤炭（特别是电煤）价格的上涨反映到电力市场，直接导致电力企业的生产成本上升，从而电力产品的供给曲线由 S_1电变为 S_2电。但由于电价受到政府的严格控制，在价格仍为 P_1电的情况下，电力企业自主决定的产量水

平将为 $Q_2{}^{电}$，此时会出现电力缺口：$Q_1{}^{电} - Q_2{}^{电}$。现实中受宏观经济快速发展的影响，电力需求曲线也在移动，由 $D_1{}^{电}$移动到 $D_2{}^{电}$，这时如果电价仍为 $P_1{}^{电}$，电力缺口会变得更大，为 $Q_3{}^{电} - Q_2{}^{电}$，从而出现更为严重的“电荒”。为了缓解局面，国家一方面对电煤价格施加影响，比如以行政方式干预电煤价格的涨幅，使电煤价格“放而不开”，另一方面也部分地允许电价上涨，偶尔实行煤—电“价格联动”，部分转移电力企业成本上升的压力。但由于担心对通货膨胀和经济运行产生过大影响，宏观调控机构调价的幅度不大，结果电力价格由 $P_1{}^{电}$上升为 $P_*{}^{电}$，“计划轨”形成的电价水平 $P_*{}^{电}$远远低于均衡价格 $P_2{}^{电}$，从而存在现实电力缺口 AB。这就是近年来中国“电荒”形成的大体情况。从中可以看出，电力需求扩张和燃料成本上升是这次“电荒”先兆和诱因，但它们均不构成“电荒”的充分条件。在其他条件不变的情况下，电力企业不能相应顺价调整，煤—电不能互动，即纵向价格双轨制才是“电荒”的元凶，而且由于价格的扭曲还会造成能源浪费使用，与节能节电的目标背道而驰。

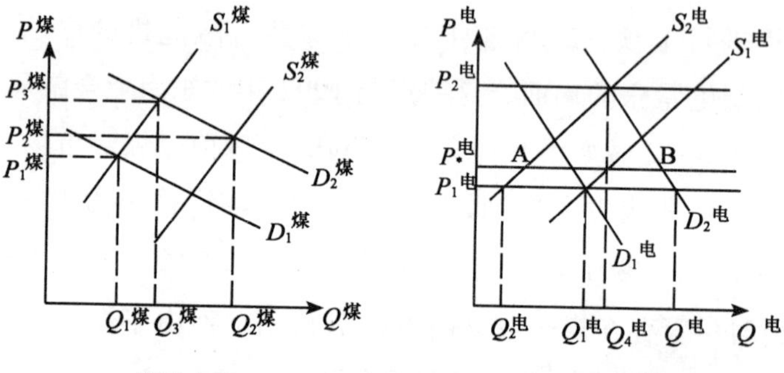

煤炭市场　　　　电力市场

图 5-2　纵向价格双轨制下的煤—电关系（2002—2008 年）

上述模型可大致描述中国煤—电纵向价格关系的一些特征，但是比较粗糙，诸多具体因素的作用没有体现，下一章将引入一个更为细致的模型对此进行分析。

第六章　煤—电纵向价格双轨制的两阶段博弈模型

第一节　模型的几个假设

一　寡头市场结构问题

在煤—电纵向关系的上游，煤炭企业作为基础性资源产业，考虑到资源开采的可持续性，以及煤矿安全生产等问题，国家不断促成煤炭产业的整合，煤炭产业逐渐存在一定的市场势力，可以预见未来其集中度仍会逐渐上升。发电企业在改革之初就维持了寡头竞争的局面，目前五大发电集团的装机容量占全部装机容量的将近一半，毫无疑问发电环节也存在较强的市场势力。

为了分析问题方便，学者们在讨论纵向关系时都施加了大量的苛刻假设，使用较多的假设是认为市场结构为完全竞争或者完全垄断的，Hay 和 Morris（1991）放弃了这种或完全垄断或完全竞争的极端化建模思路，取而代之建立了一个寡头竞争框架下的纵向关系模型，得出了比上述双重加价模型更一般的结果。考虑到中国的煤炭、电力市场的现实状况，本章也采用了寡头竞争框架下的纵向关系模型，主要思想仍然来自 Hay 和 Morris，模型中加入了推测变差以刻画上下游厂商的市场势力问题，同时放弃了 Hay 和 Morris 模型中的诸如厂商边际成本不变、上游和下游企业同质等不必要的假设，使得模型更具一般性。

二　中间产品可替代问题

如果中间产品对于下游企业是可替代的，那么对中间产品的需求不仅取决于下游产品产量，还取决于下游企业投入品之间的相对价格，下游企业的投入和产出不再具有等比例关系，这给模型求解带来大量麻烦。可喜的是，就中国的煤—电关系而言，这些麻烦是不必要的，对于中国火电企业而言，起码在较短的时间内，电煤是不可替代的燃料，看不到技术进步会使得哪种燃料替代电煤。由于电煤投入和电力产出间存在一定的比例关系，不失一般性，我们选择适当的度量单位对这种比例关系进行简化，使得投入与产出间的转换系数为1，即1单位电煤生产1单位电力。

三 买方垄断势力问题

如果上游企业仅仅对下游企业出售中间产品，那么不仅可能存在上游企业对下游企业的卖方垄断势力问题，还可能存在下游企业对上游企业的买方垄断势力问题，这样中间产品的产量和价格将跟上下游市场势力的力量对比有关。如果上游企业在供给下游企业中间产品的同时，还供应其他产业，那么下游企业对上游企业的买方势力问题就不重要，因为下游企业不大可能对上游企业的价格产生影响，下游企业的需求就可以当作一个参数看待。就中国煤—电关系进行建模而言，假定第二种情况比较合理，因为煤炭企业不仅供应煤炭给发电企业，还大量供应冶金、建材、化工等产业。很多对中国煤—电关系的研究倾向于认为电力企业有买方势力，但这并不是事实，从中国近些年发生的煤—电矛盾来看，发电企业左右煤炭价格的能力并不很强，即使发电企业集体拒绝采购煤炭，也未能阻止煤炭价格的上涨，有时为了解决煤炭价格上涨过快问题，国家发展改革委员会还被迫从中“调停”。

第二节 煤—电纵向关系之一：无价格规制模型

本部分建立了一个两阶段博弈模型，第一阶段博弈在发电企业之间进行，发电企业将电煤价格当作已知，选择数量竞争，竞争的结果给出电煤需求量和发电量；第二阶段博弈在煤炭企业之间进行，煤炭企业预期发电企业对电煤的需求，同样进行数量竞争，竞争后得出电煤的价格和产量，模型的求解采用了逆向归纳法。

首先考虑下游发电市场，假设电力的反需求函数为：

$$p = f(Q) + w \tag{6-1}$$

其中 p 为电力价格，Q 为电力行业的电力产量（根据假设也是电煤投入量），$Q = \sum_{i=1}^{n} q_i$，q_i 是各个电力企业的发电量（根据假设也是电煤投入量），函数 f 满足反需求函数的一般形式，即 $f' < 0$，w 刻画了反需求曲线的位置，可表示外生的宏观经济冲击，当宏观经济高涨时，w 变大，使得电力反需求曲线右移，在宏观经济萧条时，w 变小，使得电力反需求曲线左移。

假定代表性发电企业 i 对其他发电企业的推测弹性为 α：

$$\frac{d(Q - q_i)}{dq_i} = \alpha \frac{Q - q_i}{q_i} \tag{6-2}$$

则代表性电厂的利润函数为：

$$\pi_i = pq_i - Pq_i - c(q_i, V) \tag{6-3}$$

其中 P 为电煤价格，Pq_i 相应地为电煤成本，$c(q, V)$ 为发电过程中燃料成本之外的其他成本，它与发电量有关但又不与产量呈线性关系，比如当电力需求增加时启用低效率的机组带来的成本，V 是影响 $c(q, V)$ 的外生变量，可表示外生的技术进步程度，假设存在以下关系：$\partial c/\partial q = mc_i(q) > 0$，且 $\partial^2 c/\partial q^2 > 0$。

假定电力的需求价格弹性 e 为常数，因此需求曲线是等弹性的，s_i 为代表性电力企业的市场份额，在上述假定下电力企业在市场上进行古诺寡头竞争，最终代表性发电企业的利润最大化条件为（推导见附录二）：

$$\frac{d\pi}{dq_i} = p[1 - \frac{(a + (1 - a)s_i)}{e}] - p - mci(q_i, V) = 0 \tag{6-4}$$

使用市场份额 s_i 作为权重，对 n 个代表性企业的利润最大化条件求和，得到产业层次利润最大化条件：

$$p(1 - \frac{\gamma}{e}) = P + mc(Q, V) \tag{6-5}$$

其中$\gamma = \alpha + (1-\alpha)HHI$，而$HHI$正是表示市场集中程度的赫芬达尔指数（$\sum_{i=1}^{n} s_i^2$），（6－5）式左边是发电企业产业层次的边际收益，右边是发电企业的产业层次的边际成本，包括发电企业的产业层次的边际成本和电煤价格，为了不至于出现负的价格，假定$e > \gamma$。γ可看作是发电企业市场势力的测度指标。当发电市场结构为完全垄断时，$HHI = 1, \gamma = 1$，发电企业的价格加成部分达到最大，其产业层次的边际收益曲线离电力需求曲线最远；当电力市场结构接近完全竞争时，$\alpha \to 0, HHI \to 0, \gamma \to 0$，$mr \to p$，发电企业几乎没有价格加成部分，其产业层次的边际收益曲线与电力需求曲线区域趋于重合；当发电市场为寡头垄断时，$0 \leqslant \gamma \leqslant 1$，$\gamma$越大越接近完全垄断市场结构，$\gamma$越小越接近完全竞争市场结构。对上式进行整理可以得到电煤的逆需求函数：

$$P(Q) = p(1 - \frac{\gamma}{e}) - mc(Q) \quad (6-6)$$

设$mr(Q)$为发电产业的产出为Q时的边际收益，并代入，得：

$$P(Q) = mr(Q) - mc(Q) \quad (6-7)$$

下面分析上游煤炭市场，与上面分析类似，设代表性煤炭企业生产电煤时的利润函数为：

$$\prod_i = Pq_i - bq_i - C(q_i, Z) \quad (6-8)$$

b是与电煤产量有关的成本（吨煤成本），如按产量征收的资源税费、工人工资等，$C(q_i, Z)$是与电煤产量呈非线性关系煤炭的成本，如与安全投入相关的成本、与矿井效率相关的成本、与运输瓶颈相关的成本等，Z是影响$C(q_i, Z)$的外生变量，$C(q_i, Z)$满足$\partial c/\partial q = MC_i(q) > 0$、$\partial^2 c/\partial q^2 > 0$。假定代表性煤炭企业$i$对其他发电企业的推测弹性为$\beta$，电煤的需求价格弹性为$\xi$，代表性煤炭企业的市场份额为$k_1$，在上述假定下煤炭企业在市场上进行古诺寡头竞争，其利润最大化条件是：

$$\frac{d\pi}{dq_i} = P\left[1 - \frac{(\beta + (1-\beta)k_i)}{\xi}\right] - b - MC_i(q_i, Z) = 0 \quad (6-9)$$

（6－9）式第一项为代表性煤炭企业的边际收益函数，在其他因素给定的情况下，代表性煤炭企业的价格加成额取决于其市场份额，其市场份额越大，市场势力就越大，索取的价格也就越多。同样以市场份额 k_i 作为权重，将各个煤炭企业的利润最大化条件加权求和，得到煤炭产业层次的利润最大化条件：

$$P[1-\frac{\lambda}{\xi}]=b+MC(Q,Z) \qquad (6-10)$$

同（6－5）的分析类似，左边是煤炭产业层次的边际收益，右边是产业层次的边际成本，$\lambda=\beta+(1-\beta)HHI'$，$HHI'$ 为煤炭市场的赫芬达尔指数（$=\sum_{i=1}^{m}k_i^2$），与发电市场的 γ 类似，λ 也表征了煤炭企业市场势力状况，当 $\lambda=1$ 时煤炭市场为完全垄断的市场结构，当 $\lambda=0$ 时煤炭市场为完全竞争的市场结构，当 $0<\lambda<1$ 时，煤炭市场为寡头垄断。这里假定 $\xi>\lambda$，以避免价格为负。

为了使经济意义变得直观，在（6－10）中使用（6－7）代替 P，重新得到煤炭企业的利润最大化条件，为：

$$[mr(Q)-mc(Q)](1-\frac{\lambda}{E_{mr}})=b+MC(q_i,Z) \qquad (6-11)$$

其中 E_{mr} 表示曲线 $mr(Q)-mc(Q)$ 对 Q 的弹性，左边是煤炭行业的边际收益曲线，可近似看作是电力行业边际收益曲线 $mr(Q)$ 的边际曲线（相差一个边际成本曲线），也是电力需求曲线的“边际的边际”曲线，因此该模型是双重加价的较一般的形式。图 6－1 展现了上述分析框架，给出了煤—电纵向关系一个直观的图形描述，为了分析方便，假设各种曲线关系都为线性的。煤炭企业之间进行古诺竞争之后，最终煤炭产业的产出为 Q^*，将煤炭行业的边际收益曲线记为 MR，在 Q^* 产量水平上有：$MR(Q^*)=b+MC(Q^*,Z)$，即满足煤炭产业层次的利润最大化条件；根据煤炭企业面临的引致需求曲线 $P(Q)=mr(Q)-mc(Q)$，可以得到 Q^* 处的电煤价格为 P^*。发电企业将电煤价格 P^* 视为给定，再加上发电阶段的成本，进行古诺竞争，最终发电产业的总产出为 Q^*，在 Q^* 处满足发电产业层次的利润最大化条件：$P^*+mc^*=mr^*$。

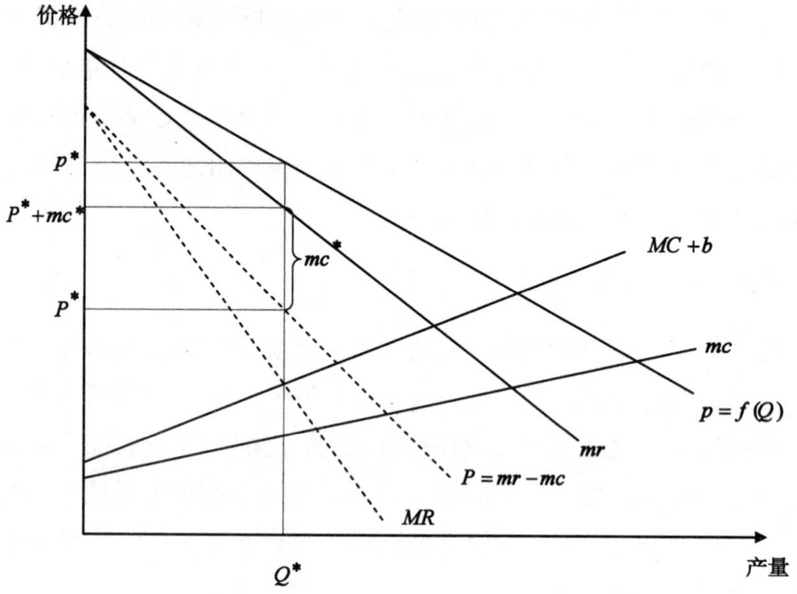

图 6－1 无价格规制下煤—电纵向关系

一 经济增长的影响

宏观经济周期对煤—电关系的影响至关重要，下面首先分析经济增长的影响。煤—电纵向关系模型中的市场均衡（p^*、P^*、Q^*）被电力需求方程、电力产业利润最大化条件和煤炭产业利润最大化条件所刻画，比较静态分析可以对（6－1）、（6－5）和（6－10）分别关于外生变量求导得出。经济增长对煤—电关系的影响可以分别对（6－1）、（6－5）和（6－10）在均衡处关于 w 求导得出：

$$\frac{dp}{dw} = f'\frac{dQ}{dw} + 1 \tag{6-12}$$

$$\frac{dp}{dw}\left(1 - \frac{\gamma}{e}\right) = \frac{dP}{dw} + mc'\frac{dQ}{dw} \tag{6-13}$$

$$\frac{dP}{dw}\left(1 - \frac{\lambda}{\xi}\right) = MC'\frac{dQ}{dw} \tag{6-14}$$

解得：

$$\frac{dP}{dw}=\frac{MC'\xi(e-\gamma)}{MC'\xi e-f'(\xi-\lambda)(e-\gamma)+mc'e(\xi-\lambda)}>0 \tag{6-15}$$

$$\frac{dp}{dw}=\frac{eMC'\xi+emc'(\xi-\lambda)}{MC'\xi e-f'(\xi-\lambda)(e-\gamma)+mc'e(\xi-\lambda)}>0 \tag{6-16}$$

$$\frac{dQ}{dw}=\frac{(\xi-\lambda)(e-\gamma)}{MC'\xi e-f'(\xi-\lambda)(e-\gamma)+mc'e(\xi-\lambda)}>0 \tag{6-17}$$

二　市场势力的影响

随着中国煤炭行业集团化建设的推进，煤炭行业的市场势力逐渐增强，为了分析市场势力对煤—电关系的影响，分别对（6－1）、（6－5）和（6－10）在均衡处关于煤炭市场势力 λ 求导，（对电力企业市场势力的影响分析类似，限于篇幅没有列出）。

对（6－1）、（6－5）和（6－10）在均衡处关于 λ 求导得到：

$$\frac{dp}{d\lambda}=f'\frac{dQ}{d\lambda} \tag{6-18}$$

$$\frac{dp}{d\lambda}(1-\frac{\gamma}{e})=\frac{dP}{d\lambda}+mc'\frac{dQ}{d\lambda} \tag{6-19}$$

$$\frac{dP}{d\lambda}(1-\frac{\lambda}{\xi})-P\frac{1}{\xi}=MC'\frac{dQ}{d\lambda} \tag{6-20}$$

解联立方程组（6－18）、（6－19）和（6－20）得到市场势力变化对各变量的影响：

$$\frac{dP}{d\lambda}=\frac{-P(-f'e+f'\gamma+mc'e)}{-eMC'\xi+f'(e-\gamma)(\xi-\lambda)-mc'e(\xi-\lambda)}>0 \tag{6-21}$$

$$\frac{dp}{d\lambda}=\frac{f'Pe}{-eMC'\xi+f'(e-\gamma)(\xi-\lambda)-mc'e(\xi-\lambda)}>0 \tag{6-22}$$

$$\frac{dQ}{d\lambda}=\frac{Pe}{-eMC'\xi+f'(e-\gamma)(\xi-\lambda)-mc'e(\xi-\lambda)}>0 \tag{6-22}$$

对符号的解释是：煤炭企业市场势力的提升会使得煤炭企业有动机去限产提价，而煤炭价格的上升会向下游传导，最终将推动电力价格的上升。

三 煤炭资源税费的影响

2003 年之后，中国针对煤炭行业的资源税费改革政策不断推出，煤炭资源税费改革能够从一定程度上解决煤炭行业长期以来的欠账和补偿问题，可进一步完善和健全煤炭价格形成机制，为煤炭行业的可持续发展奠定良好的基础，从这一角度看，资源税费改革对于煤炭行业具有积极意义。但是放在煤—电产业纵向关系的视角，煤炭资源税费改革又面临新的矛盾，它仅仅解决了煤炭价格形成机制，煤炭价格平稳运行的问题并不能得到解决：资源税费制度改革必然推动煤炭成本上升，成本上升需要靠价格转嫁，从而使得电煤价格上升。在煤—电价格纵向双轨制之下，发电企业无法将电煤价格继续向下转嫁，从而可能发生煤—电矛盾，这会给本就已经紧张的煤—电关系蒙上阴影。

为了分析资源税费对煤—电关系的影响，分别对（6－1）、（6－5）和（6－10）在均衡处关于 b 求导得到：

$$\frac{dp}{db} = f'\frac{dQ}{db} \tag{6-24}$$

$$\frac{dp}{db}(1 - \frac{\gamma}{e}) = \frac{dP}{db} + mc'\frac{dQ}{db} \tag{6-25}$$

$$\frac{dP}{db}(1 - \frac{\lambda}{\xi}) = 1 + MC'\frac{dQ}{db} \tag{6-26}$$

通过解（6－24）、（6－25）和（6－26）可以得到：$\frac{dp}{db} > 0$，$\frac{dP}{db} > 0$，$\frac{dQ}{db} < 0$，即增加资源税会提高煤炭价格和电力价格，同时降低产出。

详细而言，每征收 1 元的资源税会推动电力价格上升幅度为：

$$\frac{dP}{db} = \frac{f'\xi(\gamma - e) + emc'\xi}{MC'\xi e - f'(\xi - \lambda)(e - \gamma) + mc'e(\xi - \lambda)} \tag{6-27}$$

每征收 1 元的资源税会推动电煤价格上升幅度为：

$$\frac{dp}{db} = \frac{-ef'\xi}{MC'\xi e - f'(\xi - \lambda)(e - \gamma) + mc'e(\xi - \lambda)} \quad (6-28)$$

每征收 1 元的资源税会使得煤炭、电力的产量减少幅度为：

$$\left|\frac{dQ}{db}\right| = \frac{e\xi}{MC'\xi e - f'(\xi - \lambda)(e - \gamma) + mc'e(\xi - \lambda)} \quad (6-29)$$

从上述分析来看，当不存在价格规制的时候，尽管煤炭企业市场势力和资源税费会影响均衡的产出和价格，但是不会出现供需失衡问题。

第三节　煤—电纵向关系之二：纵向价格双轨制模型

在前一部分分析中，煤—电产业链条中的产量和价格可以自由调整，市场主体——煤炭企业和电力企业，进行古诺竞争后会产生一个市场均衡结果，煤炭企业市场势力和煤炭资源税对均衡的位置有重要影响，但不会使得市场出现供需失衡。当下游电力价格存在规制、上游煤炭价格放开时，煤—电产业链中就产生了纵向价格双轨制，纵向价格双轨制的存在使得电力市场无法出清，或者存在电力缺口，或者存在电力过剩，电力市场中的变化会上溯到煤炭市场，促使煤炭市场的产量和价格做相应调整，从而导致均衡位置的移动。本节将对此进行分析，并再次考察市场势力、资源税费所带来的影响。

假设电力的规制价格为 $\bar{p}$，那么代表性电厂 i 的利润最大化条件为：

$$\bar{p} = P + mc_i \quad (6-30)$$

说明 i 电厂将调整产量，以使得规制价格等于电煤价格加上 i 电厂的边际发电成本，可见在价格规制下，无论被规制企业是否存在市场势力，其均不能获得超额利润。这是因为当存在电力价格规制时，即使电力企业存在市场势力，他也会预期到他对产量的调整将不再影响价格，因此其行为会像一个完全竞争企业一样成为价格的接受者。将电力行业所有企业的利润最大化条件按照市场份额加总，就得到电力行业的行业层次利润最大化条件：

$$\bar{p} = P + mc \tag{6-31}$$

定义 $g = f^{-1}$，假设 g 加性可分，即 $g(p-w) = g(p) - g(w)$，定义 $g(w) = z$，将电力需求曲线写为以下形式：

$$Q = g(p) + z \tag{6-32}$$

根据需求曲线的形状和反函数的性质，有 $g' < 0$，与 w 类似，z 表示外生的宏观经济冲击。用 K 表示电力短缺或过剩（过剩表示为负短缺），当规制价格 $\bar{p}$ 偏离市场出清价格时，有：

$$K = g(\bar{p}) + z - Q \tag{6-33}$$

在纵向价格双轨制下，表示短缺或过剩的变量 K 成为新的内生变量，电力价格受到规制将由内生变量变为外生变量，新的均衡将由（6－31）、（6－33）和（6－10）所决定。与前面无价格规制模型的图示解法一样，图 6－2 给出纵向价格双轨制下煤—电纵向关系的图示解法，同样为简化图形，各种函数形式设为线性。根据逆向归纳法求解，在产量 Q^* 处，电煤行业层次的边际收益曲线与电煤行业层次的边际成本曲线相等，此时电煤价格为 P^*，在电煤价格 P^* 基础上加上发电的边际成本 mc^*，就得到电力企业的规制价格，发电企业设定的产量为均衡时产量。

一 经济增长与纵向价格双轨制

在纵向价格双轨制的背景下，宏观经济对煤—电关系的影响非常重要。2002 年到 2008 年上半年中国经济持续繁荣，除了 2002 年经济增长率为 9.5% 之外，其余年份一直保持了两位数的增长率，在此期间，煤—电纵向价格双轨制导致“电荒”连绵不断。2008 年 9 月全球性金融危机爆发后，中国经济形势急转直下，宏观调控的任务由“防过热”转为“保增长”，受此影响，电力供给也一夜间由短缺变为过剩。下面分析纵向价格双轨制下经济增长的影响，（6－31）和（6－10）含有两个方程，两个未知数，联立这两个方程可以解得均衡的电煤价格 P^* 和电力产量 Q^*，将 Q^* 带入（6－33）。

如果存在 z^* 使得

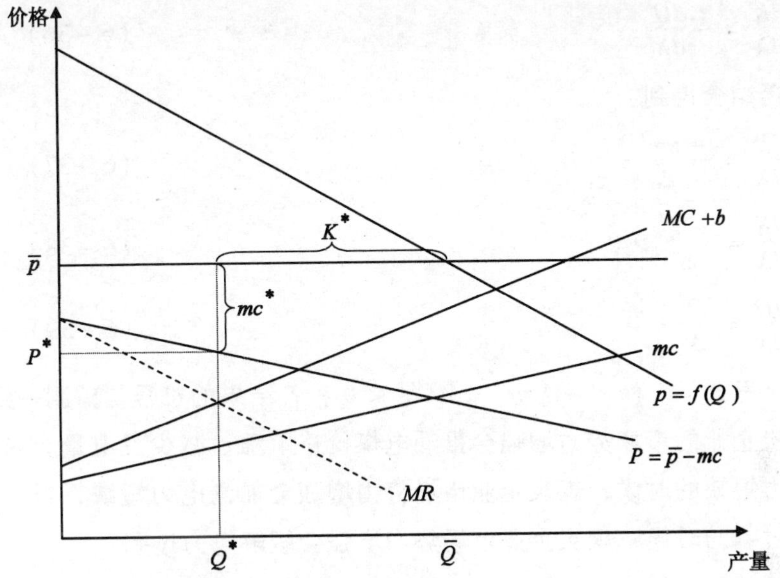

图6-2　电力价格受到规制下的煤—电纵向关系

$$K = g(\bar{p}) + z^* - Q^* = 0 \tag{6-34}$$

那么说明，对于价格规制水平 $\bar{p}$ 而言，经济增长速度 z^* 是“合适”的，因为电力供需平衡；如果经济增长速度 $z>z^*$，那么 $K>0$，说明经济增长是“过快”的，它催生了电力短缺，如果 $z<z^*$，那么 $K<0$，说明经济增长是“过慢”的，它导致了电力过剩。

二　市场势力与纵向价格双轨制

预计在纵向价格双轨制和无价格规制两种情况下，煤炭市场势力对煤—电关系的影响类似，即市场势力的增强会减少均衡产出，提高电煤价格。但是市场势力对电力缺口的影响并不直接，可能出现的情况是：电煤价格提高会降低电力产出，而当电价受到规制时，会导致缺口增加。下面将对这些猜测进行验证，对（6-31）、（6-33）求关于 λ 的微分，得到以下两个新方程：

$$0 = \frac{dP}{d\lambda} + mc'\frac{dQ}{d\lambda} \tag{6-35}$$

$$\frac{dK}{d\lambda} = -\frac{dQ}{d\lambda} \tag{6-36}$$

再结合得到：

$$\frac{dP}{d\lambda} = \frac{-mc'P}{\Delta} > 0 \tag{6-37}$$

$$\frac{dK}{d\lambda} = \frac{-P}{\Delta} > 0 \tag{6-38}$$

$$\frac{dQ}{d\lambda} = \frac{P}{\Delta} < 0 \tag{6-39}$$

这里$\Delta = -\xi mc' + \lambda mc' - MC'\xi < 0$，各结果的符号与猜测一致，即煤炭企业的市场势力增强会推动电煤价格上涨、减少发电量。当存在电力短缺的时候，煤炭企业市场势力增强会加剧电力短缺，当存在电力过剩的时候，煤炭企业市场势力增强会缓解电力过剩。

三 资源税费与纵向价格双轨制

为了考察资源税费的影响，对（6－31）、（6－33）求关于b的微分，得到以下两个新方程：

$$1 = \frac{dP}{db} + mc'\frac{dQ}{db} \tag{6-40}$$

$$\frac{dK}{db} = -\frac{dQ}{db} \tag{6-41}$$

联立方程（6－40）、（6－41）和（6－26）得到：

$$\frac{dP}{db} = \frac{-\xi(1 + MC')}{\Delta} > 0 \tag{6-42}$$

$$\frac{dK}{db} = \frac{-(\lambda + MC'\xi)}{mc'\Delta} > 0 \tag{6-43}$$

$$\frac{dQ}{db} = \frac{\lambda + MC'\xi}{mc'\Delta} < 0 \tag{6-44}$$

这里$\Delta = \xi - \lambda < 0$，发现资源税费对煤—电关系的影响与煤炭企业市场势力的影响相似，资源税费的上升会推动电煤价格上升、降低发电量。当存在电力短缺的时候，资源税费的上升会加剧电力短缺，当存在电力过剩的时候，资源税费的上升会缓解电力过剩。

第四节　煤电联动的理论分析

一　煤电联动的影响

为了缓解煤—电冲突和煤—电“顶牛”，2004 年年底国家发改委提出建立煤—电价格联动机制，“煤电联动”政策规定：在一个煤—电价格联动周期内（原则上不少于 6 个月），电煤平均出矿价的幅度是电价调整的风向标，如果电煤平均出矿价的幅度比前一周期变化达到或超过 5%，那么，在电力企业自行消化 30% 的基础上，则需要相应调整电价；如变化幅度不到 5%，则按照下一周期累计计算，直到累计变化的幅度达到或超过 5%，再进行电价调整。2005 年 4 月底和 2006 年 6 月底国家发改委先后实施两次煤电联动，全国平均上网电价和全国平均销售电价有不同的调整幅度，前者上调了 1.7 分/千瓦时和 1.174 分/千瓦时，后者上调了 2.52 分/千瓦时和 2.494 分/千瓦时。

为了考察煤电联动（调高电力规制价格 $\bar{p}$）的影响，对（6 - 31）、（6 - 33）和（6 - 10）决定的系统关于 $\bar{p}$ 的微分，得到以下三个新方程：

$$1 = \frac{dP}{dp} + mc'\frac{dQ}{dp} \quad (6-45)$$

$$\frac{dK}{d\bar{p}} = g'(\bar{p}) - \frac{dQ}{d\bar{p}} \quad (6-46)$$

$$\frac{dP}{d\bar{p}}\left(1 - \frac{\lambda}{\xi}\right) = MC'\frac{dQ}{d\bar{p}} \quad (6-47)$$

解上述联立方程得到

$$\frac{dP}{d\bar{p}} = \frac{MC'\xi}{\Delta} > 0 \quad (6-48)$$

$$\frac{dK}{d\bar{p}} = \frac{(\xi - \lambda\quad)(g'mc' - 1)}{\Delta} < 0 \quad (6-49)$$

$$\frac{dQ}{d\bar{p}} = \frac{\xi - \quad\lambda}{\Delta} > 0 \quad (6-50)$$

这里$\Delta = MC'\xi + (\xi - \lambda) mc' > 0$，各变量解的符号符合我们的预期。(6－48) 表明规制电价水平上升会拉动电煤价格上升，当电力规制价格提高以后，发电企业会调高产量以获得更多收益，这将加大对电煤原料的需求，电煤价格也会上升。通过（6－48）发现电力价格拉动电煤价格的程度受煤炭开采的边际成本和煤炭企业市场势力的影响，如果煤炭开采的边际成本较大，那么电煤的价格上升幅度越大，反之则反之；市场势力也是影响拉动幅度的另一个因素，在同样的条件下，煤炭企业的市场势力越强，电力规制价格对电煤价格的拉动幅度也越大。目前中国大量煤炭矿井出现资源枯竭，开采成本日益上升，同时煤炭企业正在走向联合，市场势力也日益增强，因此电力价格对电煤价格的拉动效应将会被放大，这是制定电力规制价格时不得不考虑的问题。

式（6－49）表明调高电力规制价格$\bar{p}$会缩小电力缺口，因此价格联动会在一定程度上缓解“电荒”。给定规制价格上升的幅度，“电荒”缓解的程度与电力需求曲线的斜率、发电企业的边际成本、电煤的需求弹性和煤炭企业市场势力有关，具体来讲，电力需求曲线越陡峭、发电边际成本越大、电煤价格需求弹性越大、煤炭企业的市场势力越小，煤电联动的效果越好，反之则反。

式（6－50）表明调高电力规制价格$\bar{p}$会提高电力产量，提高的程度与电煤的需求弹性和煤炭企业市场势力有关，电煤价格需求弹性越大、煤炭企业的市场势力越小，电力和电煤的产量幅度提高得越大。

二　煤电联动的困境

中国煤—电价格联动的政策大致是，当电煤价格涨价后，以一定的比例（约为70%）顺价加到电价中，电价相应调高，成本加成定价是这一政策核心思想。但是这一做法没有考虑电煤价格受电力价格的影响，即电价调高之后也会导致电煤价格上升，这样电力价格的调整总是存在滞后，在实践中必然也难以奏效。具体而言，当本期电力价格调高之后，本期的电煤价格也会随之上升，如果本期电力价格的制定是根据上一期的电煤价格做出的，那么本期电力价格仍然不会弥补成本，电力缺口依然出现，规制者会重新上调电力规制价格，这将再次拉动电煤价格上升，导致出现电力—煤炭价格的螺旋式上升，但是“电荒”仍然无法消除。这正是某些学者（傅鸣，2006）所担心的问题：电价的上涨会引发电煤价格上涨，市场进入了恶性循环。类似于农产品市场中的蛛网模型[①]，这一点可使用图6－3进行说明，最初电力的规制价格定于$\bar{p}$时，电煤的价格为P_1，此时电力的需求为$\bar{Q}$，电力的供给为Q_1，存在电力缺口$\bar{Q}-Q_1$，“电荒”爆发；当规制者发现规制价格无法使得电力市场出清时，将根据电煤价格实施煤电联动，将电力规制价格提高至$\tilde{p}=P_1+mc$，期望能够弥补电煤成本，实现供需平衡；电力规制价格提高以后，煤炭行业面临的电煤需求曲线由$P=\bar{p}-mc$变为$P=\tilde{p}-mc$，电煤市场均衡被打破，电煤价格上升为P_2，产出为Q_2，电力规制价格仍无法实现市场出清，电力缺口虽然变小了，但是仍然存在为$\tilde{Q}-Q_2$。

是否存在一个最优的规制价格以消除电力缺口呢，答案是肯定的，最优的规制价格$\bar{p}$由（6－10）再加上以下两个方程确定：

$$\bar{p}=P+mc$$

$$g(\bar{p})=Q$$

图6－4描述了最优规制价格$\bar{p}$下的情形，新的均衡产出为$\bar{Q}$，电煤价格为$\bar{P}$。可以证明，在规制价格不断上调的过程中，价格和产出最终会收敛于这一位置，因此如果有足够多的机会和时间，规制者可以通过试错获得最优规制价格。

第五节　模型的结论与启示

本部分建立了一个上下游都是寡头垄断市场结构的煤—电纵向关系模型，发现在上下游都是市场轨（无价格规制）的煤—电关系中，

① 蛛网模型的大致意思是，本期农产品产量是上一期农产品价格的函数，但是本期农产品价格受本期产量影响，最终导致价格来回波动。

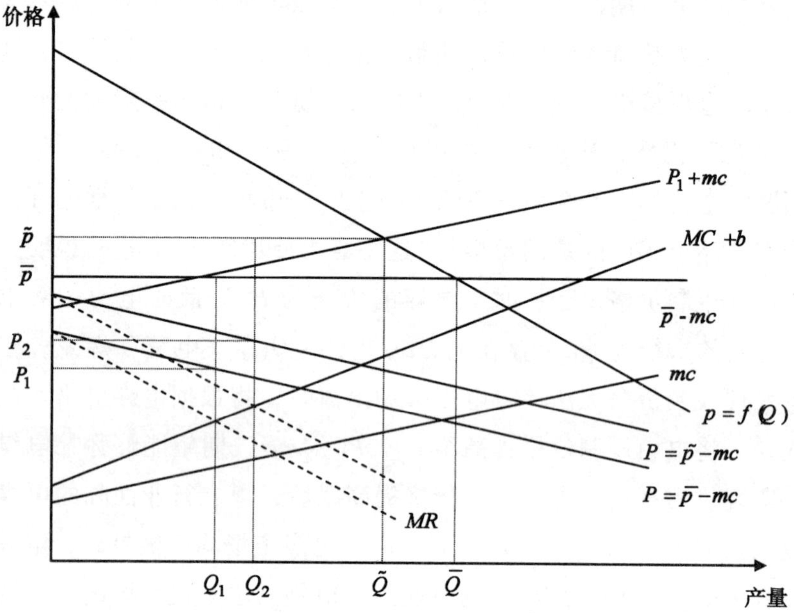

图6－3 煤电联动的困境

经济增长速度快慢、煤炭企业市场势力的大小、资源税费水平的高低均会影响均衡位置，但不会造成电力供需失衡。当存在上游市场价、下游计划价的纵向价格双轨制后，电力失衡就会出现，此时经济增长速度过快会导致电力短缺，过慢则会导致电力过剩；当存在缺口时，煤炭企业的市场势力提高会扩大缺口，资源税费水平的提高也会扩大缺口，当存在电力过剩时，煤炭企业的市场势力提高会缓解过剩，资源税费水平的提高也会缓解过剩。

于立、王建林（2008）曾对煤电联动政策提出质疑，认为该方法过于简单，难以保证时机和幅度的合理性，指出市场经济本身就不可能存在政府机构行政调控价格的良方，最多采取一些临时性、过渡性的措施而已。本章的分析表明，由于电力市场的规制价格会影响电煤价格，最优电力规制价格不再简单地等于电煤成本加发电成本（包含经济利润），它是一个两阶段博弈的均衡结果，实际中计算出这一结果几乎不可能。当然，规制者可以通过试错使得规制价格收敛于最优价格，但是代价和成本是高昂的。

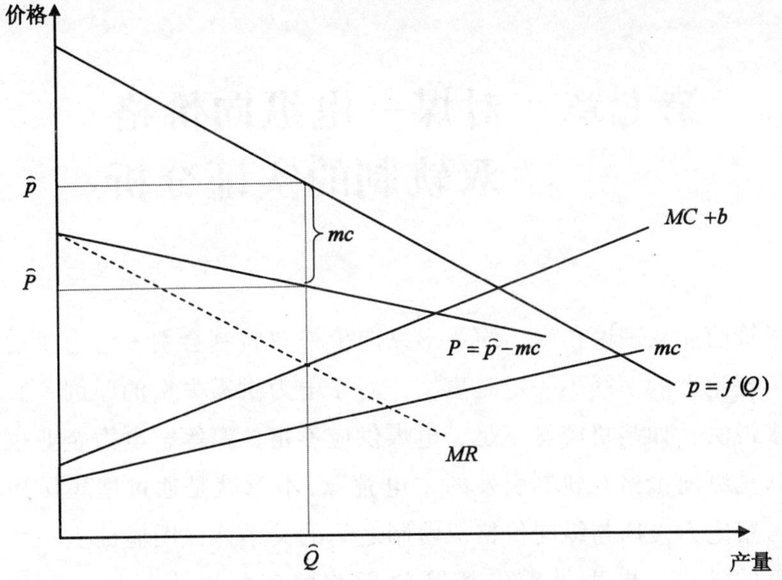

图 6－4　最优规制价格

纵向价格双轨制下，煤炭、电力之间的冲突不可避免，电力企业一般根据利润最大化目标来调整产量，当规制价格使得电力企业无利可图甚至可能亏损时，它不可能有积极性采购更多电煤，这就解释了中国 2002 年以来煤—电重点合同谈判屡屡受挫的原因。

本章建模时考虑了模型的现实基础，但模型永远是对经济现实的高度抽象，现实情况远比任何模型都要复杂，本模型的目的在于提出一种思想，那就是当存在纵向价格双轨制时，联动价格会牵一发而动全身，政策的出台应深思熟虑，切忌简单化和程式化，中国的煤电联动政策正是缺乏对煤—电关系的整体考虑，才导致持续的电力缺口（或正或负）。目前中国缺乏一个能够反映供需形势的电价形成机制，规制当局却把大量精力用于核算一个不可能合适的规制电价上，为了避开煤—电价格联动难题，解决的良方就是尽快消除纵向价格双轨制，让市场的力量主导“煤电联动”。

第七章　对煤—电纵向价格双轨制的实证分析

尽管前面从理论角度，演绎出纵向价格双轨制会引发电力供需失衡，但理论上的演绎不一定是事实，对于电力供需失衡的原因一直存在很多说法，如装机容量不足、电煤供应不足，等等，电力企业也一直否认是纵向价格双轨制引发的“电荒”，本章就是通过搜集历史资料，考察电力失衡与纵向价格双轨制之间的关系，试图验证上一章理论模型的结论。电力供需失衡既包括前些年的电力短缺，也包括2008年下半年到2009年上半年的电力过剩，鉴于电力短缺的时间序列数据较长，较适用于采用时间序列经济计量学，因此实证部分主要围绕电力短缺展开的，而关于最近出现的电力产能过剩问题，本章也做了一定介绍和分析。

第一节　电力供需失衡问题

一　电力短缺

2002年后电力短缺开始困扰中国国民经济的发展，2002年中国出现拉闸限电的省份共有12个，2003年这一数目上升到21个，2004年进一步增加到24个，2005年缺电省份数没有公布，其间有传言说23个，2006年缺电的省份下降为6个，舆论普遍认为这一年中国走出了“电荒”。但是2008年年初南方诸省又开始拉闸限电，不少省市相继颁布限电措施，到7月中旬国家电网数据显示全国电力缺口达到了1400万千瓦左右。

关于这几年电力短缺的原因，生产能力不足是一个比较吸引人的解释，这一观点认为，20 世纪末中国电力曾出现过剩，导致决策层要求“三年不上新火电”，最终电厂装机容量不能满足需求而引发“电荒”。的确，进入 21 世纪后火电装机容量的增速低于电力消费，火电厂的开工率也因此不断提高，2004 年火电机组平均利用小时数增长到 5527 小时，刷新了 1987 年的最高纪录 5464 小时。但是否开工率达到上限导致生产能力不足不得而知，一个事实却是，2004 年之后火电厂的开工率开始下降，2005 年平均利用小时数下降为 5321 小时，2006 年继续下降为 4898 小时，这意味着装机容量增加后电厂并没有开足马力生产，而这时“电荒”仍在延续。因此用生产能力解释“电荒”说服力不够，它可能对“电荒”起到推波助澜的作用，但不是关键因素。

“电荒”的另一个较流行解释是电厂缺煤，即电厂买不到煤，而缺煤的原因是对乡镇煤矿的整治。乡镇煤矿每年事故死亡人数占全国煤矿事故总死亡人数的 70% 以上，百万吨死亡率是国有重点煤矿的 6 倍以上，因此乡镇煤矿首当其冲是安全规制的重点。国家对乡镇煤矿的安全规制的方式过于粗放，当某地区的某一乡镇煤矿发生安全事故时，除发现问题的煤矿被勒令关闭外，该地区的所有煤矿都要停产整顿，时间一般是 1 到 3 个月，由于乡镇煤矿产量占全国产量的 40%，这样监管方式可能导致煤矿产量急剧下降，进而导致电厂无煤发电。

我们的数据显示上述分析可能也不是事实，图 7－1 为乡镇煤矿产量指数和乡镇煤矿死亡率指数（1999 年为基年，各为 100），除 1999 年到 2001 年的乡镇煤矿产量出现下滑与高死亡率并存外，2001 年后的乡镇煤矿产量出现大幅上升，而死亡率则稳步下滑，这说明至少在“电荒”发生期间乡镇煤矿的安全监管没有影响到电煤供应，死亡率下降说明中国的安全监管是成功的。这一时期国有重点煤矿的产量大幅上升，地方国有煤矿产量也在缓慢上升，结果是 2001 年后全国煤炭产量增幅很大，到 2007 年中国煤炭总产量已经达到 25. 36 亿吨，比 2001 年净增了 14. 47 亿吨，因此全国范围内电煤原料的供应是充足的。另外产煤大省山西竟然也出现“电荒”，也说明无煤可烧并非引发“电荒”的原因。

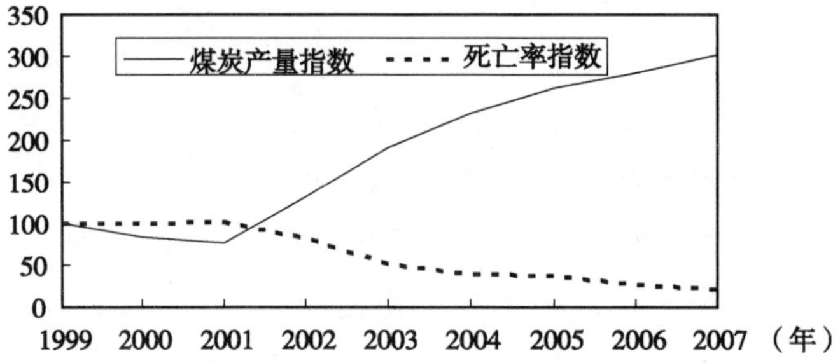

图 7－1 乡镇煤矿产量指数和乡镇煤矿死亡率指数

随着电源投资力度的加大，装机容量出现大幅上升，国家发展改革委员会预计，未来电力供需矛盾将趋缓，但实际情况并非如此，经过2006年和2007年短暂的供需缓解后，2008年年初四川、湖南、湖北、河南等南方诸省又有大量电厂停机停电，此时影响电力供应关键因素不是缺电厂而是缺煤，各地都把抢运电煤作为首要任务。一般认为，这一时期的暴雪等灾害天气影响到电煤的运输，最终导致了“电荒”，但冬季是用电高峰期，电厂理应提前做好存煤准备，按照要求春节期间电厂存煤应当达到14天，现实情况是暴风雪一出现，南方的电厂马上无煤可用，因为部分电厂的存煤量仅仅3—5天。煤炭储备过低反映的不仅是电厂想节约储存成本，更主要的是电厂对煤价上涨的抵制，而这可能造成了最近几年的电力短缺。

2002年以后受经济增长和重化工业发展的拉动，能源需求旺盛，煤炭价格出现大幅度上扬，而下游的电力价格受到规制而不能随之上涨，这使得煤炭价格上升挤压了电厂的利润，一定程度上降低了电厂的发电热情。从图7－2可以看出，随着煤炭价格的走高，煤炭产业的利润率不断上升，电力产业的利润率则在2003年首次出现下降。2007年7月，大唐、华能、华电、中电投、国电五大发电集团联名向国家发展改革委员会提出申请，要求适当提高电价，但被委婉驳回，电厂发电的积极性被大大挫伤。由于发电企业的国有性质和社会责任，电厂不太可能因为煤价上涨直接停机停电，但面对煤炭价格的波动，电厂可能会以减少煤炭储备等消极措施作为应对。

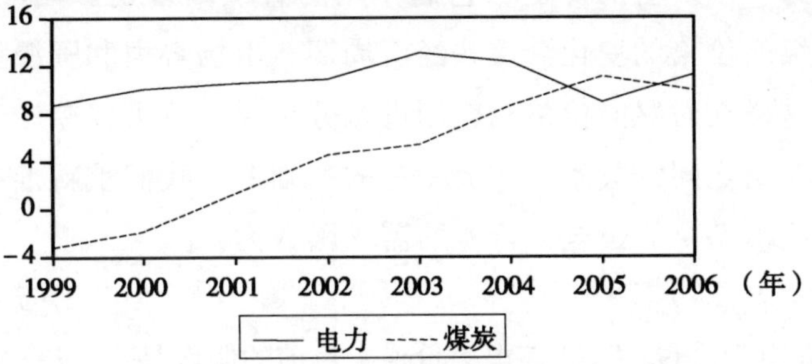

图7-2　煤—电行业成本费用利润率（%）

二　电力过剩

2008年9月后，中国全社会用电量急剧下降，10月份华中区域统调用电量开始出现了负增长，同比增长-0.94%，标志着中国电力产能过剩开始显现，而此前7个月的统计数字还显示电力缺口为1400万千瓦，由于电力消费在2008年上半年短缺、下半年过剩，有人戏称中国电力消费在“过山车”。电力过剩的直接原因是受宏观经济的影响，2008年下半年由于金融危机的爆发，中国经济增速陡然下降，用电企业出现开工不足，相应的电力需求量也大幅下降。问题是宏观经济本身能否足以造成电力供需像“过山车”一样，一夜之间由短缺变为过剩，这其中纵向价格机制起到了什么作用？

第二节　电力短缺与纵向价格双轨制的关系

一　模型和数据

（一）理论模型的推导

上一章的理论模型演绎了纵向价格双轨制的运行机理，并一一考察了煤—电关系中的诸因素，如宏观经济增长、煤炭企业市场势力变化、资源税费改革的影响方向和程度。在本部分的实证分析中，由于数据取得存在困难，没有详细考察这些因素的具体影响，而是将这些因素简化为一个外生的冲击，它们作用的直接结果是影响煤炭价格，理论上，煤炭价格的变化会反映经济周期、市场势力和资源税费改革的情况，这样在对纵向价格双轨制进行分析时，就可以专注于煤炭价格与其他变量之间的关系。在上一章的基础上，我们重新推导了所要回归的理论模型。假设电力行业的需求函数为：

$$Q = h(P_Q, X) \tag{7-1}$$

Q 代表电力产量，P_Q 代表电力价格，目前的假设是 P_Q 没有受到规制，X 表示影响电力需求的外生变量，h 满足需求函数的特征：$h_1 < 0$。

假设电厂的生产函数为：

$$Q = f(A, B) \tag{7-2}$$

A 表示电厂电煤消费量，B 表示电煤之外的其他用于发电的投入品数量，f 满足生产函数的新古典假设：$f_1 > 0, f_{11} < 0$。

假设煤炭行业的供给函数（逆函数形式给出）为：

$$P_A = k(A, M) \tag{7-3}$$

P_A 代表煤炭价格，A 代表电煤供给量，M 代表影响煤炭供给的外生变量，从上一章的分析看，这些外生冲击包括经济增长、煤炭企业市场势力、煤炭资源税费改革等，供给函数 k 满足供给函数的特征：$k_1 > 0$。

对于一个代表性电厂 i，利润函数可以写为：

$$\pi_i = P_Q Q(A_i) - P_A A_i - C(Q_i) \tag{7-4}$$

$C(Q_i)$ 为代表性电厂的其他成本。

代表性电厂利润最大化的一阶条件为：

$$P_Q f_1 - PA = 0 \tag{7-5}$$

在无价格规制的情况下，方程系统（7-1）、（7-2）、（7-3）和（7-5）决定了唯一一个均衡状态，假设此均衡状态为（Q^*，A^*，$P_Q{}^*$，$P_A{}^*$）。当煤炭市场出现外生冲击的时候，冲击首先会影响到煤炭市场供给价格，煤炭价格会影响到电厂的投入决策，从而影响到电力产量和电力价格，这一系列反应最终推动了均衡向新的状态移动，可以对方程系统求全微分来考察均衡的移动。

将方程（7-1）和（7-2）合并为（7-6）

$$f(A,B) = h(P_Q,X) \tag{7-6}$$

将方程（7－3）与（7－4）合并为（7－7）

$$P_Q f_1 = k(A,M) \tag{7-7}$$

（7－6）与（7－7）分别关于求微分，再联系（7－2）和（7－3）得到方程（7－8）、（7－9）、（7－10）和（7－11），

$$dP_Q = \frac{h_1 k_2}{f_1^2 + f_{11} h_1 - k_1 h_1} dM \tag{7-8}$$

$$dA = \frac{f_1 k_2}{f_1^2 + f_{11} h_1 - k_1 h_1} dM \tag{7-9}$$

$$dQ = \frac{f_1 k_1 k_2}{f_1^2 + f_{11} h_1 - k_1 h_1} dM \tag{7-10}$$

$$dP_A = \frac{f_1^2 k_2}{f_1^2 + f_{11} h_1 - k_1 h_1} dM \tag{7-11}$$

方程（7－8）—（7－11）描述了存在外生冲击下时的均衡变化，带入（Q^*，A^*，$P_Q{}^*$，$P_A{}^*$）便得到变化的方向和程度，方程（7－8）表达了电力价格的变化情况，由于电力价格能够灵活调整，因此电力产品市场能得到完全出清。

现在假设电力价格受到规制，规制价格固定为 $\bar{P}_Q = P_Q{}^*$，而煤炭价格仍为市场价格，这就出现了煤—电纵向价格双轨制。由于电力价格外生决定，电力需求相应确定为 $Q_d = h(P_Q{}^*, X) = Q^*$，当煤炭市场出现一个外生冲击 M 时，仅需要考察方程（7　2）、（7　3）和（7－5），将它们分别关于 M 求微分，得到方程（7－12）、（7－13）和（7－14）：

$$dQ_S = \frac{f_{11} k_2}{\bar{P}_Q f_{11} - k_1} dM \tag{7-12}$$

$$dP_A = \frac{f_{11} k_2 \bar{P}_Q}{\bar{P}_Q f_{11} - k_{11}} dM \tag{7-13}$$

$$dA = \frac{k_2}{\bar{P}_Q f_{11} - k_{11}} dM \tag{7-14}$$

其中，Q_S 表示电力供给的变化。可见，煤炭供给波动导致电力供给由 Q^* 变为 $Q^* + dQ_S$，电力市场上供需不再平衡，在此引入一个变

量表示电力缺口（当电力产品过剩时为负缺口），记为 K。

$$K \equiv dQ_S = Q_d - Q_s \qquad (7-15)$$

为了考察煤、电价格与电力缺口的关系，将改写为 $\bar{P}_Q$ 和 P_A 的函数：

$$K(\bar{P}_Q, P_A) = h(\bar{P}_Q, X) - f\left[f_1^{-1}\left(\frac{P_A}{\bar{P}_Q}\right), B\right] \qquad (7-16)$$

可以验证：

$$\frac{\partial K}{\partial P_A} = -f_1 \bar{P}_Q f_{11} > 0 \qquad (7-17)$$

$$\frac{\partial K}{\partial \bar{P}_Q} = h_1 - \frac{f_1^2}{k_1} < 0 \qquad (7-18)$$

方程（7－17）和（7－18）的含义都很直观，方程（7－17）说明，当存在纵向价格双轨制时，上游煤炭价格的提高会扩大电力缺口，而方程（7－18）则说明，当存在纵向价格双轨制时，电力规制价格提高时会缓解电力缺口，如果中国的电荒是由煤—电纵向价格双轨制引起的，那么（7－17）和（7－18）将成立，以下将以（7－16）为基础检验这两个简单结论。

（二）数据搜集及处理

选取 1999 年 1 月到 2007 年 6 月的月度数据作为研究样本，所有数据来源于中经网统计数据库。样本期的选取主要考虑以下几点：一是这一区间既涵盖了“电荒”发生的年份也涵盖了电力供需平衡的年份，这样可以更为细致地刻画和比较“电荒”发生始末；二是从 1999 年开始，中国的重工业的增长速度首次超过轻工业并持续至今，有学者认为 1999 年中国开始进入重化工业阶段，考虑到经济结构变化会导致能源消费方式的变化，使用过早区间样本有可能带来估计偏差；三是由于样本期间较短，使用月度数据能够增加样本容量，以反映时间序列的动态变化情况。

模型中涉及以下几个变量：（1）火电消费，月度火电消费量数据很难找到，但从中经网数据库可以查到月度火电生产量，因为电力很难储存，电力生产量几乎就等于电力消费量，这里使用月度火电产量

表示火电消费量 E；（2）经济规模，工业用电量占全部用电量的70%—80%以上，因此选取工业增加值作为经济规模变量 I，为了剔除通货膨胀的影响，将其换算为1999年不变价格；（3）煤炭价格，选取煤炭开采和洗选业工业品出厂价格指数代表煤炭价格变量 CP，一个棘手的问题是中经网数据库提供的指数为同比指数，由于没有公布过基期的指数，很难将其换算为定基指标，退而求其次，我们将最早可以查到的1996年10月的价格指数设为基期，逐年推算出定基比价格指数；（4）电力价格，选取电力工业品出厂价格指数表示电力价格 EP，同样将同比指数换算为定基比指数。

月度数据具有很强的季节性，这种季节性往往会掩盖经济发展的客观规律，因此在进行计量分析之前，需要对时间序列进行季节调整。采用X11方法对上述序列进行季节调整，调整后数据结果如图7－3至图7－6。

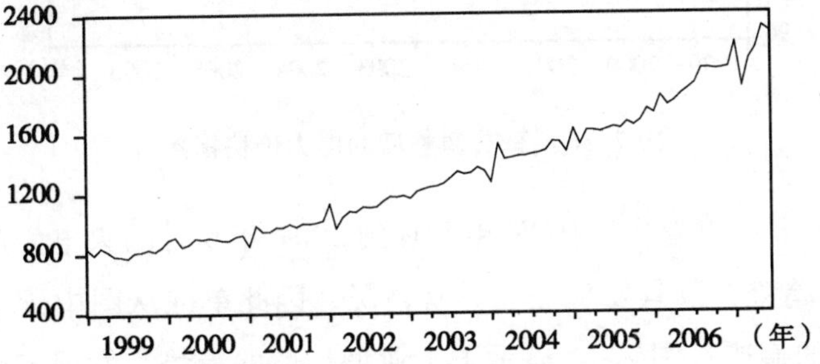

图7－3　季节调整后的火电生产量（单位：亿千瓦小时）

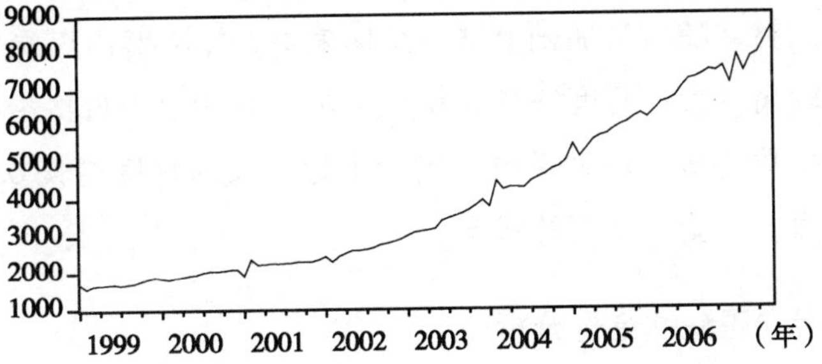

图7－4　季节调整后的工业增加值（单位：亿元）

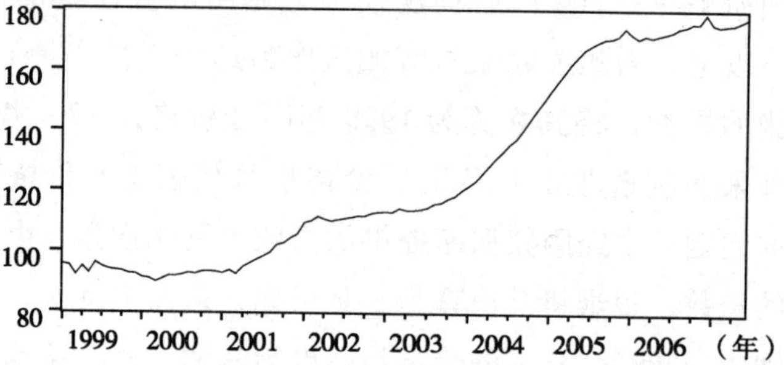

图7-5 季节调整后的煤炭价格指数

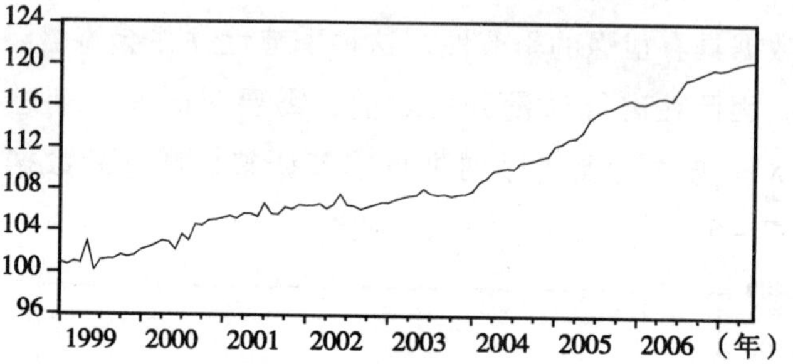

图7-6 季节调整后的电力价格指数

图7-3可以看出，1999年1月到2007年6月的火电生产量具有长期增长趋势，没有发现任何异常情况，因此单纯从图中读不到任何“电荒”的痕迹；图7-4显示了工业增加值的趋势，发现工业增加值具有长期增长趋势，2002年后的增速有所加快；图7-5为煤炭价格指数的趋势，发现2001年下半年煤炭价格快速上涨，2002年经过一个短暂的调整，随后又加剧上涨，总体来讲，样本期内煤炭价格的平均增长率较高，大约月度增长0.6%；图7-6为电力价格指数，发现电力价格指数的增长相对煤炭缓慢和平稳，大约月度增长0.2%，反映出了电力价格受到规制的状况。

三 电力短缺的结构分析

（一）简单回归

为了对1999年1月到2007年6月的火电消费情况有一个总括的

了解，首先使用火电消费对工业增加值进行回归，回归结果为：

$$E = 530.8603 + 0.1999I$$
$$(42.49909) \quad (70.7667)$$
$$R^2 = 0.9804$$
$$DW = 0.6650 \qquad (7-19)$$

方程斜率为0.1999，可以解释为：在整个样本期间内，工业增加值每增加1元，大约消费火电0.2千瓦时，常数项和斜率项的t统计量都很显著，$R^2=0.9804$，说明工业增加值对火电消费具有较好的解释能力，$DW=0.6650$，说明模型存在一定程度的序列相关性，进行*White*异方差检验，得到的F统计量为3.166475，相伴概率为0.046，说明方程存在一定程度的异方差性。观察残差序列图（图7-7），可以发现残差序列具有一定趋势性和聚集性，大致可分成四段，分别以2001年年中、2004年末和2006年年中为界，残差符号依次为负、正、负、正，并在样本期末，残差显著放大，印证了DW序列相关检验和*White*异方差检验的结果，因此方程整体效果不理想。

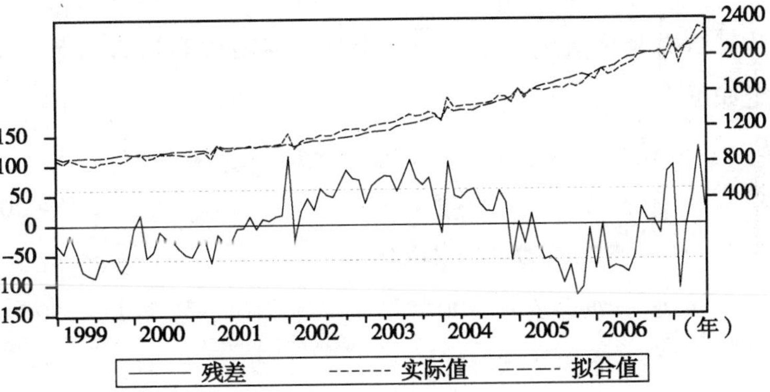

图7-7 残差、实际值和拟合值（模型5-19）

（二）分段回归

观察工业增加值和电力消费的散点图（图7-8），其中纵轴为电力消费，横轴为工业增加值，拟合曲线由LOWESS平滑法绘出（窗宽为0.3），可以看出经济系统在样本期内发生了两次突变，一次发生在工业增加值为3000亿元左右的时候，一次发生在工业增加值为6000亿元左右的时候，核查数据发现突变的时间点分别为2002年年末和2005年年中。进一步使用邹检验确认结构变化情况，选择分割点为2002年12月和2005年6月，经计算 F 统计量为43.14214，F 统计量的相伴概率在百万分位为0，对数似然率为104.9333，对数似然率的相伴概率在百万分位也为0，因此拒绝原假设，可以确认在上述时点附近发生了结构变化。

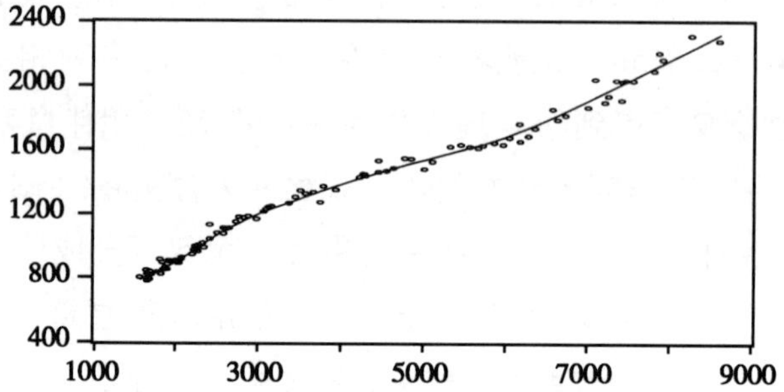

图7-8 工业增加值和电力消费的散点图

针对结构变化情况，本部分使用分段回归重新拟合方程，方程形式设定如下：

$$E_i = \alpha_1 + \beta_1 I_i + \beta_2 (I_i - I^*) D_{3000i} + \beta_3 (I_i - I^{**}) D_{6000i} + \varepsilon_i \quad (7-20)$$

其中，$I^* = 3000$，$I^{**} = 6000$

$$D_{3000i} = \begin{cases} 0 & \text{如果 } I_i < 3000 \\ 1 & \text{如果 } I_i > 3000 \end{cases}, D_{6000i} = \begin{cases} 0 & \text{如果 } I_i < 6000 \\ 1 & \text{如果 } I_i > 6000 \end{cases}$$

估计结果为：

$$E = 273.0508 + 0.3160I - 0.1651(I - 3000)D_{3000} + 0.0888(I - 6000)D_{6000}$$

(11.1814)　(30.4564)　(-11.89720)　(7.679276)

(7-21)

检验发现模型（7-20）不再存在异方差和序列相关，观察实际值、预测值和残差序列图（图7-9），结果较令人满意。

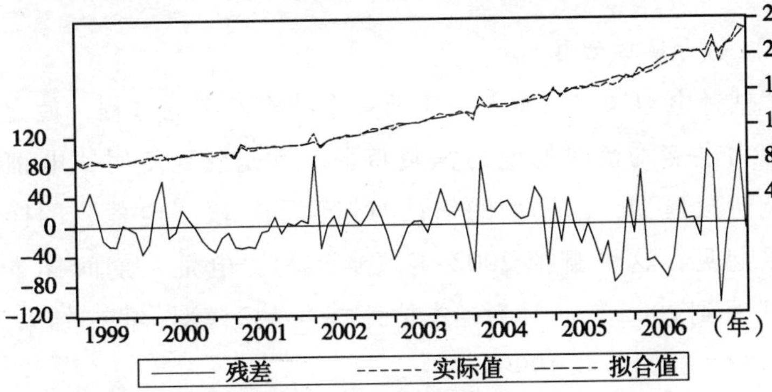

图7-9 残差、实际值和拟合值（模型5-21）

展开后得到三个分段方程①：

$$E = 273.0508 + 0.3160I, \quad I < 3000 \tag{7-22}$$

$$E = 495.4116 + 0.1509I, \quad 3000 < I < 6000 \tag{7-23}$$

$$E = -37.1953 + 0.2396I, \quad I > 6000 \tag{7-24}$$

这个回归结果大致与“电荒”事件相吻合，方程显示1999年到2002年的电力消费较高，每元工业增加值大约消费火电0.3千瓦时，可以认为这一时段为“电荒”爆发的前期阶段，方程显示随后两年半的时间内电力消费急剧下降，每元工业增加值仅消费电力0.15千瓦时，可以认为这一时段为“电荒”高峰时期。单位工业增加值电耗的下降不表明能源利用效率的提高，而表明电力生产不能满足需求，在此期间，用电企业纷纷自备发电机以弥补电力缺口，这实际上是饮鸩止渴。显示2005年下半年以来每元工业增加值大约消费电力0.24千瓦时，可以认为是“电荒”的相对缓和阶段，这一时段电力消费出现上升，但仍低于“电荒”前期电力消费。

① 这三个方程具有不同的斜率和截距项，但都是连续折线的一部分，因此不可机械地解释截距项的经济含义，方程的负截距项没有任何直接意义。

三　电力缺口与煤炭价格、电力价格的互动关系

（一）电力缺口估算

为了估计电力缺口，本部分需要一个结构稳定的方程，使之能够反映出电力供需均衡时的电力消费特征。首先想到使用“电荒”爆发的前期阶段模型，但模型的估计时包含了一段“电荒”的样本区间，稳妥起见，这里删掉2002年下半年的“电荒”期间样本，以1999年1月到2002年6月为样本估计电力消费模型，回归结果为：

$$E = 530.8603 + 0.1999I$$

（42.49909）　（70.7667）

$R^2 = 0.9804$

$DW = 0.6650$　　　　（7－25）

这个模型不存在异方差和序列相关，虽然模型（7－25）与模型（7－22）非常类似，不论是常数项还是斜率项，但估计电力缺口时仍使用模型（7－25）。将2006年6月之后的工业增加值代入方程（7－25），发现2003年后电力消费的预测值大于实际值，并且差距逐年扩大，因此模型（7－25）能够预测到2003年后的“电荒”。虽然模型（7－25）没有预测到2002年下半年的“电荒”，但对比实际值和预测值发现，2002年下半年负缺口逐渐变小，从2002年年中的－22.9698缩小为年末的－5.3849，因此模型（7－25）对于2002年下半年的“电荒”仍有一定预见性，事实上，2002年下半年刚刚开始的“电荒”还并不严重，缺电省份仅限于沿海发达省份，如浙江、广东等地。

将每年的预测值减去实际值就得到电力缺口的估算（图7－10），这里将这一新的时间序列记为K。从图7－10可以看出从2002年底开始，电力缺口增长较快，几乎呈指数增长趋势，到2005年年末，月度电力缺口大约为500亿千瓦时，之后缺口增长势头减缓，2006年后电力缺口已没有明显增长趋势。模型显示，虽然2006年以后的电力缺口不再增长，却仍然存在，这和实际观察不符，但分段回归模型（7－24）表明，随着用电紧张和电价的提高，能源利用效率也会

逐步提高，因此2006年以后的电力缺口将被抵消一部分，使得缺口可能很小或并不存在。

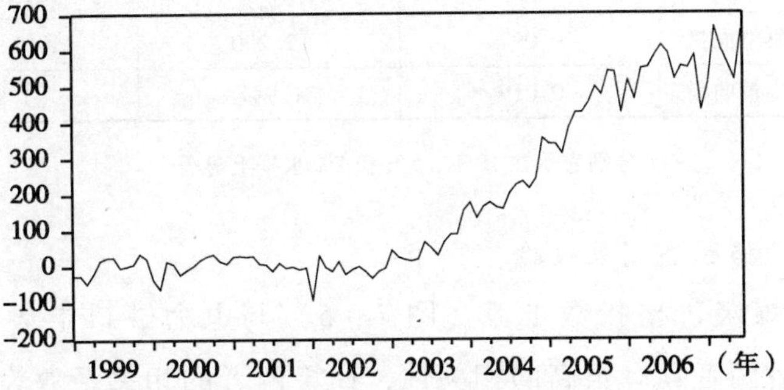

图7－10　电力缺口走势（单位：亿千瓦小时）

（二）单位根检验

在考察“电荒”与煤炭价格、电力价格的互动关系时，为了避免伪回归，需要对煤炭价格、电力价格和电力缺口三个变量进行平稳性检验，如果这些变量是非平稳的，那么还需要考察它们之间是否存在长期稳定关系。表7－1给出了单位根检验的结果，发现对于所有水平值变量，*ADF* 检验和 *PP* 检验都显示存在单位根，而对于所有的一阶差分变量，*ADF* 检验和 *PP* 检验都显示不存在单位根。

表7－1　单位根检验

变量	水平值		一阶差分	
	ADF 统计量（最优滞后阶数）	*PP* 统计量（最优滞后阶数）	*ADF* 统计量（最优滞后阶数）	*PP* 统计量（最优滞后阶数）
CP	0.003（2）	0.579（8）	−3.862（1）***	−8.659（7）***
EP	1.217（1）	1.165（7）	−15.7202（0）***	−15.736（2）***
K	1.184（3）	0.828（6）	−9.098（2）***	−12.902（1）***

注：*、**、*** 分别表示在10%、5%和1%水平上显著。

为了考察它们之间是否存在长期关系，进行 *Johanson* 检验，表7－2给出了 *Johanson* 检验的结果。表明煤炭价格、电力价格和电力缺口之间至少存在一个协整向量，因此煤炭价格、电力价格和电力缺口存在长期关系，这些变量的非平稳性问题不再需要特别关注。

表 7－2 ***Johanson* 检验**

零假设	特征根	迹统计量	最大特征值统计量
0 个协整向量	0.207	35.629 **	23.429 **
至少一个协整向量	0.097	12.200	10.253
至少两个协整向量	0.019	1.947	1.947

注：*、**、*** 分别表示在 10%、5% 和 1% 水平上显著

（三）格兰杰因果检验

对比煤炭价格指数走势（图 7－5）与电力缺口走势（图 7－10），发现两者具有很高的相关性，计算两者的相关系数为 0.9555，因此煤炭价格与电力缺口之间存在一定影响关系。使用格兰杰因果检验方法检验以下四种影响关系：（1）电力缺口显著影响煤炭价格；（2）煤炭价格显著影响电力缺口；（3）电力缺口显著影响煤炭价格，同时煤炭价格显著影响电力缺口，即两者互相影响；（4）煤炭价格与电力缺口互不影响。考虑到发电企业从燃料采购到投入发电需要一段的时间，在格兰杰因果关系检验中加入了多阶的时滞。

检验结果如表 7－3，发现滞后 1 期时，煤炭价格显著影响电力缺口，滞后 6 期时，电力缺口显著影响煤炭价格，滞后期数为 2、3、4、5 时，电力缺口和煤炭价格相互影响，因果关系的结论都在 0.1 的显著水平上成立。格兰杰因果检验结果表明煤炭价格与电力缺口间存在恶性循环，一方面，由于国民经济各部门对煤炭的需求旺盛，进而导致煤炭价格上升，煤炭价格的上升使电厂利润受到打压，打击了电厂的发电积极性，从而出现电力缺口，这和模型（7－17）的分析一致；另一方面，即使电力缺口存在，由于宏观经济对电力的需求较大，再加上电价上调的影响，电力生产总量仍然在扩大，从而推动煤炭价格继续上涨，最终使得煤—电关系陷入恶性循环。进一步发现，电力缺口对滞后期较近的煤炭价格更为敏感，如滞后 1 期时，F 值高达 19.919，随着较远的滞后煤炭价格变量的加入，F 值迅速下降，这说明面对动荡的煤炭价格，火力发电企业未作远期筹划，而是消极应对。

表 7 – 3　　电力缺口与煤炭价格的格兰杰因果检验结果

滞后期	零假设	F 值	P 值	决策	Granger 因果关系
1	$K \neq > CP$	0.734	0.394	接受	$K \neq > CP$
	$CP \neq > K$	19.919	0.00002	拒绝	$CP \Rightarrow K$
2	$K \neq > CP$	4.031	0.021	拒绝	$K \Rightarrow CP$
	$CP \neq > K$	7.227	0.001	拒绝	$CP \Rightarrow K$
3	$K \neq > CP$	4.661	0.004	拒绝	$K \Rightarrow CP$
	$CP \neq > K$	3.643	0.016	拒绝	$CP \Rightarrow K$
4	$K \neq > CP$	3.640	0.009	拒绝	$K \Rightarrow CP$
	$CP \neq > K$	2.840	0.029	拒绝	$CP \Rightarrow K$
5	$K \neq > CP$	2.947	0.017	拒绝	$K \Rightarrow CP$
	$CP \neq > K$	2.327	0.049	拒绝	$CP \Rightarrow K$
6	$K \neq > CP$	2.154	0.056	拒绝	$K \Rightarrow CP$
	$CP \neq > K$	1.796	0.110	接受	$CP \neq > K$

同样对电力价格与电力缺口进行格兰杰因果关系检验，滞后期数分别取1—6，结果如表 7 – 4。发现当滞后期为 1、2 时，电力价格和电力缺口相互影响，加入更多的滞后期后（滞后 3—6 期），电力缺口仍显著影响电力价格，但电力价格不再影响电力缺口，这些结论在 0.1 的显著性水平上成立。格兰杰因果关系检验表明，“电荒”会带来电价调整的压力，促使政府规制部门不断上调电价，但是电价的调整仅仅对“电荒”具有短期影响，长期内，电价的上调没有对“电荒”产生影响，这与模型（7 – 18）的理论预期并不十分一致，说明纵向价格双轨制仍然是政府部门努力维持的制度取向，规制当局对电价调整具有被动性和仓促性，且调整的目的仅仅限于缓解电力企业的燃“煤”之急，而不能从根本上解决问题。

表 7 – 4　　电力缺口与电力价格的格兰杰因果检验结果

滞后期	零假设	F 值	P 值	决策	Granger 因果关系
1	$K \neq > EP$	7.739	0.006	拒绝	$K \Rightarrow EP$
	$EP \neq > K$	8.564	0.004	拒绝	$EP \Rightarrow K$

续表

滞后期	零假设	F 值	P 值	决策	Granger 因果关系
2	K≠>EP	4.396	0.015	拒绝	K⇒EP
	EP≠>K	2.470	0.090	拒绝	EP⇒K
3	K≠>EP	2.930	0.0386	拒绝	K⇒EP
	EP≠>K	0.704	0.552	接受	EP≠>K
4	K≠>EP	2.214	0.074	拒绝	K⇒EP
	EP≠>K	0.407	0.803	接受	K≠>EP
5	K≠>EP	2.212	0.060	拒绝	K⇒EP
	EP≠>K	0.379	0.862	接受	EP≠>K
6	K≠>EP	3.207	0.007	拒绝	K⇒EP
	EP≠>K	0.552	0.763	接受	EP≠>K

本部分的实证研究基本支持煤—电纵向价格双轨制引发电力缺口的假说，研究中发现：（1）煤炭价格与电力缺口间存在恶性循环。一方面由于需求拉动，煤炭价格持续上升，但煤—电纵向价格双轨制阻碍了价格传导，最终导致下游电力部门的产品短缺，另一方面即使电力缺口存在，但电力生产总量在扩大，继续推动煤炭价格的上升，从而陷入恶性循环。面对动荡的煤炭价格，发电企业未作远期筹划，只是疲于应对。（2）"电荒"会带来电价调整的压力，促使政府规制部门不断上调电价，但是电价的调整仅仅对"电荒"具有短期影响，这说明规制当局对电价调整具有被动性和仓促性，且调整的目的仅仅限于缓解电力企业的燃"煤"之急，而非从根本上解决问题。

第三节　电力过剩与纵向价格双轨制的关系

我们截取 2007 年 9 月到 2009 年 8 月的数据来说明电力过剩问题，之所以截取这一区间主要是因为它既涵盖金融危机爆发前一年的数据，也涵盖金融危机爆发后一年的数据，这对于我们比较电力供需变化非常方便，数据来源为中经网统计数据库。

一　经济形势的变化

图 7 - 11 为 2007 年 9 月到 2009 年 8 月的中国工业增加值同比增速情况，可以发现在金融危机之前，工业增加值数据就已经受到影响，2008 年 6 月开始工业增加值增速就出现快速下降趋势，到 2008 年 9 月金融危机全面爆发时，工业增加值增速已经下滑到 11.4%，而一年前的 2007 年 9 月增速为 18.9%。随着金融危机的进一步蔓延，工业增加值增速很快进入个位数，2008 年 11 月工业增加值增速仅仅为 5.4%，增速创出自 2002 年 3 月以来 81 个月的新低。此后一直到 2009 年 6 月工业增加值增速才回到两位数①。

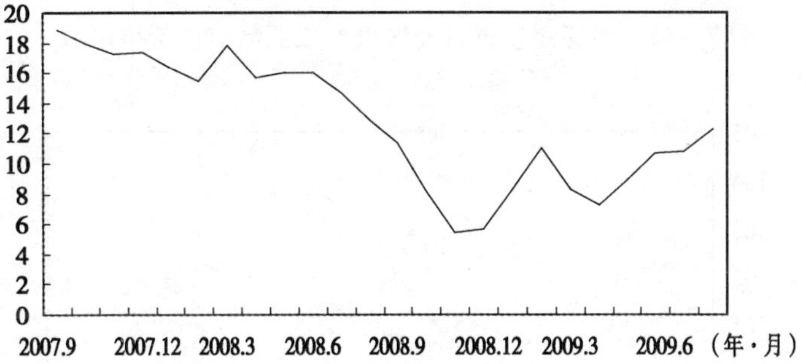

图 7 - 11　中国工业增加值增速（2007 年 9 月—2009 年 8 月）

二　煤炭价格的变化

图 7 - 12 为 2007 年 9 月到 2009 年 8 月的中国煤炭开采和洗选业工业品出厂价格指数（上年 = 100），可以发现在金融危机之前，煤炭价格上涨较快，金融危机爆发后煤炭价格的涨幅迅速回落，煤炭价格走势正好以金融危机爆发为界，呈现一个倒 V 形状。这主要是因为煤炭是基础性能源，当金融危机影响到实体经济时，对煤炭的需求减少，煤炭价格自然也会下降。煤炭价格的下降大大降低了火电企业的

① 单纯从统计数据看，2009 年 2 月工业增加值就出现了 11% 的增速，但是这并不反映经济形势的好转，因为该增速为同比增速，2008 年的冰雪灾害使得上年同期工业增加值的基数较低，致使该月份数值突然跳跃，明显异常。

成本压力，火电企业盈利状况开始好转，2009 年上半年中国火电巨头华电国际的煤炭成本约 99.06 亿元，占上半年 143.29 亿元营业成本的近 70%，由于煤炭价格下降，华电国际上半年实现净利润为 5.46 亿元，而去年同期亏损 4.92 亿元。

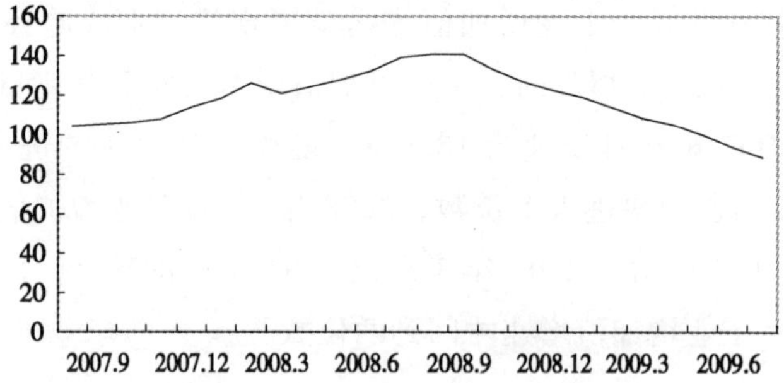

图 7－12　中国煤炭开采和洗选业工业品出厂价格指数

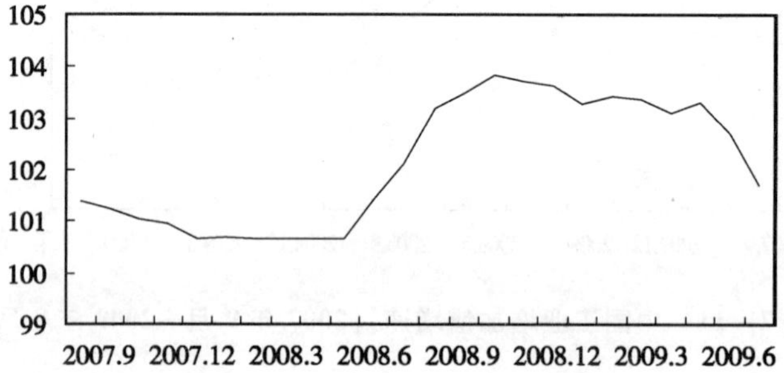

图 7－13　电力工业品出厂价格指数

三　电力价格的变化

2004 年从第一次煤电联动起，中国电价一共上调过 7 次，基本没有出现过下调的时候，在金融危机爆发前夕的 2008 年 8 月，国家发展改革委员会还将全国火力发电企业上网电价平均每千瓦时提高 2 分钱，电力价格走势如图 7－13 所示。

宏源证券的一份分析报告认为，2008 年金融危机爆发前后的 6 月、7 月、8 月、9 月，全国规模以上电厂发电量增速下降明显，同比分别增长 8.3%、8.1%、5.1%、3.4%，发电增速自 2002 年以来首次连续落入个位数区间。进入 2009 年后经济形势并未明显好转，1 月份时，全国全社会累计用电量同比下滑 12.88%，到一季度末时，下降幅度已经收窄到下降 4.02%，上半年结束时，进一步收窄为下降 2.24%，7 月份下滑幅度为 0.89%。尽管根据国家能源局的统计数字显示，1—8 月全国全社会累计用电量年内首次由负转正，共计 23409.24 亿千瓦时，同比增长 0.36%，但这并不说明中国电力产能过剩的状况得到改观。

衡量电力产能是否过剩的一个重要指标是发电设备利用小时数，它是发电设备运行时间指标，越多则设备开工率越高，其计算公式为：平均发电设备利用小时 = 报告期发电量/报告期的平均发电设备容量。

中国能源网执行副总裁韩晓平认为，发电设备利用小时数 5000 小时是电力供需的一个关键平衡点，发电设备利用小时低于 5000 小时则代表着电力供应步入过剩。2009 年 10 月 24 日中电联、山东省等部门联合在青岛召开了热电联动研讨会，会上透露出的信息表明，将进一步降低电厂电力设备利用小时，今年将至少再降低 151 个小时，发电设备利用小时数则会低于 5000 小时①。

电力商品价格本质上与普通商品的价格一样，也应具有一个重要功能，即传递信息平衡供求，当市场需求旺盛、燃料成本上升时，电力价格如果不能及时上调就会引发“电荒”；当市场需求不足、燃料成本下降后，电力价格如果不能及时下调就会引发“过剩”，中国对电力价格的调整基本都是上调，这导致在电力需求疲软的时候电力消费下降较快。

① 历史上发电设备利用小时数的最低点约是 1998 年的 4800 小时，当时正值亚洲金融危机。

第八章　国外纵向价格双轨制问题：来自美国加州和英国的证据

第一节　加州电力危机及其思考

加利福尼亚州（以下简称加州）是美国经济第一大州，在电力危机爆发的前一年（1999 年），加州的经济总量占全美的 13.2%，比排在其后面的纽约州和得克萨斯州高出 5 到 6 个百分点，1992 年到 1999 年加州的经济增长速度接近 4%，高于美国同期的经济增长速度。2001 年 1 月 17 日加州开始遭遇严重的电力危机，大部分住宅和商业设施出现拉闸限电，银行、商场、学校一度陷入了混乱，停电范围包括旧金山、萨克拉门托、圣何塞以及硅谷，涉及人口 100 多万。加州电力危机引发了人们对电力市场化改革的讨论，甚至有人开始怀疑电力市场化改革的道路能否走得通。本研究发现，与中国始于 2002 年的“电荒”类似，加州的电力危机也是纵向价格双轨制所致，回顾加州电力危机对中国的煤—电关系改革无不裨益。

一　加州电力危机的爆发

1996 年美国加州电力体制改革以前，三家私人投资者所有的公用事业公司：太平洋燃气和电力公司（PG&E）、南加州爱迪生公司（SCE）、圣迭戈燃气和电力公司（SDG&E）垄断了全州绝大部分的发电厂、电力传输和配电网络，并独家向所辖区域的客户提供电力，加州公用事业委员会及加州能源委员会负责对其监管。为了吸引足够的投资用于修建电厂、维护设备，作为一种投资回报，政府允许私营电力公司在特定地区拥有市场垄断地位，并推行基于成本的定价方式，电力公司则承诺为该地区提供电力服务。但是政府规制下的垄断企业在提供电力服务时效率很低，加州民众呼吁进行电力体制改革，以打破垄断、放松规制、改善服务，耗电较多的大企业呼声最高，电力公司也想借此脱离监管，也支持电力体制改革。

加州议会在1996年通过电力行业规制改革议案，加州成为全美推行放松电力行业管制的第一个州，改革议案又被称为AB1890议案。加州电力行业规制改革的目的是创造公平公正的电力市场竞争环境，开放发电侧竞争，最终降低零售电价。联邦能源管制委员会批准AB1890议案后，加州开始着手对辖区内的电力行业进行重组。AB1890议案的主要措施有：

（1）设立一个对全加州电力输送负责的专门机构，这一机构被称独立电力操控系统（CAISO）。（2）供电商的接入标准适当放松，只要满足一定的安全性条件的供电商均可获准接入。（3）设立新的电力交易机构，独立的发电公司集中在这里竞价，竞价入围的发电公司将获得出售发电量的权利。（4）剥离三家私人投资者所有的公用事业公司的发电资产，强制公用事业公司将发电资产出售给其他独立的发电商。（5）在未来的4年内，将零售电价维持在1996年的水平上。

1998年3月电力改革方案实施，在最初的两年中电力市场运营正常。2000年6月起电力批发市场价格开始猛升，各地开始拉闸限电，加州政府多次宣布全州范围内的紧急状态，危机由此爆发。2000年12月13日，联邦能源部长动用了特别权力，命令电力公司不得停止向加州电力用户售电，两个大型电力公司南加州爱迪生、太平洋煤气和电力公司不得不以高价批发电力，再以较低的价格出售给用户。到了2001年1月和2月加州陷入了供电危机，电力公司向电力用户发出了3级警报，这电力系统发生缺电危机的最高级别预警，供电不足的危机整整持续了32天。由于这两家公司在电力市场以相当高的价格购入电力，向消费者提供的则是按州政府规定的价格较低的电力，导致累计无法偿付的债务高达120亿美元。电力公司在交易所中已失去了信誉，其债券等级已堕落为垃圾债券。加州公用事业委员会的

Carl Wood 在纽约《时代周刊》上撰文称："放松规制已经结束了"，认为是愚蠢的放松规制政策引发了电力危机以及加州两大电力供应商的信用危机。民意测验结果也显示，加州公众对放松电力市场政府规制政策的支持率随着电力危机的不断加深而持续走低。

二 加州电力危机与纵向价格双轨制

加州的电力危机给美国电力市场化改革泼了一盆冷水，悲观的气氛笼罩着美国电力行业改革，很多人相信是市场化引发了电力危机，试图仿效加州开放电力市场竞争的各州开始谨慎，认为如果继续进行类似加州的"放松规制"改革，它们都难逃同样的命运。当时已经有 25 个州推行了或正在推行"放松规制"电力改革，加州的电力危机使一些州，如内华达州和阿肯色州暂缓了这一改革。加州电力危机对中国的电力体制改革也产生影响，国人也开始对中国的电力改革表示忧虑，徐祖永（2001）认为电力市场不可能成为完全竞争市场，按照完全竞争的模式设计电力市场不会成功。实际上，不加分析地将问题归咎于电力体制改革略显过于武断，电力体制改革相对早的英国、澳大利亚、新西兰、阿根廷等国家都进行了类似的放松规制改革，但这些国家都没有发生美国的问题，改革方案中的致命缺陷才是危机肆虐的真正原因。

与中国的"电荒"类似，加州电力危机的诱因也是燃料价格上涨。1999 年底加州的总装机容量为 5500 万千瓦，其中燃机（燃烧天然气或石油）机组占大部分为 53%，水电机组次之为 27%，核电机组占 8%，煤电机组占 1%，其他机组占 11%，可见天然气和石油是加州发电的主要燃料。一般情况下，美国天然气的价格为 2—3 美元/Mbtu，2000 年天然气需求突然增加，也有研究认为是市场势力从中作梗，导致加州天然气供给价格迅速增长，2000 年末天然气价格达到了 60 美元/Mbtu 异常高的水平，作为大多数电厂的燃料，天然气价格上升无疑抬高了发电成本，并传导到电力批发市场。但是加州公用事业委员会规定，以 2005 年为界限，电力公司在这以前对用户的销售电价不能增加，而且要下降，由于批发价格放开，电力公司不得不向批发商购买高价电，以较低的价格出售给用户，市场正常运行机制不复存在。

在电力批发价格高速上涨的情况下，两家最大的供电服务公用公司——太平洋煤气和电力公司、南加州爱迪生电力公司——损失惨重，在最严重的时候，每过一个小时，这两家电力公司分别损失40万美元。2000年的夏天，电力批发价格的上涨使这两家公司多背负了30多亿美元的购电成本，但形势仍持续恶化中，到这一年的年底，这两家公司多背负的购电成本已经接近100亿美元。尽管加州政府努力帮助这两家公司，最终无法阻止它们申请破产保护。加州电力公司的困境还影响到电力输入，加州对州外输入电力依赖很大，根据加州能源委员会的统计，加州每年进口的电量达到总用电量的25%。销售价格锁定使得加州电力公司的财务状况恶化，州外电力公司担心它们的支付能力没有保证而不愿意向加州多送电，为此美国联邦能源部长还于2001年1月签署一项紧急命令，要求州外电力公司卖电给加州。

加州电力危机的结束也具有戏剧性，两个月后加州天然气价格突然暴跌，从10美元/Mbtu下降到3美元/Mbtu，随后电力批发价格开始回落，到2001年7—8月，现货市场上的电价也下降到危机前的水平，加州的电力市场开始恢复正常。

从加州电力市场的运行模式看，按照AB1980法案重组后的电力市场根本谈不上放松规制，放松规制至少应该意味着更少而不是更多的政府规制，洛杉矶公共政策研究所（Reason Public Policy Institute）的George Passantino撰文指出，电力市场放松规制意味着：（1）市场驱动的价格形成机制；（2）电力公司可以自由寻求更具有优势的发电商；（3）电力公司可以更具有创造性地满足用户的需求，包括投资新建电厂维护电网：（4）鼓励潜在竞争者更加有效地进入市场，使用户真正具有选择电力供应商的权利。而加州电力市场重组的情况却恰恰相反：虽然解除了批发电价和天然气价格的规制，但电力公司的零售电价却是固定的，有管制的零售市场与解除管制的批发市场之间不相匹配，导致当上网电价攀升时，增加的电力批发成本就不能向下游转嫁，电力公司必然面临巨大的损失，因此加州电力危机与中国始于2002年的“电荒”如出一辙，都是纵向价格双轨制酿成的恶果。

纵向价格双轨制之所以在加州电力体制改革中存在，其根源是对“搁浅成本”问题的处理不当。在电力体制改革以前，加州的公用事业委员会允许企业回收提供服务的成本，并按照“规制合同”的规定获得合理的利润。电力行业由规制转向竞争后，市场将决定价格并进而决定收益，而原有企业的生产计划是按照“规制合同”的收益率进行安排的，竞争下的企业收益可能不能弥补企业的成本，由此发生的成本称为“搁浅成本”，粗略地讲“搁浅成本”是受规制的发电价格和竞争性发电价格的差异所引发的成本。加州公用事业委员会和州立法机构认为，加州电力企业的过去投资是“规制合同”指导下的行为，这一合同经过了加州公用事业委员会的批准，因为电力体制改革对企业股东的投资进行惩罚是不公平的，应允许通过向用户收取独立的费用来回收“搁浅成本”，这个收费原计划于1998—2002年向用户收取。然而改革付诸实践的过程中，电力企业并没有获得收回全部“搁浅成本”的保证，零售电力的电价在搁浅成本回收期是固定的，可以用来回收搁浅成本的收费等于最终用户的电力销售价格与供电成本（发电成本、输电成本和配电成本之和）之间的差，如果这两个数量之差不足以弥补全部成本，企业则被迫核销剩余部分，如果企业提前回收了它们全部的搁浅成本，那么冻结价格就要结束。当时电力企业没有预见电力体制改革之后的事情，主观认为放开竞争后，电力批发价格会大幅下降，冻结的价格足以让发电企业完全回收搁浅成本，因此电力企业接受了这一不平衡的制度安排。

三　加州电力危机对中国的启示

无论在一般商品市场还是在电力市场，需求方的反应都是调节价格的基本手段，对于一般商品，当价格上涨时，消费者会以减少购买量做出回应，电力市场也同样如此，在一个自由竞争的电力市场中，风险和收益应该是供需双方共担的，不仅需要在燃料、发电环节引入竞争，更需要在售电侧建立价格响应。由于加州的电力销售价格受到规制，电费支出占家庭收入的比例很低，助长了美国家庭的用电浪费，很多人整天都开空调以图下班后回家就凉快，至于照明的灯泡更是成了“长明灯”。加州电力危机发生后，为了制止用电浪费，联邦政府部门带头节电，2000 年布什总统下令加州境内的联邦机构的空调不得低于 78 华氏度，无人的办公室不应开灯，因为联邦机构的电力消耗量在加州整个电力消耗中的比例太小，这一命令并不能起到实质性节电效果。

加州电力危机对中国的启示就是，电力市场化改革应是一个体系的改革，其中燃料、输电、配电环环相扣，妄图通过放松一个或几个环节就实现“市场化”的想法是非常危险的。同时必须认识到，加州的电力危机不是电力市场化改革本身造成的，相反危机的发生恰恰说明市场化改革的不彻底，中、美两国的“电荒”都是纵向价格双轨制酿成的恶果，认清这一点无论是对于理解这次危机的原因，还是对于研究进一步的改革对策都很重要。

第二节　英国煤—电矛盾与化解

一　英国煤—电关系的特点

“二战”中英国遭受了惨重的战争创伤，“二战”后为了迅速医治战争创伤，政府在重建中被寄予了厚望，民众认为通过国有化能够提高效率和减少浪费，在此背景下英国的电力和煤炭行业都被实施了国有化。1947 年英国颁布了《电力法》和《煤炭工业国有化法》，推行电力、煤炭的国有化。当时英国选择了完全排斥竞争型的电力发展模式，根据《电力法》设立了英国电力局（BEA），英国电力局下属 14 个地区电力局和 537 家发电和配电企业，这些发电和配电企业成分复杂，有 180 家私人企业和 357 家市政企业，为了顺利实施国有化，英国政府斥资 3.41 亿英镑对私人电力企业进行了赎买，并支付 500 万英镑给市政企业的当地政府。1952 年，电力体制重新改组，南苏格兰和北苏格兰地方电力局及其下属电厂独立，其余的 12 家地方电力局组建为中央电力局。1958 年中央电力局撤销，成立了电力生产局，电力生产局接管了中央电力局的发电和输电资产，这一局面一直维持了近 40 年之久。

英国的煤炭资源十分丰富，其煤炭工业也是英国最古老的工业部门之一，18 世纪 60 年代至今已有 200 多年的历史，19 世纪初英国煤炭产量已经达 1000 万吨，1913 年的煤炭产量达 2.92 亿吨，为历史最高水平。第一次世界大战和世界经济危机后，英国的煤炭工业逐渐衰退，从 1938 年的 2.3 亿吨一路下跌到 1945 年的 1.87 亿吨。煤炭国有化之后产量有所回升，1950 年产量为 2.19 亿吨，煤炭占能源消费总量的 90%。

由于英国几乎没有水电，电力行业早期以煤炭作为主要的发电原料。煤炭、电力被国有化以后，英国也一度出现了煤—电“顶牛”，这和英国的政治制度不无关系。英国是一个代议制民主国家，政府的决策易受利益集团的左右和控制，“二战”以来英国长期由工党执政，工党代表的利益集团是国内的工会组织——工联，而工联主要以煤炭、铁路等行业工会为依托，英国煤矿工会的斗争性强在历史上素有威名，因此，它经常直接影响到国家政局的发展。1954 年英国中央电力局测算发现，煤炭行业的生产能力将不能满足发电需要，建议英国政府做好进口煤炭的准备，但是在煤炭工会的压力下，英国政府迟迟不批准进口煤炭，最后不得已以进口石油替代煤炭。为此英国发电局不得不把 14 座燃煤发电站改为燃油发电站，尽管改造电站付出了一定成本，但后来英国发电局因祸得福，石油替代煤炭后国际油价一路下跌，发电成本反而大大降低。在工党执政期间，英国煤炭产业始终受到保护，到 1958 年煤炭供应开始过剩，尽管当时石油价格很低，燃油发电比燃煤发电合算，但英国政府为了保障煤炭的销售，仍强迫英国发电局将发电燃料改为煤炭，此外在工党执政期间新建的发电站全是燃煤电站。

二 英国煤—电矛盾与纵向价格双轨制

英国的煤炭行业波动与执政党的政策走向密切相关，保守党倾向于推行自由主义政策。1979 年保守党的撒切尔夫人上台，之后英国开始推动煤炭行业的市场化改革，1984 年 3 月英国宣布关闭大批矿井，导致数以万计的矿工面临失业。3 天后矿工以罢工的形式反对煤炭行业的改革，苏格兰和约克郡的 7 万名矿工率先罢工，1 个月之后大罢工席卷了全国 3/4 的煤矿，参与罢工的人数达到矿工总数的 80%，甚至还蔓延至其他行业。对于煤炭行业的大罢工，撒切尔夫人事前早有准备，她指示发电企业提前储备足够的煤炭，并保留了发电厂的燃油设备，最终煤炭行业大罢工没有对国内的电力供应造成太大冲击。1984 年 10 月高等法院对全国矿工工会主席斯卡吉尔判处罚款 1000 英镑，理由是他发动的罢工程序非法，最终一个捐款者替他付了这笔款项，全国矿工工会的财产也被没收。虽然矿工斗争十分英勇，但最终没有出路，于 1985 年 3 月 5 日宣布结束罢工。这次大罢工后，煤炭工会的势力受到重大打击，为煤炭行业市场化埋下伏笔，1986 年英国的国家煤炭局改组为英国煤炭总公司，开始向市场化方向迈进。

1987 年撒切尔领导的保守党再次赢得大选，撒切尔政府开始对规模庞大的国有企业进行私有化改革，电力、煤炭、航空等原国有垄断企业被先后推向了市场，1988 年，英国发布“电力私有化”白皮书，揭开了电力产业私有化的序幕，1989 年英国的《电力法》确立了电力企业的所有权应向私人投资者转变的政策，第二年电力企业私有化正式实施，政府卖掉了配电企业和输电企业的大部分股票，1991 年以后又陆续卖掉了发电企业的大部分股票，为了保证私有化的顺利进行，股票都实行打折促销，到 1996 年各电力公司纷纷上市，最终实现了由国有化向私有化的转变。电力行业的私有化为英国政府带来了一笔不菲的收入，更重要的是大大提高了电力产业的效率。

英国电力产业在产权领域进行大刀阔斧的改革的同时，竞争领域的市场化也在推进，1990 年英国发电局被分拆为国家电网公司、国家电力公司、电力生产公司和原子能发电公司。国家电网公司获得了英国发电局的全部输电资产，国家电力公司获得了英国发电局的 60% 的燃煤发电机组（占发电能力的 52%），电力生产公司获得了英国发电局的40%的燃煤发电机组（占发电能力的33%），原子能发电公司获得了英国发电局的全部的核电站（占发电能力的15%）。从产业组织结构角度看，电力产业由原来的近乎垂直一体化的生产形式转化为发电、输电、配电相互独立的形式，很多环节都引入了竞争，发电环节由50个发电商竞争生产，电力发出来后进入网上电力供应市场——电力库市场（pool），发电资源的配置和电力价格的产生采用竞争性投标的方式，国家电网公司负责维持运行电力库市场和电力市场的出清和结算。英国电力体制改革一方面打破了原有垂直一体化的垄断格局，另一方面塑造了新的电力市场竞争主体。

在英国电力行业推行私有化的同时，煤炭行业的私有化却没有同步进行，煤炭行业的私有化直到1994年才实施，因此1990年到1994年间是英国“煤—电纵向双轨制”阶段，只是与中国的情况刚好相反，表现为“上游计划+下游市场”的格局。在电力市场化之前，煤炭、电力企业都是国有企业，煤—电交易的数量和价格都由英国能源部协调，在电力市场化之后，考虑到开放电力市场会对煤炭企业形成冲击，1989年英国政府要求发电公司与煤炭企业签订三年的固定数量订货合约，合约价格高于国外煤炭市场价格，允许发电企业以类似“价格联动”的形式将煤炭成本转嫁给地区电力公司，地区电力公司再把这些成本转嫁给用户。三年的合同期间，煤炭和电力双方都相安无事，因为基本没有什么风险需要双方分担。随着电力市场化的推进，发电行业的规模日益扩大，但是增加的发电装机都是非燃煤机组，核电装机增长速度较大，循环燃气机组也出现一定幅度增加，煤炭在发电燃料中所占的比重迅速下降，这些变化导致发电行业对煤炭的需求日益下降。三年合同期过后，发电企业在订立新合同的谈判中要求减少采购量和降低采购价格，电煤的订货减少导致煤炭的需求大幅减少，1992年电煤需求尚有7000万吨，两年之后的1994年电煤需求仅3000万吨，不到1992年的一半。在此情况下，英国煤炭总公司在1992年秋天宣布要将所拥有的50个煤矿关掉31个，并决定第一批被关闭的10家煤矿在1992年10月13日前关闭，在随后的两年里，英国煤炭公司关闭了原定关闭的大量煤矿，虽然这些做法提高了英国煤炭行业的效率，但造成了数万矿工的失业，并几乎演化为新的政治危机。为了缓解这场“煤—电冲突”，政府仍要求电力行业按照原合同继续采购煤炭，并按照类似“价格联动”的方式向下游传导价格，但是此时国际市场上的煤炭价格持续下跌，以“价格联动”的方式保护煤炭行业所面临的阻力越来越大，最终1993年英国煤炭工业私有化法案通过，煤炭行业也随之实施了私有化。

三 英国煤—电矛盾化解与对中国的启示

1993年底英国议会通过煤炭私有化法案，政府将现有煤矿分为5个部分招标出售，到1994年底，英国煤炭总公司所有企业全部出售完毕，至此国有化的英国煤炭工业阶段宣告结束。私有化后的煤炭行业形成了新的竞争格局，RJB公司出资8.5亿英镑收购国有煤矿，成为目前欧洲最大的煤炭公司，此外煤炭投资公司、威尔士能源公司和苏格兰采矿公司以及一些私营小矿也获得部分煤炭资源，煤炭行业中的企业形成了大、中、小共生的竞争格局。与关闭矿井相比，煤炭行业私有化更为现实，它可以提高企业的经营效率，保持一定的生产规模，最大限度减少失业人数，以保持社会稳定。根据煤炭工业私有化法案，英国还组建煤炭管理局，煤炭管理局不具备企业职能，仅代表国家对煤炭行业进行宏观管理，如向煤炭开采企业发放许可证，负责开空区地表复田，维护煤炭生产者之间的公平竞争等。英国煤炭行业私有化取得了很好的效果，私有化后虽然矿井数、工人数和煤炭产量都大幅降低，但是吨煤成本下降了近一半，全员效率得到提升，事故死亡率也成倍下降，煤炭行业的经营状况大为好转。煤炭工业私有化后，煤炭、电力双方都是自负盈亏的企业，他们将按照市场规则来组织交易，英国政府也不必为煤—电“顶牛”操心，英国的煤—电关系也步入正轨。

与中国的“煤—电矛盾”存在相似之处，英国的“煤—电矛盾”也是上下游改革不同步的结果，两种价格体制同时并存于具有纵向交易关系的两个行业当中，英国电力行业的市场化改革导致了电煤需求下降，直接引发了“煤—电矛盾”。但是英国政府并没有一味维持原有煤—电格局，而是及时果断放弃了对煤炭行业的保护，逐步采取私有化的措施，使得“煤—电矛盾”得以化解，这对中国理顺煤—电关系具有重要的启发意义。

第九章　纵向价格双轨制下的电力、煤炭消耗分析

中国正处于工业化的关键时期，为了促进下游企业的快速发展，电力价格几乎被固定在一个扭曲的水平上，即使近几年来电价经历了数次调整，但与其他产品（如上游的煤炭）相比，电力价格的涨幅最小。煤—电纵向价格双轨制虽然降低了企业的用电成本，保持了经济的快速增长，但也鼓励了企业浪费电力，造就了以高能耗为代价的粗放型经济增长。电力消耗同时带动了煤炭消耗，刺激了煤炭价格上升，为了统筹协调煤—电关系，避免煤—电冲突，保障电煤供应，国家必须时不时对电煤市场进行干预，电煤价格实际上也存在被压低的倾向，这又造成了煤炭资源的过快耗竭。本部分将着重考察纵向价格双轨制下的中国电力、煤炭消费模式，并进行相关预测和分析。

第一节　电力消费的实证分析

一　影响因素

（一）电力价格

电力价格显然是影响电力消费的重要因素，电力价格的调整会影响电力市场的供需状况。本部分电力价格主要作为制度环境因素，而非影响电力消费的具体变量，一方面是电力价格变化较小，或者说几乎是一个不变的量，这样就不宜纳入回归方程，另一方面则是电力价格的影响可通过具体变量如经济总量、经济结构和人口的影响间接反映出来，它反映了在电价处于当前水平状态时的电力消费模式和习惯。

（二）经济总量

在经济的高涨周期，经济增长率快速上升，经济总量膨胀，各行业开足马力生产，电力消费增长很快；在经济的萧条周期，经济增长放缓，大量企业开工不足，电力消费停滞不前。1991 年是中国“八五”计划的第一年，中国经济开始复苏，转向全面回升，特别是 1992 年 GDP 的增长率达到了 14%，相应的电力消费也突飞猛进，1990 年电力消费增长率为 4.0%，1991 年上升为 9.1%，到 1992 年则高达 11.5%。2000 年以后中国经济进入了新一轮的景气周期，2000 年到 2007 年中国国内生产总值由 98000 亿元增加到 251483 亿元，扣除通货膨胀因素，年均增长率为 10%，而电力消费由 13471 亿千瓦时增加到 32458 千瓦时，年均增长率为 13.3%，大大快于经济增长速度，图 9－1 反映了中国经济总量增长与电力消费增长的关系。

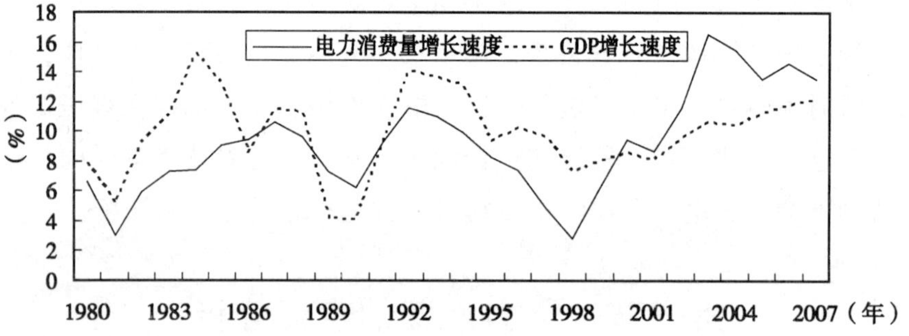

图 9－1 经济总量增长与电力消费增长

（三）经济结构

在经济总量相同的情况下，不同经济结构下的电力消费模式差异很大，因为不同的产业具有不同的电耗系数，即生产单位产出的消费电量不同，大致而言，第一产业的电耗系数为 0.08 千瓦时/元，第二产业的电耗系数为 0.4 千瓦时/元，第三产业的电耗系数为 0.085 千瓦时/元①。由于以工业为主的第二产业是耗电大户，经济结构越呈现“重型化”（第二产业比重越大），单位经济总量的耗电越多，经济结

① 随着节能技术的进步，上述数据存在变小的趋势。

构越呈现“轻型化”（第三产业比重越大），单位经济总量的耗电越少，因此分析电力消费模式，必须分析经济的结构组成。

回顾改革开放以来的中国经济增长历程，发现中国在取得快速增长的同时，伴随着经济结构的较大调整，第一产业增加值稳步下降，从 1978 年的 28.2% 下降到 2007 年的 11.3%，见图 9－2；第二产业增加值表现波动，20 世纪 90 年代之前第二产业比重一度呈下降趋势，由 1978 年的 47.9% 下降到 1990 年的 41.3%，之后下降势头扭转，到 2007 年中国第二产业比重恢复为 48.6%；第三产业增加值稳步上升，弥补了第一产业增加值下降的份额，由 1978 年的 23.9% 上升到 2007 年的 40.1%。

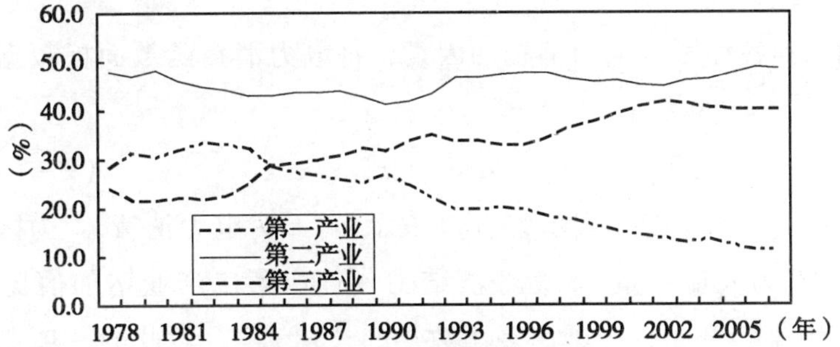

图 9－2　中国经济结构的变化

（四）人口

人口数量也是影响电力消费的重要因素，人口数量对电力消费的影响主要表现在生活用电上，目前中国的生活用电量迅速增长，从 1980 年的 105 亿千瓦时增长到 2007 年的 3622.7 亿千瓦时。得益于中国的人口控制政策，改革开放以来中国的人口增长率保持了一个较低的水平，但是由于人口基数较大，人口绝对增长数量还是可观的，同时随着人民生活水平的提高，家用电器种类和数量增加，人均生活用电增长也开始加快，因此由人口增长带动的电力消费仍不可忽视。

二　模型设定

很多人在考察中国电力消费特征的时候，使用了跨度较大的时间序列数据，这样分析结果反映了样本时间跨度内的经济规律，但是时间跨度越长，这种规律越显滞后，如果以此类推，将具有很大的风险，所谓“去年的皇历不能翻”。为了控制这种风险，我们放弃使用跨度较大的时间序列，改用时间跨度较短的面板数据（panel data）。面板数据指的是通过对截面单位进行多次连续观测得到的数据，相对于单纯使用截面数据或者时间序列数据而言，使用面板数据具有很多优点，首先增大了自由度，当我们不想使用较长时间跨度的数据集时，可能面临样本不足的问题，包含丰富截面点的面板数据能够解决这一问题；其次，面板数据的使用可以减少缺省变量导致的问题；此外，面板数据能够对时间和空间上的变化规律进行研究，这一点也非常适合本项研究。

考虑到各种影响电力消费的因素，将电力消费函数面板数据模型设为：

$$E_{it} = \alpha_0 + \alpha_1 Y_{it} + \alpha_2 P_{it} + \alpha_3 S_{it} + \varepsilon_{it} \qquad (9-1)$$

方程（9-1）中 i 表示省份，t 表示年，E 为电力消费，Y 为国内生产总值，P 为人口总量，S 为经济结构（选取第二产业增加值比重）。2001 年下半年开始，中国出现了数年的“电荒”，对此的一项专门研究（于立、王建林，2008）认为，是上游煤炭市场与下游电力市场之间的纵向价格双轨制引发了“电荒”，因为这一段时间内的煤炭价格持续上涨，而电力价格基本不变。为了控制这些年份由于供需不均衡带来的偏误，我们在模型中加入时间效应，此时模型设定中误差成分是两维的（two ways）：

$$\varepsilon_{it} = \mu_i + \lambda_t + \nu_{it}, \nu_{it} \square N(0, \sigma_\nu^2) \qquad (9-2)$$

μ_i 表示截面单位 i 的不可观测个体效应，λ_t 表示 t 时期的不可观测时间效应，我们期望这个 λ_t 能够捕捉到纵向价格双轨制带来的冲击，ν_{it} 为独立的随机冲击。估计中为了避免多重共线性，应去掉某一年的时间效应，或者施加如下约束：

$$\sum_{t=1}^{T} \lambda_t = 0 \qquad (9-3)$$

这里选择后一种方式加入时间效应，由于模型中截面单位是连续跟踪相同的个体得来，所以选择固定效应模型。与一维误差成分（one way）固定效应模型类似，去除个体效应和时间效应的方法为两次“去均值化”，以被解释变量电力消费 E_{it} 为例，两次“去均值化”后的电力消费为：

$$\widetilde{E}_{it} = E_{it} - \overline{E}_i - \overline{E}_t + \overline{E}_{it}$$

$$其中,\overline{E}_i = \frac{1}{T}\sum_{t=1}^{T} E_{it},\overline{E}_t = \frac{1}{N}\sum_{i=1}^{N} E_{it},\overline{E}_{it} = \frac{1}{TN}\sum_{i=1}^{N}\sum_{t=1}^{T} E_{it} \quad (9-4)$$

其他的变量 Y、P 和 S 采取同样的方式“去均值化”，对于变换后的各变量使用估计即可得到各个系数 $\tilde{\alpha}_1$，$\tilde{\alpha}_2$，$\tilde{\alpha}_3$，进而可以计算截距项、个体效应和时间效应的估计值：

$$\alpha_o = \widetilde{E} - \tilde{\alpha}_1 \widetilde{Y}_{it} - \tilde{\alpha}_2 \widetilde{P}_{it} - \tilde{\alpha}_2 \widetilde{S}_{it} \quad (9-5)$$

$$\tilde{\mu} = (\overline{E}_i - \overline{E}_{it}) - \tilde{\alpha}_1 (\overline{Y}_i - \overline{Y}_{it}) + \tilde{\alpha}_2 (\overline{P}_i - \overline{P}_{it}) + \tilde{\alpha}_3 (\overline{S}_i + \overline{S}_{it}) \quad (9-6)$$

$$\tilde{\lambda} = (\overline{E}_i - \overline{E}_{it}) - \tilde{\alpha}_1 (\overline{Y}_i - \overline{Y}_{it}) + \tilde{\alpha}_2 (\overline{P}_i - \overline{P}_{it}) + \tilde{\alpha}_3 (\overline{S}_i + \overline{S}_{it}) \quad (9-7)$$

三　数据描述

各省市的电力消费和人口总量的数据来源于《中经网统计数据库》，国内生产总值的数据来源于国家统计局各年的《中国统计年鉴》，为了剔除通货膨胀因素的影响，根据《中国统计年鉴》中的地区生产总值指数将国内生产总值折算为2000年的不变价格。在数据整理过程中，发现各省市统计数据之和与全国数据不一致，表9－1反映了各省市GDP之和与全国GDP数据不一致的情况。

表9－1　各省市国内生产总值之和与全国国内生产总值比较

年份	以现价计算的国内生产总值			以2000年不变价格计算的国内生产总值		
	全国	各省市之和	各省市/全国	全国	各省市之和	各省市/全国
2000	99214.6	98504.14	0.99284	99214.6	98504.14	0.99284
2001	109655.2	108546.4	0.989888	107206.5	107834.2	1.005855

续表

年份	以现价计算的国内生产总值			以 2000 年不变价格计算的国内生产总值		
	全国	各省市之和	各省市/全国	全国	各省市之和	各省市/全国
2002	120332.7	120575.6	1.002019	117440.6	119572.1	1.01815
2003	135822.8	139254.1	1.025263	129932.9	134270.9	1.033386
2004	159878.3	167587.2	1.048217	143461.0713	152621	1.063849
2005	183217.4	197743.4	1.079283	159469.5127	172631	1.082533
2006	211923.5	230484.3	1.087582	178286.9152	196333.4	1.101222
2007	249529.9	275624.6	1.104576	199991.3886	224266.4	1.12138

目前中国实行分级核算的统计体系，国家统计局核算全国的国内生产总值，省级统计局负责本省的国内生产总值，核算主体不同导致了两者出具的数字不同①。考虑到国家统计局发布的统计数据更有权威性，应想办法调整各省市数据，使之与国家统计局的数字一致。假设导致偏差的因素对各省份的影响相同，将各省市数据除以该年度的膨胀系数（各省市国内生产总值之和与全国国内生产总值之比），就得到修正后的各省份数据，修正后的各省份国内生产总值基本反映了各省真实经济总量。与国内生产总值类似，年底人口数的统计中也存在各省市与全国不一致的情况，但是这种差别不大，考虑到地方掌握人口数据可能更真实，对这一数据我们直接采用各省市统计的结果。其他指标不存在这一问题。修正后的各省份数据见附录三。

东、中、西部地区的经济体无论从经济总量还是从经济结构上都显著不同。东部沿海地区包括 11 个省和直辖市，分别是辽宁、北京、天津、河北、山东、江苏、上海、浙江、福建、广东和海南，与中、西部内陆地区相比，这些省市的经济水平更高，人民生活也更富裕。按照我们修正后的数据，2007 年东部沿海地区现价国内生产总值为 147902.9 亿元，以市场汇率计算可折算为 20247.9 亿美元，已经超过了意大利和西班牙；这 11 省市的 GDP 约占全国的 60%，而它们的

① 造成这种现象的因素包括：两部门采用的统计方法可能不同，也可能存在地方政府干预地方统计部门的工作情况。

人口只占全国的40%；东部11省在2000年到2007年的年均经济增长率为12.9%，略高于全国平均水平的12.5%，是中国经济增长的重要支撑。东部的工业化水平最高，2007年东部地区的第二产业的增加值比重为52%，高于中部地区和西部地区。

中部地区包括山西、内蒙古、吉林、黑龙江、安徽、江西、河南、湖北和湖南省，它们的经济总量大约占全国的四分之一，人口大约占全国的三分之一，经济总体发展水平不及东部，但是这些地区有丰富的自然资源，依靠自身的优势，中部地区正在实现赶超，突出表现是其工业化水平的迅速提高，2000年到2007年东部地区的第二产业产值比重由42%提高到50%，增长的速度高于东部。西部地区包括广西、重庆、四川、贵州、云南、陕西、甘肃、青海、宁夏和新疆，这些省市经济发展水平相对落后，2007年其经济总量大约占全国的15%，人口占全国的26%，第二产业比重为46%。

电力消费的空间分布与经济发展的空间分布高度一致，2007年东部的电力消费约占全国的55%，中部约占全国的26%，西部约占全国的19%；2000年以来东部电力消费的比重具有明显的上升趋势，中部电力消费比重稳定，西部地区电力消费比重出现下降，这种变化趋势显然与东部地区发展速度较快有关，见表9－2。

表9－2　2000—2007年（东中西部电力消费比重变化）　单位:%

年份	東部	中部	西部
2000	53.07	26.93	20.00
2001	53.45	26.89	19.67
2002	54.12	26.35	19.53
2003	54.72	26.14	19.15
2004	54.93	25.84	19.24
2005	55.53	25.60	18.86
2006	55.43	25.64	18.93
2007	54.85	26.32	18.83

四　估计结果

参考同类研究的惯例，将上述所有变量都取自然对数，这样估计的系数便于解释，同时可消除变量数值悬殊带来的问题。为了考察不同区域的影响模式，故进行了4种不同方式的估计，第1种是使用全部样本，后3种分别使用东、中、西部的分地区样本，表9-3给出了估计结果。

估计结果显示，就各省市经济体而言，国内生产总值、人口总量和第二产业比重均显著影响电力消费，各个变量的符号也都符合我们的预期。具体来讲，GDP增长1%，带动电力消费增长为1.06%，即电力消费弹性系数略大于1；人口增长1%，大约带动电力消费增长0.44%，说明人口因素对电力消费的影响低于经济总量，但人口增长对电力消费的影响也很显著；第二产业的比重每上升一个百分点，拉动电力消费上升0.77个百分点，说明产业结构对电力消费的影响也很重要。

分地区回归的估计显示，东、中、西部的电力消费模式既有相同之处，也存在一定差异性。GDP增长都是影响本地区电力消费增长的显著性因素，但对各地区的影响程度不同，在控制了人口和经济结构之后，GDP的电力消费弹性系数西部最大，中部次之，东部最小，具体而言，西部地区GDP的电力消费弹性远远大于1，中部接近1，而东部只有0.77，这表明电力利用效率与经济发展水平负相关，东部地区由于经济发展水平较高，会首先安装和使用更加节能的电器设备，而中西部的用电设备能耗较高。人口增长对中、东部的影响不显著，只对西部有显著影响，这多少有点出乎预料，我们预期中、东部居民收入水平较高，可能对电力消费的影响较大，对此的一个可能的解释是，尽管中、东部地区的平均居民收入水平较高，但收入水平对电力消费的影响已经通过GDP反映出来，由于中、东部近几年的人口增长率缓慢，单纯人口增长带来的电力消费有可能不再显著。与中、东部不同，西部的电力消费对人口增长非常敏感，甚至超过了对GDP的敏感程度，这说明西部的电力消费模式仍然落后，居民的收入水平较低，大量电力的消费属于与人口数量高度相关的基本消费。

表 9－3　　电力消费面板模型的回归结果

	1（全国）	2（东部）	3（中部）	4（西部）
常数项	−5.234 ***	4.308	4.498	−14.131 ***
Y	1.064 ***	0.774 ***	0.908 ***	1.286 ***
P	0.436 **	−0.469	−0.565	1.360 ***
S	0.773 ***	0.736 ***	1.083 ***	0.162
R^2	0.993186	0.997220	0.982180	0.982
调整 R^2	0.991857	0.996390	0.978988	0.979
样本数	240	88	72	80

注：*、**、*** 分别表示在 10%、5% 和 1% 水平上显著。

第二节　煤炭—电力转换关系的分析

电力工业是中国最大的耗煤产业，20 世纪 90 年代以来中国电力消耗用煤基本呈增长态势，只有“九五”期间由于宏观经济形势影响，电煤市场发生明显变化，电煤消费出现波动（见图 9－3），1997—1999 年的三年间电力耗煤增速减缓，1998 年还出现了负增长，消费量比 1997 年降低了 1.13%，从 1999 年电煤消费量开始恢复增长，2007 年中国消费电煤为 13 亿吨，8 年间的平均增长速度为 12.4%。

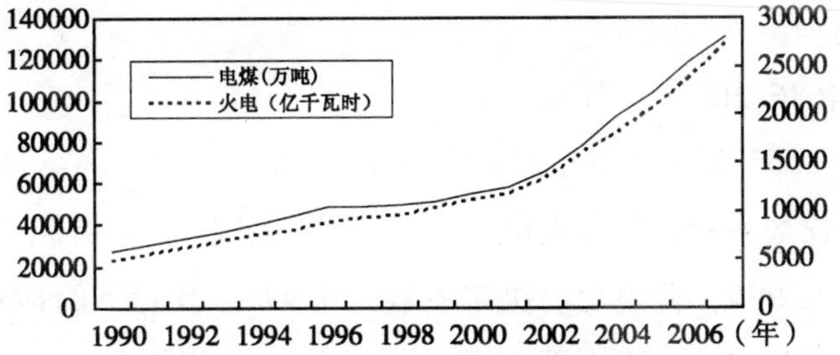

图 9－3　1990 年的火电产量与电煤消费

单位发电量耗煤是发电机组效率的一种重要指标，为了衡量单位发电耗煤，将每年的电煤消费量比上每年的火电产量，把这一新指标定义为电煤—火电转换系数（见图 10 -4）。可以发现中国的发电煤耗水平呈现局部不稳定，但整体下降趋势。2000 年之前，每发 1 亿千瓦时的火电需要消费 5. 36 万吨电煤，2000 年之后每发 1 亿千瓦时的火电需要消费 4. 96 万吨电煤，1990 年至 2007 年平均来讲，每发 1 亿千瓦时的火电需要消费 5. 18 万吨电煤。中国单位发电量耗煤的下降与发电机组大型化有关，1990 年以来，中国的火电机组由 10 万—30 万 kW 的机组为主，逐步过渡到以 30 万—60 万 kW 的机组为主。2002 年到 2006 年 30 万 kW 以上机组占火电装机的比例提高了接近 10 个百分点，在 2006 年占火电装机的比例达到了一半的水平，而 2007 年单纯 60 万 kW 以上级别的火电机组就投产了至少 3285 万千瓦，约占当年投产火电装机的 40%。

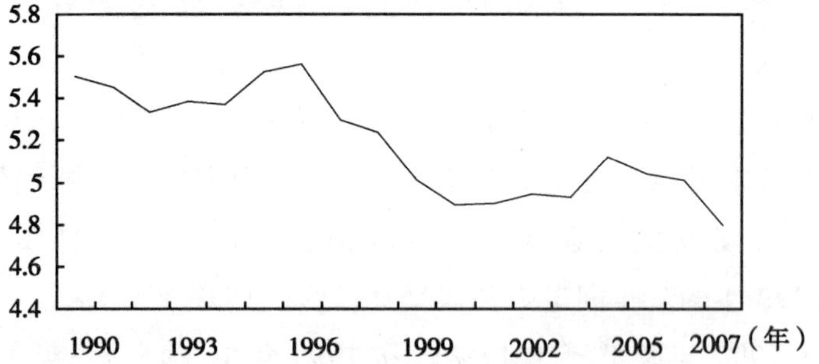

图 9 -4　电煤—火电转换系数（单位：万吨/亿千瓦时）

根据 1990—2003 年电煤消费量和火电产量的样本数据，回归得到以下模型：

$$C = 4686.262 + 4.717E$$

$$(3.639203)\ (53.97339) \qquad (9-8)$$

C 为煤炭消费，E 为火电产量，方程的各项检验指标良好，决定系数 $R^2 = 0.996$，调整后的决定系数为 0. 995，变量下的括号内为 t 统计量，常数项和自变量均通过显著性检验，模型显示每发 1 亿千瓦时的火电需要消费 4. 717 万吨电煤。上述模型没有反映发电中的技术进步情况，为了反映发电中的技术进步加入时间变量 T 对上述模型重新回归得到：

$$C = 5558.557 + 4.998E - 421.545T$$
$$(3.850036)\ (20.70327)\ (-11.243) \qquad (9-9)$$

加入技术进步变量以后，发电耗煤效率有所下降，每发1亿千瓦时的火电需要消费的电煤增加到4.998万吨，单位发电量的电煤消费平均每年减少421.1万吨，技术进步效果比较明显。假设技术进步是线性增加的，使用电煤—火电转换系数对时间进行回归，得到如下模型：

$$r = 5.558 - 0.039T$$
$$(80.155)\ (-6.133) \qquad (9-10)$$

上述模型的回归效果也较好，时间变量非常显著，可发现平均每年电煤—火电转换系数下降大约0.04。据此可以推测未来的发电耗煤效率，预计2010年电煤—火电转换系数为4.739，即每亿千瓦时的火电需要消费电煤4.739万吨吨，2020年电煤—火电转换系数为4.349，即每亿千瓦时的火电需要消费电煤4.349万吨。

第三节　未来电力、煤炭消费的预测

对电力消费的预测方法主要有两种：第一种是消费弹性系数法，使用该方法首先确定一定时期的电力消费弹性系数，然后根据预期的国内生产总值增长速度，计算出电力消费的增长速度，在此基础上进一步测算出电力消费量；第二种是情景预测法，使用该方法首先找出影响电力消费的各种因素，分析这些因素对电力消费的影响效果，根据这些影响因素的演变趋势预测电力消费量。在上述经验模型的基础上，主要使用情景预测法，结合使用消费弹性系数法，对中国的未来电力消费进行预测。

电力预测的准确与否，关键取决于两个方面，一方面是对电力消费与诸多影响因素之间关系的把握，即电力消费规律是什么，二是对经济发展远景的预测。电力消费的规律属于经济规律，在不同的经济阶段具有不同的表现，这里使用了21世纪初前8年的数据对影响电力消费的因素进行了考察，这8年中经济结构、消费结构都较以前发生了显著变化，因此与传统研究采用大时间跨度数据的研究相比，从中总结的规律应该能够更好地指导我们认识未来。对经济发展的远景预测较为复杂和困难，这里不打算在诸如预测经济增长方面耗费笔墨，直接参考相关研究的成果设定远景预测值。在得到电力预测结果之后，将进一步预测电煤的消费量，预测的大体思路如图 9－5 所示：

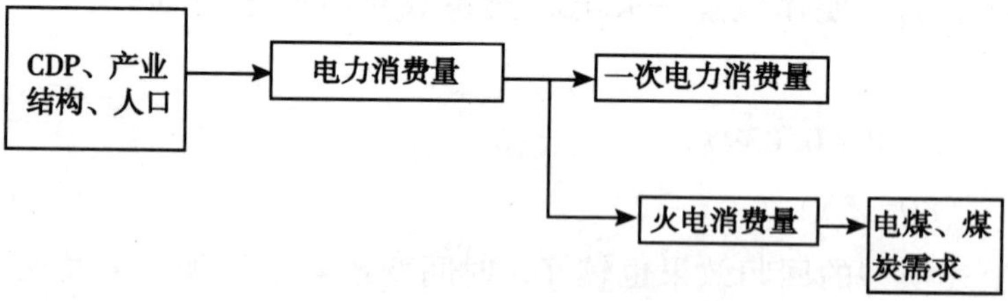

图 9－5 电力、煤炭消费预测思路

一 情景设定

（一）增长速度的情景设定

与发达国家相比，中国经济增长速度一直较快，2007 年经济总量已经超过德国，2010 年经济总量已经超过日本，成为世界上仅次于美国的第二大经济体，但是由于中国人口众多，中国仍是一个低收入国家。国内外相关机构都对中国的经济增长做了预测（见表 9－4）。

表 9－4 对中国 GDP 增长的判断 单位：%

研究者	2010—2020 年
中国科学院国情分析中心	7－7.8
中国社会科学院	4.0
国务院发展研究中心	6.6
世界银行	5.6
兰德公司	2.1－5.2

从 2000 年后的前 8 年中国经济表现看，这些预测可能偏于保守，受全球性金融危机的影响，未来经济增速会出现下滑，综合上述观

点，尤其是参照中国政府“十一五”规划的要求，并考虑到金融危机的影响，设定三个情景（见表9-5）。

表9-5　经济增长速度的情景设定　单位:%

情景	2011—2020年
A	7.2
B	6.9
C	6.6

（二）经济结构变化的情景设定

党的十六大报告提到，到2020年中国要基本完成工业化，考虑到中国的国情，21世纪前20年，中国的第二产业仍然会保持较快的增长速度，不会像发达国家那样有明显下降；农业产值虽然保持一定增长速度，但是其比重会逐渐下降，第三产业的比重将持续上升。《2006年中国能源发展报告》预计中国到2020年第二产业的比重将下降为48%，在此基础上各上下浮动两个百分点，共得到三个情景（见表9-6）。

表9-6　经济结构的情景设定　单位:%

情景	2020年
A	50
B	48
C	46

（三）人口增长的情景设定

从发达国家的经验来看，随着生活水平的提高，人口增长率将维持低增长或不增长的态势，中国收入水平较高的地方如上海，人口的自然增长率很低，个别年份还将出现负增长。考虑到“计划生育”仍将是未来20年的基本国策，未来中国的人口仍将保持低速增长。中国能源发展战略与政策研究课题组设定了未来20年中国人口增长的3个情景（见表9-7）。国内多项研究也都参考这个结果。

表 9－7　人口情景设定　单位：亿人

情景	2020 年
A	14.85
B	14.70
C	14.45

资料来源：中国能源发展战略与政策研究课题组。

二　预测结果

因为回归模型的样本是省级数据，不能使用全国层面的数据直接预测，需要将全国层面的数据化为省级数据，采取直接平均的办法，即全国数据除以省份个数 31 得到一个典型省份的数据，在此基础上进行预测①，中国电力消费情景预测的结果如表 9－8 所示：

表 9－8　电力消费的情景预测　单位：亿千瓦时

情景	2020 年
A	117933.1
B	108799.3
C	99917.5

在今后相当长的一段时间内，燃煤火电厂仍是中国电力生产的主体，同时油电、气电、火电和新能源将得到迅速发展，火电在整个电力生产结构中的比例将呈现下降趋势，许多专家学者和研究机构对中国未来的电力生产结构进行了预测和研究，有代表性的研究如表 9－9 所示：

① 如 2007 年以不变价格计算的国内生产总值为 199991.39 亿元，典型省份的 GDP 为 6451.33 亿元，此为基础可推算未来典型省份的经济水平，将得到 GDP 预测值代入表 9－3 的方程（1），计算结果再乘以 31 就得到全国的电力消费量。

表9－9 未来中国的电源结构 单位:%

预测人	年份	火电	油电	气电	水电	核电	新能源
朱成章	2015	65.6	6.3	19.6	4.5	1.2	
《2001年中国能源发展报告》	2020	60.0	7.0	3.0	22.0	6.0	2.0

对于火电的比例，这里使用《2001年中国能源发展报告》的预测，即2020年的火电比例为60%，可见在未来很长一段时间内，中国的电力生产仍以燃煤为主。根据电力消费测算得到火电消费量见表9－10。

表9－10 火电消费的情景预测 单位：亿千瓦时

情景	2020年
A	70759.86
B	65279.58
C	59950.52

预计2020年的电煤—火电转换系数为4.349万吨/亿千瓦时，可以据此计算得到2020年的电煤消费量（见表9－11）。

表9－11 电煤消费的情景预测 单位：万吨

情景	2020年
A	307734.6311
B	283900.8934
C	260724.8289

从上述预测结果来看，如果经济发展速度不太快，工业化步伐适度，人口控制较好（按照C情景），那么2020年则需要电煤26亿吨左右。如果经济发展速度、工业化步伐和人口增长速度都较快（按照A情景），到2020年则需要电煤30亿吨左右。李德波（2006）等人的估计，2020年电煤消费将占煤炭消费的64%，根据这一结果可估

计得到：2020 年中国煤炭的总需求量将为 40.6 亿吨（C 情景）到 46.9 亿吨（A 情景）。

考虑到中国煤炭储备量和煤炭生产能力，如此巨大的需求，在煤炭供应方面会带来巨大的压力。原能源部中国能源战略研究课题组的《中国能源战略研究 2000—2050 年报告》认为，中国的化石能源都有个极限产量问题，中国煤炭所能达到的极限产量为 30 亿吨。国家发展改革委组织编制的《煤炭工业“十一五”发展规划》提出，到 2015 年，煤炭产量达到 33 亿吨以上，到 2020 年煤炭产量达 35 亿吨。

第四节 启示

纵向价格双轨制使得电力消费无法受到价格杠杆的调整，在维持目前的电力消费模式下，随着经济发展水平的提高，未来电力消费量以及电煤消费量都将是巨大的，对中国的能源承载力构成了严峻挑战。即使政府动用行政力量干预了电煤交易，使得煤—电矛盾暂时得到缓和，但是中国的资源储量是有限的，未来的情景必然是，当电力需求扩大使得电煤供不应求，市场化的电煤价格必然上升，煤—电冲突迟早再会出现。那时国家为了避免电力短缺，可能调高规制的电力价格，也可能会再次干预电煤市场，但是理论和实践都证明了，价格规制的效率往往是低下的，“电荒”和“煤荒”不可能通过价格规制来解决。

为了解决这一矛盾，迫切需要结束纵向价格双轨制，快速推进电力市场化改革，将上下游都转换为“市场轨”，如果未来的煤—电价格都是由市场形成的，那么对电力、煤炭消费的预测可以说杞人忧天，因为价格杠杆本身会进行相关商品替代的调节。无论是电力还是煤炭，它的价格上涨的背后都是供需失衡，对此政府不必也不应该进行干预，自由市场本身会解决这一问题。如果是暂时供需失衡导致的高价格，那么高价格会吸引厂商的进入，供给增加，促使价格回落；如果是资源枯竭导致高价格，政府也应“无为而治”，因为高价格会迫使企业和个人进行资源的重新配置，寻找替代资源，使用相对便宜的资源，减少对原有资源的依赖，过度需求造成的短缺自然会消除，纵向价格双轨制的存在恰恰破坏了价格机制的这种作用。

第十章　化解煤—电纵向价格双轨制的政策思考

第一节　煤—电矛盾的改革方向

一　对煤—电纵向一体化的质疑

很多专家学者呼吁，为解决煤—电冲突应鼓励煤—电纵向一体化，即规模较大的发电企业参股或收购煤炭企业，或者煤炭企业参股或收购电力企业，这样一来，挖来的煤炭直接送电厂，而不管市场上的煤价变动，煤—电冲突问题自然也就解决了。应该说这些建议和设想有一定新意，纵向一体化能够使煤—电市场交易变为企业内部交易，的确可以避免价格波动带来的风险。但如果稍具经济学常识，就会发觉这个办法未必奏效，回顾第二章文献综述，促使企业纵向一体化原因有：（1）节省交易成本（Coase，1937）；（2）避免机会主义（Williamson，1985）；（3）避免签订不完全合约（Grossman 和 Hart，1986）；（4）获得稳定的供货（Porter，1980）；（5）绕开价格规制（Stigler，1951）；（6）获得私人信息（Arrow，1975）。

第 2 条到第 6 条所列的原因都可看作是在节约交易成本，因此 Coase 的交易成本分析比较典型。从 Coase 的理论出发，纵向一体化可能无法解决煤—电矛盾问题。

第一，纵向一体化的出发点应是交易成本。Coase 的理论是一体化可以节省交易成本，但会增加企业内部组织成本，因此纵向一体化不仅会获得收益，它还需要支付成本，是否选择一体化需要企业进行权衡。但是中国煤—电关系问题本质上是体制问题，而不是交易成本高低的问题，中国煤—电矛盾是纵向价格双轨制下，发电企业认为煤价过高，导致越发电越亏损，于是拒绝买煤产生的矛盾。使用一个解决交易成本过高的方法去解决体制问题，出发点是错误的，如果煤—电企业认为他们之间的交易成本较高，一体化自然就被选择，不管是否存在体制性问题。

第二，纵向一体化也无助于解决煤—电矛盾。大量支持煤—电一体化的学者认为，一体化后可以避免煤炭价格波动的风险，最终化解煤—电矛盾。这种想法是不现实的，发电企业并购煤矿企业可以获得低价煤炭是一种幻觉，煤矿企业的价值是煤炭价格的函数，是煤矿企业年产煤炭价值的贴现，煤炭价格上涨必然导致煤矿企业股权价值上涨，理论上，如果发电企业以市场竞价的方式并购煤矿企业，它不可能从中套利，煤矿企业如果对煤电联动没有明确预期，也没有动机去收购发电企业。

第三，较早实行了煤—电一体化的企业，仍然存在煤—电矛盾问题。还有观点认为，较早实行一体化的企业煤—电矛盾较小，因为煤—电合为一个企业，双方可以分享高煤价带来的收益，即煤炭环节的收益可以补贴发电环节的亏损。当然，要实现这样补贴是存在条件的，那就是存在行政干预的力量，如强制企业完成一定量的发电指标，否则理性的企业不会拿煤炭环节的收益去补贴发电环节。纵向一体化后的企业对发电业务在进行决策时，不会拿煤炭的开采成本去核算发电业务的利润，因为这部分煤炭不用来发电还可以出售，出售煤炭的价值就是发电用煤的机会成本，理性的企业应采用这一成本去核算发电业务的利润。如果煤炭价格上升而电力价格保持不变，企业将有动力出售更多煤炭，减少发电用煤的投入，在边际煤炭用途的选择上，理性的经营者必定使其收益相同，这样发电量只与受规制的电价水平有关，而与企业是否一体化无关。

因此，中国是否采用煤—电一体化与化解煤—电矛盾没有联系，纵向一体化与否应从交易成本的角度出发，它可以减少谈判成本、签约成本、消除机会主义行为等，是否采取这种交易形式是企业自利行为下的选择。现实中如果发现纵向一体化确实解决了体制性的煤—电矛盾，那么只能说明存在行政干预的力量，而如果想要行政干预起到作用，也不必进行一体化，干预独立电厂也可以达到同样的效果。在美国，煤—电纵向一体化也并不普遍，它可能反映了企业的一种“权衡”，据 Joskow（1985）的研究，煤—电纵向一体化企业只存在于部分坑口电厂①，而坑口电厂对电煤的消耗只占全部的 15%。Joskow 认为，由于坑口电厂存在资产专用性，纵向一体化应是坑口电厂的首选，但是现实中大量坑口电厂采用了复杂的长期契约形式，原因可能是长期契约形式更具有吸引力。

二　改革方向：消除“纵向价格双轨制”

造成中国煤—电矛盾和电力供需失衡的原因是纵向价格双轨制，而为解决矛盾，必须对症下药，消除纵向价格双轨制，将“双轨价格”变为“一轨价格”。“双轨价格”变为“一轨价格”的方法有两个：一种是煤炭、电力都实行规制定价，将价格规制延伸到煤炭行业，使煤炭价格适应电力价格；一种是煤炭、电力都实行市场定价，放开电力价格，使电力价格适应煤炭价格。

煤炭、电力都实行规制定价是不可取的，虽然规制煤炭价格会暂时减轻发电行业的成本压力，但是由于信息不对称等因素，政府定价的效率天然低于市场定价，即存在政府规制失灵问题。一方面政府制定煤—电比价关系时，不可能做到不偏不倚，当一方觉得规制出现不公时，很容易以制造道德性短缺方式来“逼宫”，不仅不能解决煤—电矛盾，反而可能使其进一步恶化，另一方面当政府对煤炭、电力实行双重规制时，煤炭价格和电力价格将不再反映资源的稀缺程度和成本，必然诱发高能耗行业的盲目发展，鼓励能源浪费。通过对中国 2000 年后的电力消费模式分析表明，中国的电力消费存在粗放性，如果在未来不能扭转这种局面，从长期来看，中国的能源供给将存在

① 坑口电厂是指建设在靠近煤矿坑口附近的发电厂，因为火力发电厂耗煤量非常大，如果电厂设在坑口附近，就可以节省交易成本。

问题，到时候出现的将不只是“电荒”，更有“煤荒”。

在世界范围内，能源领域的改革都是放松规制，由自由市场调节价格和供需，稳步推进煤炭行业的市场化改革，加快电力行业的市场化改革步伐，才是解决中国煤—电矛盾的对症之方。这就好比治理洪水，由于下游河道被堵住了，为了避免洪水泛滥，是将上游河道堵住？还是疏通下游？答案很简单，如果洪水不大，短期内在上游筑坝未尝不可，但是如果洪水是百年一遇或千年一遇，那么最好还是疏导下游，否则筑坝再高也难以抵御大自然的力量，目前中国各行各业的市场经济改革已经很深入，除了能源等少数几个特殊领域外，所有的商品价格都早已实现了市场定价，可以说市场经济的大潮已经形成，此时如果改革方向再与市场经济背道而驰，逆潮而动，必将受到经济规律的惩罚。

研究表明，在没有下游的价格规制时，煤炭企业的市场势力不会造成煤—电矛盾，当存在纵向价格双轨制时，市场势力的提高倾向于扩大电力缺口。对于中国煤炭市场的集中现象，有其必然性和合理性的一面，为了缓和煤—电矛盾而有意将煤炭市场分散化并不是最优的解决方法。但是煤炭企业的市场势力仍是个值得注意的问题，如今《反垄断法》已经出台，建议反垄断部门对煤炭行业的并购、集中行为密切监控，必要的时候应根据《反垄断法》介入调查和干预。资源税费改革的效果类似于市场势力的提高，为了缓和煤—电矛盾而延缓资源税费改革并不是可行之道。资源税费改革需要一个合适的改革方式，以减轻资源税费改革对煤—电关系的冲击。虽然中国煤炭价格不包括资源税费，但是存在官煤勾结的“寻租成本”，这部分成本是刚性的，如周其仁（2005）认为：“不把官煤勾结的刚性费用大幅度降下来，什么资源、安全、管理、劳工待遇方面的费用，是不容易加进去的。”建议资源税费改革与矿业权流转市场改革结合起来，矿业权的取得应以招标、拍卖、挂牌的方式公开进行，以降低官煤交易的空间和寻租成本。

第二节 缓和煤—电冲突的辅助政策：电煤期货

作为一项平抑煤价波动的辅助性的政策，电煤期货的作用非常重要，无论是否存在纵向价格双轨制问题，电煤期货都可以在一定程度上缓解煤—电矛盾。当不存在纵向价格双轨制时，电煤价格波动会传导到下游，带来电价的波动，而通过电煤期货市场的反向操作则可以大大平抑这种波动；当存在纵向价格双轨制时，发电企业更需要对电煤进行套期保值，以此锁定电煤燃料成本，降低财务风险，避免煤—电冲突。

一 电煤期货有利于稳定电煤价格

在自由市场交易的条件下，价格是市场供求的反映，期货市场上汇集了来自各行各业、四面八方的交易者，它们带来了大量的供求信息，标准化合约的频繁转让又增加了市场的流动性，因此期货市场中形成的价格能够真实地反映供求状况。在期货市场上确定的远期价格是未来供求的反映，生产者和需求者可以据此来安排未来的生产计划，以锁定成本和利润，这对电煤价格及其下游产品价格大起大落具有一定的预防抑制作用。在美国煤炭期货交易尽管不活跃，但是对于平抑其国内的煤炭价格波动功不可没，美国是世界上少数几个煤炭消耗大国，煤炭主要用来发电，美国的纽约商业交易较早地意识到需要引入煤炭期货，如同引入天然气、石油期货一样。事实证明，煤炭期货对于稳定美国煤炭市场意义重大，据《华尔街日报》的消息，2003 年全球能源需求上升，世界煤炭价格的涨幅高达 80%，但是美国的煤炭价格并未受到严重影响，2004 年 6 月美国燃煤电厂的电煤平均价格仅比上年同期增长 4.7%，煤—电关系也未出现紧张，2004 年 7 月美国居民用电的平均零售价格为 9.34 美分/千瓦时，仅比上年同期增长 2%，工业用电为 5.46 美分/千瓦时，仅比去年同期上涨 3.4%，商业用电的价格为 8.85 美分/千瓦时，比上年同期还有所下降，美国煤—电关系的稳定与美国煤炭期货市场是分不开的。利用期货市场稳定国内能源价格的例子还有新加坡，新加坡国内燃料油期货上市后，新加坡燃料油价格的涨幅大大小于国际原油价格的涨幅。

随着中国煤炭、电力市场化改革的深入，中国也需要建立自己的电煤期货市场，以稳定电煤价格、缓和煤—电关系。建立电煤期货对电煤生产企业和电煤消耗企业都非常有利，期货市场可以提供可靠的供求信息，对于电煤生产企业，通过电煤市场上众多相关方的公开叫价，可以形成合理的电煤价格，保障电煤生产企业赚得稳定利润，电煤企业可以据此安排生产，避免生产的大起大落；对下游的燃煤发电企业来讲，通过电煤市场的套期保值，可帮助企业锁定电煤的燃料成本，避免电煤价格波动带来的风险，同样可以锁定利润，合理安排生产，各级政府和监管者也可以利用期货市场传递的信息，预测电煤的未来的供求和价格走势，更好地发挥宏观调控的作用。当然，建立电煤期货市场并不一定要所有电煤都进行期货交易，将来可以进行期货交易的电煤可能不足全国电煤总交易量的50%，但是这部分期货交易的电煤将是全国电煤价格的“风向标”，各地的电煤价格必然会以电煤的期货价为基础，换算为各地的电煤价格，进而形成全国性的、透明的价格体系。

二 建立电煤期货的可行性

中国其实较早地建立了煤炭期货市场，20世纪90年代初，上海市政府、煤炭部和国内贸易部在上海联合组建了煤炭期货交易所，交易的品种较多，包括洗精煤、烟煤和无烟煤，近百家企业作为其会员单位，涵盖生产、消费、流通、金融等行业，但是新兴的煤炭期货仅存在了一年半，便被国务院证券委员会叫停。煤炭期货市场失败的原因是多方面的，其中外部市场条件的不成熟是重要原因，当时中国的期货市场刚刚起步，人们对期货市场及其功能认识不足，更为严重的是，当时对推出煤炭期货缺乏经验，即使在国外，将煤炭作为期货商品的交易所也不多见，中国当时建立煤炭期货市场可以参考的资料非常有限，煤炭期货的交易制度纰漏百出，出现了过度投机和操纵市场等行为。目前中国期货市场经过了十多年的发展，相关的法律法规已经建立，为期货市场有序运行提供了可靠保障；电子、网络交易平台也已经形成，交易所、期货公司积累了丰富的管理经验，业务流程和风险管理制度日益完善；交易者也逐步了解期货市场，熟悉相关的交易规则，并逐渐走向理智，可以说中国期货市场的外部环境已经成熟，而电煤作为期货品种也基本满足期货交易标的物的4个条件：交易的大宗性、可储存性、价格波动性和品质可划分性。

（一）电煤交易量较大

中国煤炭市场的交易量巨大，约占世界煤炭贸易的20%，其中电煤的交易所占比重最大，2007年中国电煤消费为13.05亿吨，占煤炭消费的50%，从交易量上看，电煤符合交易的大宗性特征，电煤是一个可行的期货品种。

（二）电煤作为期货标的物可以标准化

对期货标的物的一个共同的要求就是容易被标准化，但是对于中国的煤炭而言，标准化似乎是比较棘手的事情。中国的煤炭资源在成煤时间、成煤物质和成煤过程等方面千差万别，造成了中国各地的煤炭在品质上具有较大的差异。但是我们认为只要认真研究，并采取合适的手段，这一问题并非不可解决。一个可行的办法是对煤炭先分类，再标准化，可按照发热量、灰分、硫分等指标对煤炭进行分类，中国对煤炭质量的检查和检验非常成熟，相关的设备和人员都很齐全，对煤炭分类在技术上应该不成问题。另外，中国的电煤消费量最大，消费客户最集中，质量检验也相对简单，适于作为煤炭期货的先期实验品种。

（三）电煤价格波动较大

期货交易的目的是回避价格波动的风险，如果不存在价格波动的风险，那么期货市场就没有存在的意义。中国在20世纪90年代初推出煤炭期货遭到失败，一个重要原因是当时煤炭价格仍受到较强规制。随着市场经济体制改革的逐渐深入，煤炭价格的规制逐渐放开，1996年后中国放开了除电煤之外的煤炭价格，2002年后中国放开电煤价格。尽管由于历史惯性因素，政府对电煤价格仍有一定影响力，但是市场形成价格的气氛已经形成，行政色彩将逐渐淡去。2008年

12月3日国家发展改革委下发的《关于做好2009年跨省区煤炭产运需衔接工作的通知》明确指出，“明年电煤价格实行市场定价”。在这一年福州的煤炭订货会上，电煤谈判陷入僵局，煤电双方互交白卷，但国家发展改革并未对此干预。2009年12月15日，国家发展改革发布《国家发展改革委关于完善煤炭产运需衔接工作的指导意见》，终止了煤炭订货会。在煤炭订货会被取消之后，煤炭价格在形式上将完全走向市场化，未来企业间的合作机构或社会中介组织将在煤炭交易中发挥重要作用。

走向市场化后的中国电煤市场存在较大的价格风险，电煤的供给会受一些不可控因素的影响，电煤的需求也会具有不可预测性，必将导致电煤价格出现波动。大量发电企业渴望能够回避价格波动的风险，他们将构成套期保值客户。另外，频繁变动的煤炭价格还将吸引大量的投资者，很多金融机构对参与电煤期货投资的积极性较高，只要积极培育，机构投资者队伍会逐渐壮大，他们的加入可以大大增强电煤期货市场流动性。

（四）电煤具备可储存性

期货交易中实物交割的时期一般较长，有的期货品种可能会被反复交割，交割时期甚至会持续一个月或者数月，这是期货交易的一个共同特点，因此耐储存是任何期货商品的一个必备品质。电煤基本具备这个特点，电煤的“保质期”较长，露天存在很长时间也不会变质。满足规格的定点仓库和畅通的运输通道也是电煤期货交割的必要条件，由于中国电煤的运输量大，导致铁路运力始终紧张，制约了电煤的储运，因此必须做好电煤运输和物流企业的建设同步配套。中国正在若干个电煤基地优化铁路基础设施，包括建设专门的电煤运输线路，实现客货分离，如果中国的铁路基础设施建设进展顺利，“十三五”期间铁路运输瓶颈将逐步得到解决。目前中国电煤物流企业能力提升也较快，已经形成了较多大规模的电煤物流企业，这都为推出电煤期货创造了条件。

三　建立电煤期货市场的具体步骤

（一）电煤价格指数的编制

电煤价格指数是进行电煤期货交易的价格尺度，如果没有电煤价格指数，那么电煤期货交易就会十分不便，相反如果存在电煤价格指数，那么到期不交割实物时，可以根据电煤价格指数进行现金交割，国外的电煤期货市场之所以能够顺利运作，一个重要的因素是有完善合理的价格指数体系。中国应该先编制自己的电煤价格指数，这是推出电煤期货的前提条件，建议借鉴中国股票市场的股票指数期货的办法，选取一些有代表性的电煤品种，将它们的价格编制出电煤价格指数。

（二）电煤期货合约的设计

中国在推出电煤期货的过程中，可以参考美国中部阿巴拉契（CAPP）煤期货合约，集思广益，大胆改革，结合中国实际，对合约的各项指标进行调整和完善，设计出符合中国国情的电煤期货合约。如根据中国电煤供需双方的特点，重新确定标准值；根据铁路运输设备和船舶设备特征，确定交易单位和合同数量；根据铁路运输和港口的分布特征，确定交货的地点和时间。

（三）交易和结算机制的建立

期货交易中交割的方式一般分为现金交割和实物交割，在建立电煤期货市场的初期，可以借鉴金融期货的交割方式考虑采用现金交割的方式，如果电煤价格指数编制顺利，可将电煤价格指数化，将指数设计为合约的标的物，这样到期不交割实物而是用现金交割，现金交割的好处是绕开了电煤品质的划分，由于电煤品质差别较大，交割“标准电煤”必将存在一定困难，此外现金交割还避免了交割仓库的设计问题。当现金交割的电煤期货市场成熟之后，可以考虑实物交割，如果交割仓库和运输条件不成熟，可适当将实物交割日期设置长一些，为整个月份。

（四）期货交易所的选址

建立一个单独的电煤期货交易所是一个庞大的系统工程，涉及硬件设施的准备、软件程序和合格人员的配备，成本和代价是巨大的，相对而言从现有的期货交易所中进行挑选是一个可行的方案。中国目前存在三家期货交易所：上海期货交易所、郑州商品交易所和大连商品交易所，对于建立电煤期货交易所来讲，这三家期货交易所各有利弊。中国的煤炭产地在“三西”，但集散地在秦皇岛，南方用煤的40%和出口用煤的50%都由秦皇岛中转，目前秦皇岛已经是中国煤炭交易中心，如果以秦皇岛的电煤为交易对象，那么选择大连商品交易所比较合适，因为大连商品交易所距离秦皇岛最近。但是大连的地理位置较为偏僻，铁路交通远不及郑州，郑州是全国最大的铁路交通枢纽，处于煤炭供需各方的中间位置，无论是西煤东运还是北煤南运，都是必经之地，从这个角度看选择郑州商品交易所也有一定优势。与大连和郑州相比，上海期货交易所的最大优势是具有能源期货交易的丰富经验，而郑州和大连的期货市场主要交易的都是农产品，因此从监管的角度看，选择上海期货交易所最好，此外上海的经济发达，有利于提高期货交易的活跃程度。上海的最大劣势是位置离主产区太远，这给期货交割带来麻烦，一个补救的办法是可在山西、陕西等煤炭生产基地建立交割仓库，随着时机的成熟再在需求地和中转港建立交割仓库，以方便市场的参与者根据合同的交割日期就近提货。

需要说明的是，推出电煤期货对于缓解煤—电矛盾只是辅助性措施，它仅能部分地避免煤炭价格短期波动风险，如果煤炭价格上升是长期性的，电煤期货并不能对此进行抑制，中国煤—电矛盾本质上是体制性矛盾，改革的关键仍然在于消除煤—电纵向价格双轨制。

第三节　解决煤—电冲突的关键政策：电力体制改革

中国各界对电力市场化改革存在很大的顾虑，如担心市场化改革的风险、担心市场化之后电价上升引起物价飞涨，担心工业企业成本上升导致高速增长势头消失。其实这些顾虑是不必要的，从国际的改革经验看，只有美国加州等少数电力市场化改革出现过问题，世界其他地方大部分是成功的，前面的分析表明，加州电力危机的症结正是在于“燃料—电力”间纵向价格双轨制，而非市场化本身造成的。担心物价普遍飞涨也属于过度忧虑，经济理论表明，任何一个工业产品的价格并不直接决定于成本，而是受供求支配，电价上升可能会使得某些产品价格上升，但不等于工业品价格普遍上涨，更不会导致物价飞涨。担心用电成本上升也没有道理，目前世界性的金融危机正在蔓延，中国受到冲击的企业正是一些资源密集型、缺乏自主知识产权的企业，很多外商在中国开办工厂，也是看中了中国廉价的资源成本，电价的偏低虽然支撑了快速经济增长，但也保护了落后，依靠出口资源的经济增长方式显然不可持续，市场化电价的上升会促进企业加大自主研发和科研创新的动力，有利于中国产业升级和经济结构调整，最终增强中国产品的竞争力。

目前中国煤—电产业之间已经出现了问题，此时推进电力体制市场化改革可以说是除旧布新，退一步说，即使不成功，那么最差还是回到原点，因此没有任何停止不前的理由。深入探讨如何进行电力市场化改革，论述清楚这一问题将需要大量篇幅，本书主要对电力市场化提出一些系统的看法，并在此基础上勾画一个改革路线图。

一 电力体制改革的双维度

20 世纪 80 年代以来电力体制的改革通常称为市场化改革，但是市场化的称谓并不严格，按照一般理解，市场的对称应是“计划”，那么市场化改革之前的状态应该是“计划化”。这样的界定显然过于狭隘，因为电力体制改革并不限于转轨国家，席卷全球的电力改革大潮更包括市场经济发达的国家，如美国、英国等。对于转轨国家来说，电力体制改革可能表现为电力由国家计划管理转入由市场调节，由国家所有制转向私人所有制，但是对于市场经济发达国家，电力体制改革更多表现在电力由垄断经营转向引入竞争。因此电力的市场化程度应从两个维度考察：竞争维度和产权维度。

（一）市场化的维度：竞争与产权

中国的经济学者和实际工作者对中国国有企业改革进行大量研究，其中“产权论”和“竞争论”是比较有代表性的两种：张维迎是坚持国有企业改革“产权论”的代表，他认为现代企业中，剩余索取权和剩余控制权应该统一，如果拥有剩余控制权的人没有剩余索取权，那么其手中的控制权就转化为不承担企业风险的“廉价投票权”，“廉价投票权”可能使得某些无能之辈通过贿赂而成为企业的最高决策者。在中国，国有企业的经营者是由政府官员决定的，政府官员拥有剩余控制权但是不拥有剩余索取权，这就是所谓的“廉价投票权”，要解决这一问题就必须把国有企业的干部任命权从政府官员手中转移到资本所有者手中，为此国有企业改革必须进行产权改革，其根本出路是国有企业民营化，张维迎还提到“国有企业国有资本转债权，非国有资本转股权”的产权改革思路（张维迎，1999）。“竞争论”是林毅夫等人提出的另一改革思路，他们认为国有企业的产权是清晰的，国有资产归国家所有十分明确，国有企业真正的困难在于缺少充分、公平的竞争环境，这使得国家监督经营人员的成本非常大，经理人员可能不努力工作或者利用手中的权力以权谋私，侵吞国家财产，因此国有企业改革的核心应该是建立一个公平竞争的环境，以“驱使企业改善机制，提高效益”，市场竞争是国有企业改善治理机制的基本动力。

针对电力体制改革而言，竞争与产权可以看作是市场化的两个维度，即电力市场化改革必须在两个方向上进行，在改革实践中，电力产业竞争维度改革一般被称作“自由化”，指的是放松规制、引入竞争；产权维度的改革一般被称作“私有化”，指的是将国有的电力行业转移到民间，发挥企业家的作用。世界各国的改革实践都证明，竞争维度与产权维度的市场化改革是相辅相成的，私有化可以推动自由化，而自由化可以促进私有化，只实施自由化而不推进私有化，政企不分问题不可能得到解决，只搞私有化不搞自由化，虽然政企可以分开，但是不可能引入竞争机制，因此两个维度的改革必须结合起来，以达到提高电力企业的经营效率、改善服务、降低电价的改革目的。

1. 竞争维度的市场化

传统意义上的竞争指的是横向竞争，即市场中企业的分布及大小、市场集中度、市场进入障碍，等等。对电力市场化改革而言，不仅需要横向上的竞争，更需要纵向上的拆分和竞争，这里主要关注电力体制特有的纵向竞争模式。按照上下游各个生产阶段的竞争状况，电力市场竞争维度的市场化包括以下三个模式：完全排斥竞争型，局部容纳竞争型和完全竞争型。

完全排斥竞争型电力生产模式是指电力市场中仅仅存在一个垄断的电力供应者，这个垄断者控制着发电、输电、配电和售电各个环节，消费者无法选择电力供应商。电力工业在发展早期都采用这一模式，目前仍有很多地区在应用，迄今为止已经有100多年的历史，之所以能够排斥竞争地运行100年，自然有其道理，那就是认为电力的生产具有较强的自然垄断性，根据自然垄断理论，单一供应商垄断供应能够达到最低的成本和最高的效率。具体来讲，首先，发电机组具有很强的规模经济性，当机组规模越来越大时，发电的成本和价格也就越来越低，人们很容易将发电产业理解为自然垄断产业；其次，输电网和配电网都具有规模经济、范围经济和网络经济特征，任何一个区域，只有一套输配电线路才是最经济的，因此输电网和配电网也具有较强的自然垄断性；最后，发电和输电之间需要通过系统调度机构才能紧密结合，在相关的辅助技术还不成熟时，协调好发电和输电是非常困难的，如果将它们组建为一个公司就可以绕开这一难题。

局部容纳竞争型是指根据电力生产各环节的技术经济特征，在局部环节引入竞争的一种模式。局部容纳竞争型的一种最常用形式是发电侧市场引入竞争，实施这一模式的动机来自自然垄断理论的新进展，新的自然垄断理论认为，严格意义上的自然垄断产业几乎不存在，技术进步会使得某些原来具有自然垄断性质的业务或环节逐渐失去自然垄断特征，从而使私人进入和市场竞争的开展成为可能（于立，2006）。根据自然垄断理论新进展和电力经济技术特征，发电环节不具有自然垄断性，因此可以单独隔离出来，引入竞争。鉴于输电环节和配电环节的自然垄断性较强，输电和配电仍然实行垄断经营，它们以买方垄断的身份向各个发电公司购电，同时以卖方垄断的身份向下游用户售电，这一模式下输电网是独立经营主体，一般不会对外开放。

局部容纳竞争型还存在另一种形式，这一模式下输电和配电分离，允许电力用户直接向发电企业购电，使用电网输送，向电网付过网费，但并不是每个用户都有资格购电，只有达到一定用电规模的大用户和地区配电公司才有资格。由于电力的买方和卖方要使用电网传输电力，输电网络必须开放。这一模式的竞争程度得到提高，大用户和批发电力的配电公司有权选择发电商，发电商也有权选择电力用户，但规模较小的电力用户不能选择供电商，它们必须经过当地配电公司买电，因此竞争仍然有限，我们仍将其归属为局部容纳竞争型。这一模式有一个不太确切的称呼叫“批发竞争型”，但显然竞争不局限于电力批发市场，发电侧也存在竞争。

完全竞争型是指竞争延伸到了售电环节，电网开放接入，任何用户都可以选择供电商和发电商，发电商可以把电力卖给任何人，面向小用户售电的不仅仅是配电公司，还有众多的竞争性零售商，这样面对终端消费的电力价格更为合理。由于电力的各个环节都引入了竞争，电力市场的交易更透明，这一模式为电力产业的发展开辟了广阔的道路，我们称之为完全竞争型电力生产模式。与“批发竞争”相对，完全竞争型模式也有一个不太确切的称呼叫“零售竞争”模式，但显然并非只有零售端引入了竞争。

在世界范围内电力竞争维度的市场化存在一定的规律性，那就是完全排斥竞争型逐渐被各个国家所抛弃，发电侧引入竞争的局部容纳竞争型渐渐流行，输电网络逐渐开放和售电环节引入竞争成为趋势，这种演进从发达国家向发展中国家依次推进，竞争维度市场化程度逐渐增强。

2. 产权维度的市场化

产权不同于所有权，因为产权涵盖了占有权、使用权、处置权和收益权，它从动态的角度解释财产价值的实现；所有权的内涵简单得多，只是表明财产归谁所有，只是从静态的角度确认财产的归属。在讨论产权问题的大量文献中，产权改革一般等同于所有制改革，其出发点可能是没有最根本的所有权改革，产权的动态效益也难以实现。按照所有制划分，电力产权一般可分为国有产权和私有产权，但在这两种极端形式之间存在中间地带。按照国家或政府对电力企业的所有化程度，可将电力产权分为严格所有型、部分所有型和完全退出型。

严格所有型是指政府将电力产业完全国有化，政府负责电力企业的全部投资和电力资源配置，以达到宏观经济综合平衡，相应地也负责电力企业的日常运营，例如制定价格并分享收益。严格所有型的优点是可以通过大机组来实现技术效率，有利于从全局的角度配置资源，但缺点更为明显，严格所有型下电力企业的经营效率低下，这种低效率是由国有企业的二重性决定的。国有企业的性质可以归结为“二重性”理论（于立，2008），所谓“二重性”是指“公共性”和“企业性”，不同类型国有企业的差别在于“公共性”和“企业性”的组合比例上。一方面，国有企业由政府全部或部分所有，同时处于政府的规制之下，企业行为必然类似政府行为，因此国有企业具有“公共性”；另一方面，国有企业也具有不同程度的经营自主权和自身的财务目标（营利性），因此具有“企业性”。如果使用“国有程度”和“管控程度”这两个指标代表“公共性”，同时用“自主权”和“营利性”这两个指标代表“企业性”，那么国有企业的二重性组合及其相互关系可用图 10－1 表示：

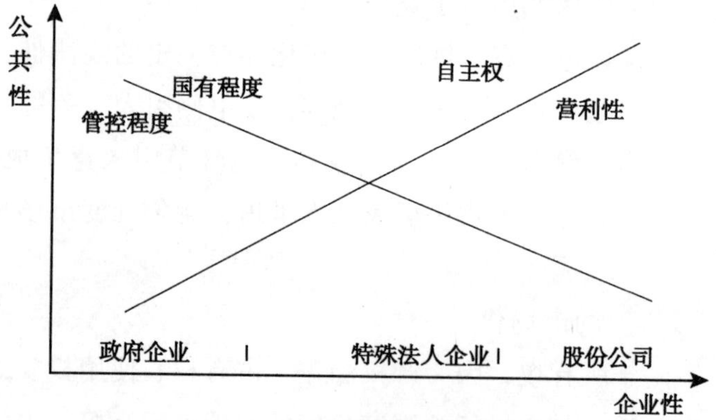

图 10－1 国有企业的二重性组合及其相互关系

注：引自于立、吴绪亮《运输产业中的反垄断与规制问题》，《中国工业经济》2008 年第 2 期。

严格所有型电力产权下，电力企业基本是政府行政机构的延伸，或者说基本属于公益事业或基础设施，它的经营活动主要参照行政指令而非市场信号，从规制经济学的角度讲，这种电力规制方式属于内生性规制，由于电力价格受规制较严，不再需要单独设立规制机构。电力企业基本是政府行政机构的延伸，政府常常通过电力企业行使政府职能，如在电价之上加收各种税费及附加，电力企业行为相当程度上也反映了政府的各种目标，如创造就业、地区平衡、价格控制等，因此电力企业不可能有太多自主权和营利性，电力的供需可能无法根据市场变化适时调整，从而出现较严重的供需矛盾。

部分所有型是指政府不再直接干预电力企业，而是通过对电力企业的控股或参股来间接控制电力产业。一般做法是政府授权成立电力公司从事全国或某地区的电力供给，电力公司根据标准的公司形式组建，政府对电力公司控股或参股。严格所有型转向部分所有型的方式有两种：一种是政府向外部投资者出售公司股权，一种是允许电力公司从资本市场筹集资金，实现产权分散化。这一体制下，电力公司形式上具有完整的公司治理结构，公司的董事会负责制定目标和重大决策，董事会以下的机构负责这些目标的执行。由于政府仍是企业的所有者之一，政企也不可能真正分开，但政府一般不再直接干预企业的价格和投资等微观行为，电力企业的自主性增强，对市场变化的灵敏度大大提高，此时需要设立一个独立的规制机构对电力企业进行监管。

完全退出型是指电力企业完全商业化，政府不再认为电力企业肩负着特殊使命，电力市场对所有投资者开放，电力企业转变为一般商业法人，有完全的企业自主权，更注重利润和企业其他收益，企业的核心业务和其他不相关的职能分开，政府也由所有者完全变为“守夜人”，其职责是制定相关的电力产业规制政策，监督电价的形成机制，保证市场的公平和公正。

从全球范围的电力体制改革看，产权维度上的市场化改革也存在一定的规律性，那就是由严格所有型过渡到部分所有型，再到完全退出型，电力企业的竞争活力逐渐增强，电力企业逐渐走向商业化、公司化、股份化。英国、法国等国家都曾将国有电力产权改革为私有电力产权，电力私有化使得国有电力资产转为民间或法人持股，私有化以后，国家对电力产业的控制力会下降，但是私有电力产权下，电力的交易行为会更加注重效率，市场化配置资源的效率一般也高于行政方式，因此私有产权是世界电力改革的潮流。

（二）中国电力体制改革市场化探索

1. 竞争维度上的市场化

在竞争维度上，2002 年之前的中国电力体制采取的是完全排斥竞争型，2002 年后尝试向开放发电侧竞争的局部容纳竞争型改革。2003 年国家电力监管委员会会发文，在东北和华东地区进行竞价上网的试点。东北三省电力供应相对宽松，综合销售电价水平比较接近，进行发电侧竞争的条件较好。改革的初步设想是：单一买方的区域电网公司从 3 个途径购电：与区域内发电厂签订双边合同、在区域内竞争性现货市场购电、从其他区域发电商处购电，随后单一买方的区域电网公司将电力以核定的趸售电价趸售给省电网公司，省电网公司以核定的零售电价将电力卖给终端消费者。华东地区的经济总量和用电量都较大，基本实现了电源投资主体多元化的局面，并已经形成了 500KV 跨省电网体系，省间资源交换活跃，具备建立区域电力市场的条件，华东电力市场建设范围包括上海、浙江、江苏、安徽、福建四省一市，交易方式与东北区域电力市场相同。

中国推行竞价上网的时候，正赶上全国大面积用电紧张，到目前为止发电侧引入竞争的改革方案进展不顺利，虽然纵向一体化电力体制已被打破，但是新的电力竞争格局没有建立，竞价上网已经停止，中国的电价仍然受到行政力量的严格控制，各种成分的电价并存，不同性质的发电企业之间没有多少实质竞争。中国电力体制改革的成果仅有一个，那就是拆分，但拆分后的竞争局面也不理想，中国发电侧的市场集中度仍然较高，2007 年五大发电集团的市场份额在火电领域超过 46%，即使是将来顺利推行发电侧竞价上网，发电行业的高集中度也不利于展开有效竞争。

2. 产权维度上的市场化

就产权维度来说，中国的电网企业基本属于政府严格所有型，绝大部分省电网资产和跨区电网资产属于国有的国家电网公司和南方电网公司，国家电网的范围包括广东、海南、西藏、江苏北部、内蒙古西部以外的跨大区电网，此外还包括县级以上城市的城网和全国三分之二的农网，南方电网的范围则包括贵州、云南和两广，不在此列的省级电网则悉数归地方政府所有，因此中国电网企业的产权结构仍然以国有为主，市场化程度较低。

与电网相比，中国发电环节在产权维度上的市场化程度稍好，经过了20世纪80年代开始的集资办电的改革，中国的发电领域投资初具多元化。目前中国的发电企业分为五大块：第一块是国电系，指的是2002年从原来国家电力公司拆分出来的五大发电集团，他们有很深的历史渊源，强大的政治背景和雄厚的经济实力，装机容量份额大约占42%，是中国电力市场的主角；第二块是非国电系的国字头的国有发电企业，它们是三峡总公司、国家开发投资公司和国华电力有限公司；第三块是地方国有企业，如广东粤电集团、浙江能源集团、北京能源投资集团等，他们都得到了地方政府的大力支持；第四块是外商投资的发电企业，他们在20世纪80年代末90年代初大举进入中国的电力行业，目前其资产份额大约占全国26%；第五块是私人投资的发电企业，如林凤集团购买了四川嘉陵电力有限公司的51%股份，使得嘉陵电力所有制性质改变，但私人投资的发电企业比例尚小，资产份额仅占全国的1%。总体来看中国发电环节在产权维度的市场化程度仍然较低，较大规模的电厂都是国家出资建设的，外资和私人资本所占比例较小。

二 电力体制改革的路线图

从竞争维度讲，中国电力市场改革的目标仍然是零售竞争型，而目前仅是在发电环节引入竞争的局部容纳竞争型，从产权维度讲，中国电力市场改革的目标为完全退出型，但目前仅仅是完全所有型，因此中国电力市场化改革还有很长的路走，电力市场化是一个系统工程，绝非一朝一夕所能完成。笔者为此勾画了一个电力体制改革改革路线图（见图10－2）。按照改革先后次序，中国的电力市场化改革可以分为3个阶段：发电侧竞争阶段、批发竞争阶段（直购电阶段）和开放零售竞争阶段。

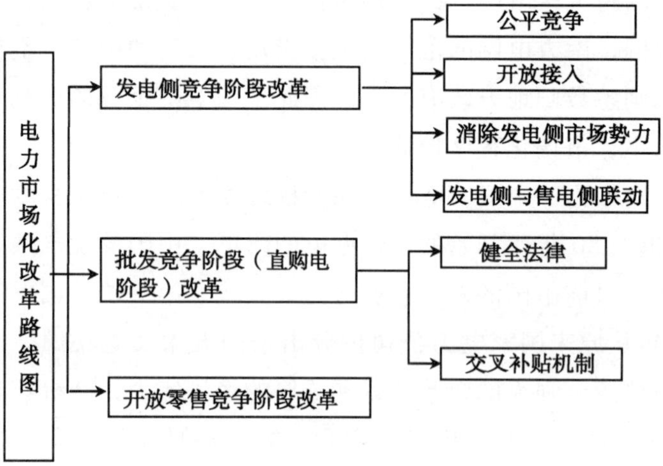

图10－2　电力市场化改革路线图

（一）发电侧竞争阶段改革

对电力行业而言，短期内应继续推动竞价上网改革，同时加强对输电环节的规制，避免出现电网企业的买方垄断问题。随着中国经济进入调整的周期，电力供需也将迎来一个宽松的环境，中国应抓住时机将竞价上网试点成果扩大，逐步实现发电侧竞争。在中国竞价上网的过程中需要解决以下问题：

1. 公平竞争问题

在现有的市场环境下，中国发电企业可以选择的竞价方式有两种：一种是单一制，一种是两部制。在单一制竞价方式下，全部的发电成本、企业利润和税金都要计入电量电价，然后发电企业再按照电量电价进行竞价，在竞争中所有入围的发电机组获得供电资格，最后一个入围的发电机组为边际发电机组，其报价即为系统边际电价，获得供电资格的发电机组将最终按照系统边际电价供应电量。在两部制竞价方式下，电力价格采用非线性定价，电价包括容量电价（固定部分）和电量电价（变动部分），容量电价主要为了弥补发电过程中发生的固定成本，价格管制部门有权决定容量电价的高低，电量电价主要为了弥补发电过程中发生的变动成本，并加上一定的利润，电力电价的产生主要靠市场竞争实现。

电价改革的目标是引入市场竞争以产生科学合理的电价，但竞争必然面临起跑线的设定问题，不平等的竞争不仅不能解决问题，反而会产生更多问题并直接影响改革的成败。中国电力工业经过几十年的发展，电价构成非常复杂。老电厂在计划经济体制下由国家出资兴建，其资产已经折旧地所剩无几，在竞价上网过程中竞争力较强；新建电厂是在新体制下建设的，投资成本较高，有的还存在还贷压力，需要支付很高的固定成本；此外还有的电厂建在远离煤炭主产区，电煤运输成本较高，在竞争中天然处于劣势。这些都是由体制造成的、电厂自身无法改变的“搁浅成本”，无论是老电厂还是新建电厂，它们都是在政府审批同意后建设的，都存在一定的历史合理性，对于“搁浅成本”的处理既需要尊重历史，也需要考虑现实，既要照顾投资者的利益，也要考虑消费者的利益，完全由政府包起来是不行的，完全推向市场也是不对的。

建议中国采取两部制竞价上网的办法，为了避免竞争中的不公平，可以适当提高融资成本过高的电厂的容量电价，适当压低融资成本过低的电厂的容量电价，这样融资成本不同的电厂在一块竞争时，利润水平将趋于一致。总之在竞价上网过程中，为减少改革带来的冲击，必须尊重历史，从各地区的客观实际出发，因地制宜建立不同的竞价机制和规则，在效率优先的原则下兼顾社会公平，避免因出现利益大幅调整而激化社会矛盾。

2. 开放接入问题

由于电网处于买方垄断地位，在竞价上网过程中需要抑制电网企业的买方垄断势力，为了避免再次出现类似的“二滩事件”，建议借鉴美国等国家的经验，出台相关法律和准则，对网络设施开放和平等使用做出强制性规定，确保任何经营者能够以非歧视的条件接入输配网络，只有在网络资源放开接入之后，相应的竞价上网和输配分离才能顺利进行，“厂网矛盾”问题才能解决。

3. 发电侧市场势力问题

发电侧市场势力是指发电商通过改变自己报价曲线，从而影响总供给曲线的能力，发电侧市场结构通常是寡头垄断市场，发电侧市场势力使得电厂可控制市场清算价格、攫取高额利润，当销售价格放开时，市场势力的存在使得消费者被迫支付高价格，损害下游消费者的福利；当销售价格没有放开时，市场势力的存在增加了电网企业的购电成本，有悖公平。

为了消除市场势力，需要消除发电侧的垄断势力，市场竞争越激烈，单个发电商影响供给曲线的能力就越弱，建议国家控制单个发电厂商的市场份额，适当降低发电行业的进入壁垒，在投资和信贷方面给予新企业适当优惠，保证有足够多的发电商能够参与竞价，降低发电侧的市场集中度。

4. 发电侧与售电侧联动问题

当发电侧实现竞价上网之后，国家发展改革委就应放弃对电力出厂价格的规制，集中精力制定电网的输配电价和销售电价，对于输配电价部分，可以核定一个价格水平，在此基础上参考煤电联动机制来设计发电侧—需求侧联动机制，及时把上网电价波动变化传递到消费者，让电力消费者分担竞价上网带来的收益和风险。

5. 发电市场准入问题

与煤炭行业相比，电力行业不仅在价格上受到较多规制，而且在投资、市场进入等方面也面临更多限制，目前与国有资本大规模进入发电市场相比，民间资本进入发电市场的数量仍然太小，2007 年私营火电企业的资产份额仅占 1.26%。因此解决煤—电矛盾问题不仅要着眼于纵向价格双轨制，更需要着眼于纵向体制双轨制。为了营造更有效率的发电市场竞争氛围，还需要在产权维度上推进市场化，将电力项目进一步向民间开放，让民间资本参与投资，缩减行政性审批的范围，将审批的范围局限于影响环境资源、涉及整体布局的重大项目，其他一般性电力建设项目应由审批制改为备案制，具体投资决策行为交由企业，实行谁决策、谁投资、谁收益、谁担风险的新的投资模式。

（二）批发竞争阶段（直购电阶段）改革

在竞价上网成熟之后，可考虑由发电侧竞争模式转向批发竞争模式，成立电力交易市场，交易主体可先局限于大用户和一定数量的发电商，大用户既可在交易市场上购电，也可以直接从电厂购电，并向电网企业支付一定的过网费用，大用户之外的电价仍然受到规制，但需要解决好交叉补贴问题。

中国实际上已经有批发竞争试点，早在2004年中国就颁布了《电力用户向发电企业直接购电试点暂行办法》（业内常说的17号文件），2005年在吉林、2006年在广东都进行过大用户直购电试点，试点的结果也非常成功，直购电从本质上讲已经属于批发竞争。但是直购电触及电网企业的利益，试点之后全面推行面临巨大阻力，此后两年多的时间内再也没有其他地方试点。2009年2月吉林省直购电交易在吉林省电力公司电力交易大厅推行，来自吉林省的14家用电大户与吉林省调直调电力企业参与这次交易，最终10家用电大户购得直购电电量42918万千瓦时，成交价为每千瓦时0.33元左右。国家电力监管委员会在2009年电力监管工作会议上也再次提出，将会积极推动大用户直接交易，积极制定工业企业参与电力直接交易准入及管理的政策规范，进一步深化大用户直购电试点，扩大交易范围和规模。中国应扩大具有选择权的大用户和发电商的范围，允许一切符合条件的大用户和发电商参加直供。但是目前推行直购电至少需要扫清以下障碍：

1. 法律障碍

中国的《电力法》确立了供电企业的供电垄断权，《电力法》规定供电业务实行专营，非供电企业不得擅自向用户供电，“直接购销合同”中发电企业没有供电营业许可证和营业执照，因此发电企业直接供电有违法嫌疑。用户也没有选择供电商的自由，只能到其所在地的供电营业区的供电营业机构申请用电，擅自引入电源也是法律禁止的，因此大用户与发电企业的直购电违背了《电力法》。目前中国的《反垄断法》已经出台，反对垄断、提倡竞争已经成为共识，《电力法》的上述规定无疑违背了《反垄断法》精神，亟需得到修改。当务之急是赋予电力生产企业有向最终用户直接供电的权利，解除法律法规对大用户直购电的限制与禁止，为大用户直购电的实施扫清障碍，使得“电力直供”工作依法进行。

2. 输配电价问题

虽然直购电能够绕开电网垄断，削弱了电网企业的垄断势力，但是在输配电价体系没有理顺之前，推行直购电可能会过多地剥夺电网的利益。中国电价体系中存在大量的交叉补贴问题，如大工业、非普工业、商业等用户补贴居民、农业等用户。直购电后大用户将不再承担补贴义务，直接享受较低电价，而居民、农业的终端销售电价固定不变，电网将被迫负担这部分补贴，这必然增大了电网企业的经营风险，对电网而言是不公平的。建议在开展大用户直购电时重视交叉补贴问题，研究电价中的交叉补贴机制，将隐藏在电价中的交叉补贴逐步转化为公开的交叉补贴，逐步明确参与直接交易的大用户应承担的交叉补贴义务。在直购电过程中，直购电价高于上网电价，但是低于销售电价，因此大用户和发电企业是受益者，交叉补贴费用理应由这两者按照一定比例分摊。

（三）开放零售竞争阶段改革

供电业务不存在自然垄断性，在大用户用电市场化之后，应及时推进其他用户用电市场化，打破电网独家供电行为，使电网像高速公路网一样只收取过网费，不参与具体的电力交易。英国的经验是以循序渐进的方式推进供配电环节的改革，首先从变压器容量较大的大用户开始，数年之内逐步推行到中小用户，最终到 1998 年 6 月全部实现终端用户自行选择供电公司。中国也应借鉴国外经验，待条件成熟后，开放电力零售阶段，成立几家供电企业，向他们颁发供电许可证，供电企业在各供电区之间自由进入，展开竞争，用户可以选择供电公司。

第十一章　研究结论与展望

第一节　研究结论

一　纵向价格双轨制是问题的症结

本书在分析煤炭价格和电力价格体制及其影响因素基础上，构建了一个煤—电纵向关系模型，研究发现煤—电纵向价格双轨制是引发煤—电矛盾的关键，在纵向价格双轨制下，一系列外部冲击会影响到煤炭价格并进而导致电力供需失衡，但是如果消除了纵向价格双轨制，这些外部冲击仅仅会使得均衡移动，而不会造成电力供给的短缺或过剩。随后本书利用历史资料对纵向价格双轨制与电力失衡的关系进行实证检验，检验结果发现，煤炭价格上涨是电力短缺的先导，电力短缺则是电价调整的先导，同时电价调整也会影响到电力短缺，实证结果支持纵向价格双轨制引发电力失衡的假说，最终得出结论：价格机制问题是中国煤—电冲突问题的核心问题，煤—电纵向价格双轨制是煤—电矛盾的症结。

二　煤电联动无法实现市场联动

纵向价格双轨制导致发电企业难以消化煤炭价格上涨的压力，2004 年中国出台了煤电联动机制，试图通过模拟市场的方式实现煤炭成本向下游传导，缓解煤—电矛盾。通过分析发现，人为操纵的煤电联动无法实现由市场主导的联动过程，这主要是因为规制部门在制定联动价格时，仅仅将煤炭价格上涨的部分顺延加到电力价格中来，而没有考虑到电力价格顺延提高后还会反过来影响到煤炭价格，实践中造成了联动后电力价格和煤炭价格螺旋式上升，发电企业燃煤成本压力却始终无法消除。而市场主导的“价格联动”是自然而然的过程，价格的传导和均衡的移动是市场主体博弈的结果，博弈结果的不可计算性决定了联动过程的不可模拟性。

三　纵向价格双轨制不可持续

中国正在处于工业化的关键时期，为了保障下游企业的快速发展，电力价格被固定在一个扭曲的水平上，纵向价格双轨制虽然降低了企业的用电成本，保持了经济的快速增长，但也鼓励了能源浪费，造就了以高能耗为代价的粗放型经济增长。通过对 2000 年以来的中国的电力消费进而煤炭消耗情况进行分析，发现国内生产总值、人口总量和第二产业比重均显著影响电力消费，在控制了人口总量和第二产业比重后，电力消费对 GDP 的弹性系数仍然大于 1。为预测未来的能源消耗量，本书对经济增长速度、人口总量和经济结构设定了 3 个情景模式，最终的测算结果为，2020 年电力消费量为 100000 亿—110000 亿千瓦时，为支持上述电力消费大致需要 26 亿—30 亿吨煤炭。而按照目前中国对煤炭产量的远景规划，如此巨大的需求，未来的煤炭供应能力很难满足。

四　电力市场化改革不容回避

虽然在金融危机的影响下，中国的用电紧张状况有所改观，但是只要煤—电价格机制一日不理顺，潜在的问题就一直存在，2009 年煤电重点合同谈判至今仍无结果，随着经济的回暖，谁也无法保证新的电力短缺不会再次发生，因此理顺煤—电价格关系，加快推进电力市场化改革刻不容缓。未来中国电力市场需要过渡到零售竞争型，使得电力价格由市场机制形成，风险和收益由供需双方共同分担。

第二节　研究展望

一　厂网矛盾问题

本书中“煤—电关系”主要指的是煤炭企业与发电企业之间的关系，实际上完整的“煤—电关系”不仅包括煤炭企业与发电企业，还包括发电企业下游的输配电企业。目前中国的发电厂与电网之间仍存在矛盾，即存在所谓的“厂网矛盾”，尤其是竞价上网之后，厂网之间也会存在“纵向价格双轨制”。因此如何进一步拓展和一般化纵向价格双轨制理论，从而适用多于两个市场的纵向关系分析应是下一步研究方向。

二　纵向市场势力问题

随着时间的推移，上游煤炭市场的集中趋势日益明显，当市场集中达到一定程度后可能会出现操纵价格的行为，而下游电力市场中的垄断势力一开始就很突出，买卖双方的市场势力将会对煤—电关系产生新的影响，如何结合标准的产业组织理论对上述问题给出分析将是下一步的研究方向。

三　新的煤—电关系秩序构建问题

打破旧有的煤—电关系秩序容易，但建立新的煤—电关系秩序却不是一蹴而就的事，其中涉及制度构架的建立和完善、监管体系的建立与完善、利益格局的调整，这些都是需要深入研究的新课题，例如煤炭企业与电力企业之间的战略合作，电价市场化后的监管问题，电价波动对经济影响的评估，等等，因此最终化解纵向价格双轨制、解决煤—电矛盾还需要更为细致深入的研究。

附　　录

附录一

一　煤炭价格与CPI间Granger检验的回归结果

附录表1　　煤炭价格与CPI间Granger检验的回归系数

（滞后4—6阶）

被解释变量	P_t	P_t	P_t	C_t	C_t	C_t
P_{t-1}	0.282 ***	0.263 **	0.254 **	-0.184	-0.652	-0.661
P_{t-2}	-0.0212	0.0173	0.0391	0.660	1.151	1.310
P_{t-3}	-0.100	-0.0881	-0.0827	0.0265	0.162	0.0987
P_{t-4}	0.00621	-0.00767	-0.00529	1.285	0.862	0.861
P_{t-5}		0.0312	0.0618		0.908	1.001
P_{t-6}			-0.0784			-0.175
C_{t-1}	0.00190	0.00204	0.00382	0.469 ***	0.468 ***	0.479 ***
C_{t-2}	-0.0117	-0.0116	-0.0115	-0.264 **	-0.262 **	-0.268 **
C_{t-3}	0.0400 ***	0.0372 ***	0.0375 ***	0.0676	0.0106	0.0131
C_{t-4}	-0.0341 ***	-0.0283 **	-0.0262 *	-0.0133	0.100	0.114
C_{t-5}		-0.0114	-0.0148		-0.222 **	-0.251 **
C_{t-6}			0.00637			0.0560
Con	0.00244 ***	0.00236 ***	0.00227 ***	0.00345	0.00365	0.00287

注：*** 表示在1%的显著水平下显著，** 表示在5%的显著水平下显著，* 表示在10%的显著水平下显著。

二　自助格兰杰检验和自助脉冲响应分析的步骤

1. 自助格兰杰检验的步骤

第一步，在原假设成立条件下估计模型，得出约束条件下的系数估计 $\hat{\alpha}_1,\cdots,\hat{\alpha}_n$，使用估计系数计算残差 $\hat{\varepsilon}_1,\cdots,\hat{\varepsilon}_T$，以及残差离差 $\hat{\varepsilon}_1-\bar{\hat{\varepsilon}},\cdots,\hat{\varepsilon}_T-\bar{\hat{\varepsilon}}$。

第二步，从残差离差中有放回抽样构建自助残差，记为，样本规模为 T。

第三步，使用初始观察值 $x_0, \cdots, x_{n-1}$；自助残差；系数估计 $\hat{\alpha}_1, \cdots, \hat{\alpha}_n$，在原假设成立条件下递归构造自助样本。

第四步，使用自助样本在备择假设下重新估计模型，获得 wald 统计量 W^* 并保存。

第五步，重复第二步到第四步多次（本研究中为 1000 次），可计算出一系列的 W^*，取其经验分布的第 $1-\alpha$ 分位数就得到 α 水平的自助 P 值。

2. 自助脉冲响应分析的步骤

第一步，估计出模型中的系数矩阵 $\hat{A}_0, \hat{A}_1, \cdots, \hat{A}_p$，使用估计出的系数矩阵计算残差 $\hat{u}_1, \cdots, \hat{u}_T$，$\hat{u}_i$ 为 4×1 向量，并计算残差离差 $\hat{u}_1 - \bar{\hat{u}}, \cdots, \hat{u}_T - \bar{\hat{u}}$。

第二步，从残差离差中有放回抽样生成样本规模为 T 的自助残差，记为 u_1^*，$\cdots u_T{}^*$，一旦第 t 个残差被抽中，那么其 4 个残差分量就确定，这 4 个残差分量保留着同期相关的信息。

第三步，使用初始的 p 阶观察值 $x_0, \cdots, x_{p-1}$，自助残差 u_1^*，$\cdots u_T{}^*$ 和系数矩阵 $\hat{A}_0, \hat{A}_1, \cdots, \hat{A}_p$，递归构造出自助样本。

第四步，使用自助样本重新估计模型，转换为移动平均形式，得到脉冲响应系数值并保存。

第五步，重复第二步到第五步多次（本研究中为 1000 次），可得到脉冲响应系数的经验自助分布以及置信区间。

附录二

推导如下：

$$\frac{d\pi}{dq_i} = p + \frac{dp}{dQ}\frac{dQ}{dq_i} - P - mc_i(q_i)$$

$$= p\left(1 + \frac{Q}{p}\frac{dp}{dQ}\frac{dQ}{dq_i}\frac{q_i}{Q}\right) - P - mc_i(q_i)$$

代入价格需求弹性公式：$e = \frac{dQ}{dp}\frac{p}{Q}$

$$= p(1 + \frac{1}{e}\frac{q_i dQ}{Qdq_i}) - P - mc_i(q_i)$$

对 $\frac{q_i dQ}{Qdq_i}$ 展开

$$\frac{q_i dQ}{Qdq_i} = \frac{q_i dQ + q_i dq_i - q_i dq_i}{Qdq_i}$$

$$= \frac{(Q - q_i)(q_i dQ + q_i dq_i - q_i dq_i)}{(Q - q_i)Qdq_i}$$

$$= (1 - \frac{q_i}{Q - q_i}\frac{d(Q - q_i)}{dq_i})\frac{q_i}{Q} + \frac{q_i}{Q - q_i}\frac{d(Q - q_i)}{dq_i}$$

代入推测弹性公式：$\alpha = \frac{d(Q - q_i)}{dq_i}\frac{q_i}{Q - q_i}$

$$= (1 - \alpha)s_i + \alpha$$

因此利润最大化条件为：$\frac{d\pi}{dq_i} = p[1 + \frac{(\alpha + (1 - \alpha)s_i)}{e}] - P - mc_i(q_i) = 0$

附录三

附录表 2　　修正后的各省市国内生产总值（现价）　　单位：亿元

	2000 年	2001 年	2002 年	2003 年	2004 年	2005 年	2006 年	2007 年
北　京	3183.796	3748.424	4321.675	4899.982	5781.513	6380.449	7227.998	8467.792
天　津	1714.153	1938.694	2146.426	2514.506	2967.868	3425.997	3994.43	4572.252
河　北	5080.335	5573.115	6006.154	6750.746	8087.667	9354.46	10588.41	12411.55
山　西	1859.031	2050.262	2320.116	2784.876	3407.09	3872.497	4335.296	5190.544
内蒙古	1550.22	1731.317	1937.029	2329.529	2901.184	3609.387	4451.913	5514.442
辽　宁	4702.772	5084.494	5447.222	5854.634	6365.094	7283.4	8472.198	9979.838
吉　林	1965.584	2142.01	2343.808	2596.485	2978.4	3354.329	3930.848	4784.361
黑龙江	3174.127	3424.761	3629.871	3957.424	4532.077	5106.631	5702.053	6396.119
上　海	4805.578	5263.343	5729.462	6529.281	7701.487	8490.915	9531.576	11034.87
江　苏	8615.376	9553.444	10585.48	12136.27	14313.45	16960.95	19902.02	23304.1
浙　江	6185.317	6968.809	7987.543	9465.883	11112.87	12450.72	14474.78	17002.4

续表

	2000 年	2001 年	2002 年	2003 年	2004 年	2005 年	2006 年	2007 年
安 徽	2923.019	3279.876	3512.628	3826.433	4540.396	4980.269	5637.368	6666.974
福 建	3791.688	4114.455	4458.548	4860.87	5498.241	6086.383	6973.598	8373.466
江 西	2017.515	2197.905	2445.542	2738.234	3297.695	3758.755	4294.416	4979.513
山 东	8397.597	9288.97	10254.8	11780.54	14330.85	17156.64	20299.49	23507.58
河 南	5089.43	5589.531	6023.319	6698.476	8160.324	9809.679	11367.23	13591.15
湖 北	3570.958	3920.171	4204.331	4640.224	5374.116	6041.177	6970.803	8356.763
湖 南	3577.102	3871.044	4143.175	4545.165	5382.416	6033.024	6904.187	8328.988
广 东	10818.71	12162.23	13475.21	15454.22	17996.87	20723.52	24052.92	28141.48
广 西	2095.04	2302.624	2518.645	2751.596	3275.562	3776.35	4439.674	5391.797
海 南	530.6192	564.1143	620.7168	676.1192	762.1513	828.8558	948.756	1107.466
重 庆	1614.721	1783.717	1986	2216.817	2568.943	2841.627	3174.142	3732.21
四 川	3956.529	4337.349	4715.489	5201.68	6086.173	6842.608	7942.215	9510.708
贵 州	1037.347	1144.847	1240.925	1391.194	1600.623	1833.68	2088.017	2482.31
云 南	2025.694	2160.153	2308.16	2493.038	2940.145	3217.775	3660.699	4292.425
西 藏	118.6495	140.5816	166.2244	184.4307	210.2046	231.8298	267.5752	309.7931
陕 西	1817.01	2031.159	2248.85	2523.957	3029.506	3495.552	4156.073	4948.315
甘 肃	1060.473	1136.866	1229.548	1365.337	1610.821	1791.912	2093.359	2446.55
青 海	265.5816	303.1959	339.9636	380.5853	444.6598	503.4083	588.0016	709.4215
宁 夏	297.1476	340.887	376.4	434.3861	512.4511	561.7248	653.5231	805.0148
新 疆	1373.393	1506.837	1609.401	1839.869	2107.474	2412.889	2800.028	3189.604

附录表 3　修正后的各省市国内生产总值（2000 年不变价格计算）

单位：亿元

	2000 年	2001 年	2002 年	2003 年	2004 年	2005 年	2006 年	2007 年
北 京	3161	3516.064	3921.143	4351.913	4965.407	5551.325	6261.894	7032.107
天 津	1701.88	1906.767	2148.284	2466.938	2857.68	3277.76	3753.035	4319.743
河 北	5043.96	5482.785	6011.84	6709.196	7574.683	8589.69	9740.709	10997.26
山 西	1845.72	2000.76	2258.853	2595.424	2989.927	3366.657	3763.923	4298.4
内蒙古	1539.12	1686.22	1908.384	2244.259	2713.309	3359.077	3987.224	4744.797
辽 宁	4669.1	5088.54	5610.114	6255.277	7055.953	7923.835	9017.324	10324.84
吉 林	1951.51	2133.974	2336.702	2575.053	2889.206	3238.8	3724.62	4324.283
黑龙江	3151.4	3444.568	3797.188	4184.319	4673.185	5215.275	5846.323	6553.728
上 海	4771.17	5257.829	5854.191	6571.83	7508.013	8341.403	9342.371	10584.91
江 苏	8553.69	9426.166	10525.67	11959.57	13723.66	15713.59	18054.91	20727.04
浙 江	6141.03	6785.838	7643.503	8767.016	10036.23	11320.86	12894.46	14764.16
安 徽	2902.09	3152.425	3455.255	3778.706	4281.274	4777.901	5389.473	6138.61
福 建	3764.54	4103.349	4520.25	5040.079	5636.404	6290.227	7221.181	8311.579
江 西	2003.07	2179.34	2409.042	2721.25	3080.456	3474.754	3902.149	4409.428

续表

	2000 年	2001 年	2002 年	2003 年	2004 年	2005 年	2006 年	2007 年
山 东	8337.47	9175.389	10251.59	11626.52	13411.65	15450.23	17736.86	20273.23
河 南	5052.99	5510.307	6032.123	6674.628	7589.616	8667.342	9915.439	11343.26
湖 北	3545.39	3868.02	4224.574	4634.924	5154.261	5777.926	6540.612	7489.001
湖 南	3551.49	3871.124	4219.116	4624.151	5183.546	5784.837	6490.588	7425.232
广 东	10741.25	11773.04	13229.73	15193.66	17440.66	19847.47	22745.2	26043.25
广 西	2080.04	2251.433	2489.039	2742.076	3066.417	3471.184	3943.265	4530.811
海 南	526.82	573.5701	628.4683	695.1251	769.4363	847.9188	953.9087	1092.225
重 庆	1603.16	1747.444	1926.557	2147.148	2408.028	2684.952	3012.516	3482.468
四 川	3928.2	4289.594	4729.317	5265.948	5936.515	6684.516	7573.556	8649.001
贵 州	1029.92	1121.019	1222.547	1345.815	1499.239	1673.151	1867.236	2123.048
云 南	2011.19	2141.917	2334.525	2540.394	2828.288	3082.834	3449.692	3874.004
西 藏	117.8	132.8784	149.9954	167.9231	188.177	210.9465	239.0023	272.4627
陕 西	1804	1968.164	2185.855	2443.712	2757.976	3105.481	3502.983	4007.412
甘 肃	1052.88	1151.448	1265.03	1400.899	1562.155	1746.49	1947.336	2182.964
青 海	263.68	295.4008	331.0864	370.3525	415.9059	466.6464	523.5773	589.0244
宁 夏	295.02	324.817	357.9795	403.4429	448.6285	497.529	560.7152	630.2438
新 疆	1363.56	1474.008	1594.146	1773.347	1975.084	2190.368	2431.308	2727.928

参考文献

[1] Alchian A. A. and H. Demsetz, "Production, Information Costs and Economic Organization", *American Economic Review*, Vol. 62, No. 5, 1972.

[2] Anderson E. and D. Schmittlein, "Integration of the Sale Forces: An Empirical Examination", *Rand Journal of Economics*, Vol. 15, No. 3, 1984.

[3] Amy W. Ando and Karen L. Palmer, "Getting on the Map: The Political Economy of State-Level Electricity Restructuring", Resources for the Future Working Paper 98 -19-REV, 1998.

[4] Kenneth J. Arrow, "Vertical Integration and Communication" *Bell Journal of Economics*, Vol. 6, No. 1, 1975.

[5] Atkinson S. and J. Kerkvliet, "Measuring the Multilateral Allocation of Rents: Wyoming Low Sulfur Coal," *Rand Journal of Economics* 17, 1986.

[6] Baake P., U. Kamecke, H. T. Normann., "Vertical integration with capital precommitment: monopolization vs. inefficiency", *International Journal of Industrial Organization*, 22, 2004.

[7] Bacon R. W., "Rockets and Feathers: The asymmetric Speed of Adjustment of UK Retail Gasoline Prices to Cost Changes", *Energy Economics*, Vol. 13, 1991.

[8] Bailey D. and Brorsen B. W., "Price Asymmetry in Spatial Fed Cattle Markets", *Western Journal of Agricultural Economics*, Vol. 14, No. 2, 1989.

[9] Balke N. S, Brown S. P. A, Yucel M. K., "Oil price shocks and the

US economy: Where does the asymmetry originate". *The Energy Journal*, *Vol.* 23, No. 3, 2002.

[10] Balke N. S. and Fomby T. B., "Threshold Cointegration", *International Economic Review*, Vol. 38, 1997.

[11] Balke N. S., Brown S. P. A. and Yücel M. K., "Crude Oil and Gasoline Prices: An asymmetric Relationship?" *Federal Reserve Bank of Dallas Economic Review*, First Quarter, 1998.

[12] Ball L. and Mankiw N. G., "Asymmetric Price Adjustment and economic Fluctuations", *The Economic Journal*, Vol. 104, 1994.

[13] Baron David P. and Raymond R. De Bondt, "Fuel Adjustment Mechanisms and Economic Efficiency," *Journal of Industrial Economics*, Vol. 27 No. 3, 1979.

[14] Barro R. J., "A Theory of monopolistic Price Adjustment", *Review of Economic Studies*, Vol. 39, 1972.

[15] Barzel Y., "Measurement Costs and the Organization of Markets", *Journal of Law and Economics*, Vol. 25, No. 1, 1982.

[16] Batten D. S., "Inflation: The Cost-Push Myth". *Federal Reserve Bank of St Louis Review*, Vol. 63, No. 6, 1981.

[17] Bernanke B. S, Gertler M, Watson M, et al. "Systematic monetary policy and the effects of oil price shocks". *Brookings papers on economic activity*, No. 1, 1997.

[18] Blinder A. S., "Inventories and Sticky Prices: More on the Microfoundation of Macroeconomics", *The American Economic Review*, Vol. 72, No. 3, 1982.

[19] Blinder A. S., Canetti E. R., Lebow D. E. and Rudd J. B., *Asking about Prices: A new Approach to Understanding Price Stickiness*, New York: Russel Sage Foundation, 1998.

[20] Boerner, Christopher and Jeffrey Macher, "Transaction Cost Economics: An Assessment of Empirical Research in the Social Sciences", 2001, Available at http://www.msb.edu/faculty/jtm4/

Papers/JLEO. pdf.

[21] Borenstein S. , Cameron A. C. and Gilbert R. , "Do Gasoline Prices respond asymmetrically to Crude Oil Price Changes?" *Quarterly Journal of Economics*, Vol. 112, 1997.

[22] Borenstein Severin & Bushnell James, "Electricity Restructuring: ? Deregulation or Reregulation?" Competition Policy Center, 2000, Working Paper Series.

[23] Borenstein, Severin, James B. Bushnell, Christopher R. Knittel and Catherine Wolfram, "Inefficiencies and Market Power in Financial Arbitrage: A Study of California's Electricity Markets" CSEM working paper WP-138, 2004, Available at www. ucei. berkeley. edu.

[24] Borenstein, Severin, James Bushnell and Frank Wolak, "Measuring Market Inefficiencies in California's Restructured Wholesale Electricity Market." *American Economic Review*, Vol. 92, No. 5, 2002.

[25] Brickley J. , "Incentive Conflicts and Contractual Restraints: Evidence from Franchising", *Journal of Law and Economics*, Vol. 42, No. 2, 1999.

[26] Brown S. P. A. and Yücel, M. K. , "Gasoline and Crude Oil Prices: Why the Asymmetry?" *Federal Reserve Bank of Dallas Economic and Financial Review*, Third Quarter, 2000.

[27] Buckle R. A. and Carlson J. A. , "Inflation and asymmetric Price Adjustment", *Review of Economics and Statistics*, Vol. 82, No. 1, 2000.

[28] Buehler S. and A. Shmutzler, "Downstream investment in oligopoly, Socioeconomic Institute, University of Zurich", 2003, Working Paper N. 0310.

[29] Bushnell, James B. , Erin Mansur and Celeste Saravia, "Vertical Relationships, Market Structure, and Competition: An analysis of U. S. Electricity Restructuring." CSEM Working Paper WP-126, 2004, University of California Energy Institute. May.

[30] Carlton D. W. "Market Behavior with Demand Uncertainty and Price Inflexibility", *American Economic Review*, Vol. 67, No. 3, 1978.

[31] Carlton D. W. "The Rigidity of Prices", *The American Economic Review*, Vol. 76, No. 4, 1986.

[32] Celeste Saravia, "Arbitrageurs on Efficiency and Market Power in the New York Electricity Market", CSEM Working Paper WP-121, 2003, Available at www. ucei. berkeley. edu.

[33] Christensen, Lauritis R. and William H. Greene, "Economies of Scale in U. S. Electric Power Generation", *Journal of Political Economy*, Vol. 84, No. 4, 1976.

[34] Chucking Robert H. and Sang V. Nguyen, "On Productivity and Plant Ownership: New Evidence from the Longitudinal Research Database", *Rand Journal of Economics*, Vol. 26, No. 2, 1995.

[35] Clarke R. G., "The Effect of Fuel Adjustment Clauses on the Systematic Risk and Market Value of Electric Utilities", *The Journal of Finance*, Vol. 35, No. 2, 1980.

[36] Coase, Ronald H., "The Nature of the Firm", *Economica*, Vol. 4, No. 16, 1937.

[37] Colangelo G., "Vertical vs. Horizontal integration: pre-emptive merging", *The Journal of Industrial Economics*, Vol. 48, No. 3, 1995.

[38] Davidson R., MacKinnon J. G. "The power of bootstrap and asymptotic tests", *Journal of Econometrics*, Vol. 133, No. 2, 2006.

[39] De Fraja G. and C. W. Price, "Regulation and access pricing: comparison of regulated regimes", *Scottish Journal of Political Economy*, Vol. 46, No. 1, 1999.

[40] Economides N., "The incentive for vertical integration, Stern School of Business", New York University, 1994, Working Paper EC – 94 – 05.

[41] Efron B., "Bootstrap methods: another look at the jackknife", *The*

Annals of Statistics, 1979, Vol. 7, No. 1.

[42] Emmanuel Raynaud, Lo C. Sauvee and Egizio Valceschini, "Alignment between Quality Enforcement Devices and Governance Structures in the Agro-food Vertical Chains", *Journal of Management and Governance*, Vol. 9, No. 1, 2005.

[43] Fisher I., *The Purchasing Power of Money: Its Determination and Relation to Credit, Interest and Crises*, New York: Macmillan, 1911.

[44] Friedman M, Schwartz A J., *A Monetary History of the United States*. Princeton: Princeton University Press, 1963.

[45] Gardner B. L., "The Farm-Retail Price Spread in a Competitive Food Industry", *American Journal of Agricultural Economics*, Vol. 57, No. 3, 1975.

[46] George J. Stigler, "The Division of Labor is Limited by the Extent of the Market", *Journal of Political Economy*, Vol. 59, No. 3, 1951.

[47] Gertner Robert, "Explaining Vertical Integration Practices", mimeo, 2002, University of Chicago.

[48] Gibson J., Strasdine S. and Gonzales K., The status of the conch industry of Belize. Proceedings of the Gulf and Caribbean Fisheries Institute 35, 1982.

[49] Golec, J., "The Financial Effects of Fuel Adjustment Clauses on Electric Utilities", *Journal of Business*, Vol. 63, No. 2, 1990.

[50] Gollop Frank M. and Stephen H. Karlson, "The Impact of the Fuel Adjustment Mechanism on Economic Efficiency", *The Review of Economics and Statistics*, Vol. 60, No. 4, 1978.

[51] Grossman, Sanford and Oliver Hart, "The Costs and Benefits of Ownership: A Theory of Vertical and Lateral Integration", *Journal of Political Economy*, Vol. 94, No. 4, 1986.

[52] Hackner J., "Vertical integration and competition policy, Depart-

ment of Economics", University of Stockholm, 2001, Working Paper N. 0101.

[53] HAHN W. F., "Price Transmission Asymmetry in Pork and Beef Markets", *The Journal of Agricultural Economics Research*, Vol. 42, No. 4, 1990.

[54] Hall P, Horowitz J L., "Bootstrap critical values for tests based on generalized-method-of-moments estimators". *Econometrica: Journal of the Econometric Society*, Vol. 64, No. 4, 1996.

[55] Hall P., The Bootstrap and Edgeworth Expansion, New York; Springer, 1992.

[56] Hamilton J. D., "Oil and the macroeconomy since World War II". *The Journal of Political Economy*, Vol. 91, No. 2, 1983.

[57] Hannan T. H. and Berger A. N, "The Rigidity of Prices: Evidence from the Banking Industry", *The American Economic Review*, Vol. 81, No. 4, 1991.

[58] Hansen B. E. and Seo B., "Testing for Two-Regime Threshold Cointegration in Vector Error Correction Models", *Journal of Econometrics*, Vol. 110, No. 2, 2002.

[59] Hansmire, M. R. and Schertz Willet L., "Price Transmission Processes: A Study of Price Lags and asymmetric Price Response Behaviour for New York Red Delicious and McIntosh Apples", 1992, Cornell University Working Paper.

[60] Hart Oliver and Moore John, "Property Rights and the Nature of the Firm", *Journal of Political Economy*, Vol. 98, No. 6, 1990.

[61] Hay D. A. and Morris D. J., *Industrial Economics and Organization*, Oxford: Oxford University Press. 1991.

[62] Heien D. M. "Markup Pricing in a dynamic Model of Food Industry", *American Journal of Agricultural Economics*, Vol. 62, No. 1, 1980.

[63] Hermanlin B. E. andKat Z. M. L., "Moral Hazard and Verifiability:

The effects of Renegotiation in Ageney", *Econometrica*, 1991, Vol. 59, No. 6.

[64] Hiebert L. Dean, "The Determinants of the Cost Efficiency of Electric Generating Plants: A Stochastic Frontier Production Approach", *Southern Economic Journal*, Vol. 68 No. 4, 2002.

[65] Hooker M. A., "What happened to the oil price-macroeconomy relationship"? *Journal of Monetary Economics*, Vol. 38, No. 2, 1996.

[66] Horowitz J. L., "Bootstrap critical values for tests based on the smoothed maximum score estimator", *Journal of Econometrics*, Vol. 111, No. 2, 2002.

[67] Humphrey T. M. "Historical origins of the cost-push fallacy", *Federal Reserve Bank of Richmond Economic Quarterly*, Vol. 84, No. 3, 1998.

[68] Ishii, Jun and Jingming Yan, "The 'Make or Buy' Decision in U. S. Electricity Generation Investments", CSEM Working Paper WP-107. 2003, University of California Energy Institute.

[69] J. Meyer and S. von Cramon-Taubadel, "Asymmetric Price Transmission: A Survey", *Journal of Agricultural Economics*. Vol. 55, No. 3, 2004.

[70] J. B. Bushnell, C. Wolfram, "Ownership Change, Incentives and Plant Efficiency: The Divestiture of U. S. Electric Generation Plants, Center for the Study of Energy Markets", 2005, Paper CSEMWP-140.

[71] Jean Tirole, *The Theory of Industrial Organization*, Cambridge, MA: MIT Press, 1988.

[72] Joseph T. Mahoney, "The Choice of Organizational Form: Vertical Financial Ownership Versus Other Methods of Vertical Integration", *Strategic Management Journal*, Vol. 13, No. 8, 1992.

[73] Joskow and Richard Schmalensee, "The Performance of Coal-Burning Electric Generating Units in the United States: 1960—1980", *Jour-*

nal of Applied Econometrics, Vol. 2, No. 2, 1987.

[74] Joskow P., "Vertical Integration", in C. Menard and M. Shirley, eds, Handbook of New Institutional Economics, Kluwer, 2004.

[75] Joskow Paul L., "Vertical Integration and Long-term Contracts: The Case of Coal-burning Electric Generating Plants", *Journal of Law, Economics and Organization*, Vol. 1, No. 1, 1985.

[76] Joskow, Paul L., "Restructuring, Competition and Regulatory Reform in the U. S. Electricity Sector", *Journal of Economic Perspectives*, Vol. 11, No. 3, 1997.

[77] Joskow, Paul L., "The Difficult Transition to Competitive Electricity Markets in the U. S.", in J. Griffen and S. Puller, eds. *Electricity Restructuring: Choices and Challenges*, University of Chicago Press, 2003.

[78] Joskow, Paul L. and Edward P. Kahn, 2002, "A Quantitative Analysis of Pricing Behavior In California's Wholesale Electricity Market During Summer 2000", *Energy Journal*, Vol. 23, No. 4.

[79] Joskow, Paul, "Vertical Integration and Long-Term Contracts: The Case of Coal-Burning Electric Generation Plants", *Journal of Law, Economics and Organization*, Vol. 1, No. 1, 1985.

[80] Kaserman D. L. and Mayo J. W., "The Measurement of Vertical Economics and the Efficient Strueture of the Electric Utility Industry", *Journal of Industrial Economies*, Vol. 39, No. 5, 1991.

[81] Kaserman D. L. and Tepel R. C., "The Impact of the Antomatic Adjustment Clause on Fuel Purchase and Utilization Practices in the U. S. Electric Utility Industry", *Southern Economic Journal*, Vol. 48, No. 3, 1982.

[82] Kerk Vliet J., "Effciency and Vertical Integration: The case of Mine-Mouth Electric Generating Plants", *Journal of lndustrial Economics*, Vol. 39, No. 5, 1991.

[83] Kinnucan H. W. and Forker O. D., "Asymmetry in Farm-Retail

Price Transmission for major Dairy Products", *American Journal of Agricultural Economics*, Vol. 69, No. 2, 1987.

[84] Kirk Monteverde, "Technical Dialog As an Incentive for Vertical Integration in the Semiconductor Industry", *Management Science*, Vol. 41, No. 10, 1995.

[85] Klein Benjamin, "Vertical integration as organizational ownership: the Fisher Body-General Motors relationship revisit-ed", *Journal of Law, Economics, and Organization*, Vol. 1, No. 4, 1988.

[86] Kleit Andrew and Dek Terrell, "Measuring Potential Efficiency Gains From Deregulation of Electricity Generation: A Bayesian Approach", *The Review of Economics and Statistics*, Vol. 83, No. 3, 2004.

[87] Kleit Andrew and James Reitzes, "Geographic Integration, Transmission Constraints, and Electricity Restructuring", Mimeo. 2004, Pennsylvania State University.

[88] Knittel C. R., "Regulatory lmperfections in the Electricity and Natural Gas Industries: Evidence from the Pricing and Investment Decisions of Single and Multi-Product Electricity Firms", Working Pa-Per, 1999, University of Califomia Energy Institute.

[89] Knittel Christopher R., "Alternative Regulatory Methods and Firm Efficiency: Stochastic Frontier Evidence from the US Electricity Industry", *The Review of Economics and Statistics*, Vol. 84, No. 3, 2002.

[90] Kojima R, Nakamura S, Ohyama S. "Inflation dynamics in China", Bank of Japan Working Paper Series. 2005.

[91] Lee K, Ni S, Ratti R. A. "Oil shocks and the macroeconomy: The role of price variability". *The Energy Journal*, Vol. 16, No. 4, 1995.

[92] Lien D. and Liu L., "Futures trading and fuel adjustment clauses", *Journal of Regulatory Economics*, Vol. 9, No. 2, 1996.

[93] Lloyd T., McCorriston S., Morgan C. W. and Rayner A. J., "The

Impact of Food Scares on Price Transmission in Inter-Related Markets", 2003, Paper presented to the XXVth IAAE Conference in Durban/South Africa.

[94] Loungani P., "Oil price shocks and the dispersion hypothesis", *The Review of Economics and Statistics*, Vol. 68, No. 3, 1986.

[95] Lütkepohl H, Krätzig M., *Applied time series econometrics*, Cambridge: Cambridge University Press, 2004.

[96] Macneil I. R, 1974, "The Many Futures of Contracts", *Southern California Law Review*, Vol. 47, No. 3, 1974.

[97] Mancke R. B, "Iron ore and steel: A case study of the economic Causes and consequenees of vertical integration", *Journal of lndustrial Eeonomics*, Vol. 20, No. 3, 1972.

[98] Mansur Erin T, "Upstream Competition and Vertical Integration in Electricity Markets", Mimeo. 2004, Yale University.

[99] Markiewicz Fabrizio, Kira, Nancy Rose and Catherine Wolfram, "Does Competition Reduce Costs? Assessing the Impact of Regulatory Restructuring on U. S. Electric Generation Efficiency", 2004, NBER Working Paper Number 11001.

[100] Marvin B. Lieberman, "Determinants of Vertical Integration: An Empirical Test", *The Journal of Industrial Economics*, Vol. 39, No. 5, 1991.

[101] Masten S. E. and Crocker K. J., "Efficient Adaptation in long-Term Contraets: Take-or-Pay Provisions for Natural Gas", *American Economic Review*, Vol. 75, No. 5, 1985.

[102] Michael D. Whinston, "On the Transaction Cost Determinants of Vertical Integration", *Journal of Law, Economics, & Organization*, Vol. 19, No. 1, 2003.

[103] Milgrom P., Robert, "Bargaining costs, influence costs, and the organization of economic activity", in J Alt, and K Shepsle (Eds.), *Perspectives on positive political economy*, Cambridge:

Cambridge University Press, 1990.

[104] Milgrom Paul and John Roberts, "Bargaining Costs, Influence Costs, and the Organization of Economic Activity", Chapter 3 in Alt and Shepsle (eds.), *Perspectives on Positive Political Economy*, Cambridge: Cambridge University Press, 1990.

[105] Milgrom Paul and John Roberts, "The Economics of Modern Manufacturing: Technology, Strategy and Organization", *American Economic Review* Vol. 80, No. 3, 1990.

[106] Monteverde Kirk, and David J. Teece, "Supplier Switching Costs and Vertical Integration in the Automobile Industry", *Bell Journal of Economics*, Vol. 13, No. 1, 1982.

[107] Motta, M., *Competition Policy: Theory and Practice*, Cambridge: Cambridge. University Press, 2004.

[108] Nerlove, Marc, "Returns to Scale in Electricity Supply", in Christ et al. eds. Measurement in Economics. Stanford, CA: Stanford University Press, 1963.

[109] Neumark D. and S. A. Sharpe, "Market Structure and the Nature of Price Rigidity: Evidence from the Market for Consumer Deposits", *Quarterly Journal of Economics*, Vol. 107, No. 2, 1992.

[110] North D. C., *Institutions, Institutional Changes and Economic Performance*, Cambridge: Cambridge University Press, 1990.

[111] Ordover J. A., G. Saloner and S. C. Salop, "Equilibrium vertical foreclosure", *American Economic Review*, Vol. 80, No. 1, 1990.

[112] Paul A. Samuelson and William D. Nordhaus, *Microeconomics* (6th Edition), New York: McGraw-Hill Companies, 1998.

[113] Peltzman S., "Prices Rise Faster than they fall", *Journal of Political Economy*, Vol. 108, No. 3, 2000.

[114] Pepall L. and G. Norman, "Product differentiation and upstream-downstream relations", *Journal of Economics and Management Strategy*, Vol. 10, No. 2, 2001.

[115] Peterson C. H., A. Wisocki and S. B. Harsh, "Strategic Choice along the Vertical Coordination Continuum", *International Food and Agribusiness Management Review*, Vol. 4, No. 2, 2001.

[116] Porter M. E., 1980, "Competitive Strategy", The Free Press, New York.

[117] Puller Steven L., 2004, "Pricing and Firm Conduct in California's Deregulated Electricity Market", Mimeo. Texas A&M University.

[118] R. H. Coase, *The Firm, the Market, and the Law*, The University of Chicago Press, 1988.

[119] Rasche R. H., Tatom J A. "Energy resources and potential GNP". *Federal Reserve Bank of St. Louis Review*, Vol. 59, No. 6, 1977.

[120] Rasche R. H., Tatom J. A., "Energy price shocks, aggregate supply and monetary policy: The theory and the international evidence", *Carnegie-Rochester Conference Series on Public Policy*, Vol. 14, No. 1, 1981.

[121] Reagan P. B. and Weitzman M. L., "Asymmetries in Price and Quantity Adjustments by the competitive Firm", *Journal of Economic Theory*, Vol. 27, No. 2, 1982.

[122] Ricardo D. *Principles of Political Economy and Taxation*, London: G. Bell and sons, 1891.

[123] Richard A. D'Aveni and David J. Ravenscraft, "Economies of Integration versus Bureaucracy Costs: Does Vertical Integration Improve Performance?" *The Academy of Management Journal*, Vol. 37, No. 5, 1994.

[124] Riordan M. H., "Anticompetitive vertical integration by a dominant firm", *American Economic Review*, Vol. 88, No. 5, 1998.

[125] Riordan Michael and Oliver Williamson, "Asset specificity and economic organization", International Journal of Industrial Organization, Vol. 3, No. 4, 1985.

[126] Rogoff K., "Oil and the global economy", Harvard University, Massachusetts Mimeo, 2006.

[127] Rothwell Geoffrey and Gomez Tomas, *Electricity Economics: Regulation and Deregulation*, Hoboken, NJ: John Wiley, 2003.

[128] Salinger M., "Vertical mergers and market foreclosure", *The Quarterly Journal of Economics*, Vol. 103, No. 2, 1988.

[129] Salinger M. A., "The Meaning of 'UPstream' and 'Downstream' and the ImPlieation for Modeling Vertieal Mergers", *Journal of lndustrial Economics*, Vol. 37, No. 4, 1989.

[130] Sims C. A. "Macroeconomics and reality". *Econometrica*, Vol. 48, No. 1, 1980.

[131] Suthathip Yaisawarng and J. Douglass Klein, "The Effects of Sulfur Dioxide Controls on Productivity Change in the U. S. Electric Power Industry", *The Review of Economics and Statistics*, Vol. 76, No. 3, 1994.

[132] Tyagi R. K., "On the effects of downstream entry", *Management Science*, Vol. 45, No. 1, 1999.

[133] Vickers John, "Competition and Regulation in Vertically Related Markets", *The Review of Economic Studies*, Vol. 62, No. 1, 1995.

[134] Villalonga Belen, "Privatization and efficiency: differentiating ownership effects from political, organizational, and dynamic effects", *Journal of Economic Behavior & Organization*, Vol. 42, No. 1, 2000.

[135] Ward, R. W., "Asymmetry in Retail, Wholesale and Shipping Point Pricing for fresh Vegetables", *American Journal of Agricultural Economics*, Vol. 62, No. 2, 1982.

[136] Wernerfelt, Birger, *Governance of Adjustments*, 2004, mimeo MIT.

[137] Whinston Michael, "On the Transaction Cost Determinants of Verti-

cal Integration", *Journal of Law, Economics and Organization*, Vol. 19, No. 1, 2003.

[138] White, Matthew, "Power Struggles: Explaining Deregulatory Reforms in Electricity Markets", 1996, Brookings Papers on Microeconomics.

[139] Williamson, Oliver E. The Economic Institutions of Capitalism. New York: Free Press. 1985.

[140] W? lfing, Nikolas, 2008, "Asymmetric Price Transmission in Supply Function Equilibrium, Carbon Prices and the German Electricity Spot Market", ZEW Discussion Papers 08 – 040, ZEW-Zentrum für Europ? ische Wirtschaftsforschung / Center for European Economic Research.

[141] Wolfram, Catherine, "Measuring Duopoly Power in the British Electricity Spot Market", *American Economic Review*, Vol. 89, No. 4, 1999.

[142] Wolfram Catherine, "The Efficiency of Electricity Generation in the U. S. After Restructuring", forthcoming in James Griffin and Steve Puller, eds., *Electricity Deregulation: Choices and Challenges*, Chicago, IL: University of Chicago Press, 2004.

[143] Yanez J. A. F., "Incentive Regulation in Vertically Related Industries welfare Effects of Industry Structure and Institutional Coordination", 2002, Working paper.

[144] Zachmann, G. and von Hirschhausen, C., "First Evidence of Asymmetric Cost Pass-through of EU Emissions Allowances: Examining. Wholesale Electricity Prices in Germany", *Economics Letters*, Vol. 99, No. 3, 2008.

[145] Zimmerman, Martin, *The U. S. Coal Industry: The Economics of Policy Choice*, Cambridge: MIT Press, 1981.

[146] "中国年投入产出表分析应用"课题组:《原油价格波动对我国物价的影响》,《统计研究》2010年第12期。

[147] 安敏、王宇奇:《我国实行大用户直购电的可行性分析》,《哈尔滨商业大学学报》(社会科学版)2006 年第 2 期。
[148] 保育钧:《问责中国大缺电》,《中国企业家》2004 年第 12 期。
[149] 北京世经未来投资咨询有限公司:《2008 年火电行业风险分析报告》,2008 年 12 月。
[150] 曹开虎:《国家将重启核电项目审批》,《第一财经日报》2012 年 3 月 12 日。
[151] 常艳超、吕丽霞、张建:《电力市场环境下发电厂竞价上网模式的探究》,《华中电力》2007 年第 2 期。
[152] 陈春根、罗国勋:《我国电力需求趋势预测及发展对策》,《数量经济技术经济研究》2003 年第 6 期。
[153] 陈柳钦:《中国生物质发电在起步中探索新思路》,《中国能源报》2011 年 11 月 14 日。
[154] 陈启鑫、康重庆、夏清等:《电力行业低碳化的关键要素分析及其对电源规划的影响》,《电力系统自动化》2009 年第 15 期。
[155] 陈晓燕:《光伏产业国际竞争力研究》,博士学位论文,南开大学,2010 年。
[156] 陈耀:《我国煤炭产业的前景、政策及价格分析》,《中国能源》2007 年第 9 期。
[157] 仇明:《英国与世界电力改革及其对我国的启示》,《数量经济技术经济研究》2002 年第 1 期。
[158] 戴平生:《我国电力市场价格形成机制研究》,博士学位论文,厦门大学,2004 年。
[159] 东北电监局:《吉林省用电大户直购电完成首次市场交易》(http://news.bjx.com.cn/html/20090220/201620.shtml)。
[160] 范志勇:《中国通货膨胀是工资成本推动型吗?》,《经济研究》2008 年第 8 期。
[161] 冯晨辉、沈力成:《中国生物质能产业的现状及其未来发展前景》,《能源研究与管理》2011 年第 4 期。

[162] 冯飞:《电煤价格纷争制度是根本原因》,《人民日报》2003 年 5 月 19 日。
[163] 傅鸣:《煤电联动的市场化导向及其他》,《社会科学论坛》(学术研究卷)2006 年第 3 期。
[164] 顾正霞:《我国建立煤炭期货市场的制度经济学解释》,《煤炭经济研究》2006 年第 6 期。
[165] 郭云涛:《中国煤炭中长期供需分析与预测》,《中国煤炭》2004 年第 10 期。
[166] 国际能源署:《世界能源展望 2007》,2007 年。
[167] 国研网:《广东电网暴利调查:发电企业亏损、电网利润巨大》,《中国新闻周刊》2008 年第 1 期。
[168] 郝媛媛、于立:《区域集中型市场结构的界定及其影响——对中国"煤电冲突"的另一种解释》,《产业经济评论》2009 年 2 期。
[169] 何祚庥、王亦楠:《2000—2020 年我国真能实现 GDP 翻两番而能源仅仅翻一番的设想吗》,《科学对社会的影响》2004 年第 4 期。
[170] 贺力平、樊纲、胡嘉妮:《消费者价格指数与生产者价格指数:谁带动谁?》,《经济研究》2009 年第 11 期。
[171] 胡江溢、陈西颖:《对大用户直购电交易的探讨》,《电网技术》2007 年第 12 期。
[172] 胡学萃:《审批加速,困扰来袭》,《中国能源报》2012 年 1 月 2 日。
[173] 胡兆光:《电力供需指数研究》,《中国电力》2007 年第 7 期。
[174] 胡兆光:《电力可持续发展的基准限研究》,《中国电力》2004 年第 4 期。
[175] 淮洪九等:《中国电力与煤炭》,煤炭工业出版社 2004 年版。
[176] 黄兴、翟绘、景马勇:《当前我国大用户直购电问题剖析》,《大众用电》2007 年第 4 期。
[177] 纪成君、刘宏超:《中国煤炭产业市场结构分析与产业组织政

策》,《中国软科学》2002 年第 1 期。

[178] 纪成君、赵宏:《煤炭工业科技进步若干理论问题的研究》,《煤炭经济研究》1994 年第 5 期。

[179] 纪成君:《中国煤炭产业组织研究》,博士学位论文,辽宁工程技术大学,2004 年。

[180] 蒋金荷、姚愉芳:《中国经济增长与电力发展关系的定量分析研究》,《数量经济技术经济研究》2002 年第 10 期。

[181] 康重庆、周天睿、陈启鑫:《电力企业在低碳经济中面临的挑战与应对策略》,《能源技术经济》2010 年第 6 期。

[182] 李德波、叶旭东、柳春明:《2010 年和 2020 年全国煤炭需求预测》,《煤炭经济研究》2006 年第 9 期。

[183] 李虹:《电力市场设计:理论与中国的改革》,《经济研究》2004 年第 11 期。

[184] 李俊峰、唐文倩:《光环下的中国风电产业》,《中国科技财富》2011 年 15 期。

[185] 李俊峰、王斯成:《中国光伏发展报告 2011》,中国环境科学出版社 2011 年版。

[186] 李琳、郑骥:《我国生物质能行业发展现状及建议》,《中国环保产业》2010 年第 12 期。

[187] 国际新能源网:《中国风电产业:2011 转折年,稍安勿躁》(http://newenergy.in-en.com/html/newenergy-17181718451100951.html)。

[188] 李淑华、王继业:《中国水电发展概况》,《水电站机电技术》2009 年第 3 期。

[189] 林伯强、王锋:《能源价格上涨对中国一般价格水平的影响》,《经济研究》2009 年第 12 期。

[190] 林伯强、魏巍贤、李丕东:《中国长期煤炭需求:影响与政策选择》,《经济研究》2007 年第 2 期。

[191] 林伯强:《资源税改革需渐进推进》,《中国证券报》2011 年 11 月 9 日。

[192] 林伯强：《电力短缺、短期措施与长期战略》，《经济研究》2004 年第 3 期。

[193] 林伯强：《结构变化、效率改进与能源需求预测》，《经济研究》2003 年第 5 期。

[194] 林伯强：《中国电力发展：提高电价和限电的经济影响》，《经济研究》2006 年第 5 期。

[195] 林伯强：《中国电力工业发展：改革进程与配套改革》，《管理世界》2005 年第 8 期。

[196] 林伯强：《中国能源需求的经济计量分析》，《统计研究》2001 年第 1 期。

[197] 刘冰：《煤炭产业的改革趋向、改革逻辑偏差与可持续发展策略》，《东北财经大学产业组织与企业组织研究中心讨论文稿》2008 年第 12 期。

[198] 刘芳、展学平：《论我国建立煤炭期货市场的必要性和可行性》，《市场论坛》2005 年第 12 期。

[199] 刘建、蒋殿春：《国际原油价格冲击对我国经济的影响——基于结构 var 模型的经验分析》，《世界经济研究》2009 年第 10 期。

[200] 刘满平、桂琳：《从电煤价格上调谈电煤价格的形成机制》，《中国电力》2003 年第 9 期。

[201] 刘秋华、韩愈：《电力市场运营模式与市场结构研究》，《商业研究》2006 年第 13 期。

[202] 吕传俊、王金磊：《美国加州电力体制改革的经验教训》，《中国投资》2002 年第 5 期。

[203] 马海琨、刘传哲：《中国煤炭期货市场构建研究》，《中国煤炭》2006 年第 12 期。

[204] 秦云甫：《浅谈我国风电发展现状、问题与对策》，《中国电力教育》2011 年第 3 期。

[205] 阙光辉：《电力市场交易模式：理论分析与中国的选择》，《产业经济评论》2003 年第 1 期。

[206] 史丹：《中国能源工业市场化改革研究报告》，经济管理出版社2006年版。

[207] 孙建国：《电力产业管制体制演变的国际比较研究》，博士学位论文，厦门大学，2006年。

[208] 孙禔：《建立煤炭期货市场的必要性和可行性分析》，《华北电力技术》2007年第2期。

[209] 唐齐千：《美国加州电力危机的启示》，《上海电力》2003年第4期。

[210] 陶长琪、刘劲松：《企业纵向联结的效应分析——基于煤电行业的实证》，《数量经济技术经济研究》2006年第2期。

[211] 田书华：《煤炭行业研究报告》，中国银河证券研究所，2007年。

[212] 汪琼、姚美香：《浅谈我国生物质能发电的现状及其产生的环境问题》，《环境科学导刊》2011年第2期。

[213] 王成、余乐：《垂直关系文献综述》，《市场论坛》2007年第12期。

[214] 王锋、刘传哲、周振：《我国煤炭期货合约设计与运作构想》，《中国煤炭》2007年第1期。

[215] 王弘：《我国电价的历史、现状和未来》，招商证券投资报告，2006年。

[216] 王甲山、李绍平：《关于合并油气田企业资源税和矿产资源补偿费的思考》，《石油大学学报（社会科学版）》2004年第6期。

[217] 王建林：《中国资源税费改革的几点思考》，《资源与产业》2007年第12期。

[218] 王金南、曹东：《能源与环境中国2020》，中国环境科学出版社2004年版。

[219] 王俊豪、鲁桐、王永利：《发达国家基础设施产业的价格管制政策及其借鉴意义》，《世界经济与政治》1997年第10期。

[220] 王玫、赵晓丽：《中国风电发展经济政策回顾与分析》，《中国

能源》2011 年第 10 期。

[221] 王荣：《今年水电投资或新增 1400 亿元》，《中国证券报》2012 年 3 月 6 日。

[222] 王伟国：《中国电力体制改革的新进展及其深化》，《社会科学》2005 年第 6 期。

[223] 王晓艳、韦玮：《水电行业深度报告，走入“巅峰时代”》，《中国民族证券》2009 年 1 月 17 日。

[224] 王秀清、H. T. Weldegebriel、A. J. Rayner：《纵向关联市场间的价格传递》，《经济学》（季刊）2007 年第 3 期。

[225] 威廉姆·马赛：《市场化与管制——加州危机之后的美国电力改革》，《中国电力企业管理》2002 年第 3 期。

[226] 吴慈生、杨尊信、李俊等：《煤—电产业纵向关系研究现状浅析》，《产业与科技论坛》2008 年第 2 期。

[227] 吴敬儒、杨永江、孙宝东：《关于电力工业“十一五”计划几个问题的探讨》，《电力技术经济》2004 年第 2 期。

[228] 吴翔、刘金全、隋建利：《国际原油价格波动对中国物价影响的传导机制分析》，《资源科学》2009 年第 12 期。

[229] 吴吟：《煤炭工业发展“十一五”规划辅导读本》，中国计量出版社 2007 年版。

[230] 夏会军、徐辉、梁锐：《浅议大用户直购电试点存在的问题》，《电力需求侧管理》2006 年第 7 期。

[231] 肖争艳、安德燕、易娅莉：《国际大宗商品价格会影响我国 cpi 吗——基于 bvar 模型的分析》，《经济理论与经济管理》2009 年第 8 期。

[232] 谢焕瑛、张健：《合理征收煤炭资源税的方法研究》，《中国人口、资源与环境》2003 年第 1 期。

[233] 辛贤、谭向勇：《农产品价格的放大效应研究》，《中国农村观察》2000 年第 1 期。

[234] 徐祖永：《加州电力危机对我国电力工业的启示及对策》，《电力技术经济》2001 年第 5 期。

[235] 杨敏英：《从英国煤炭工业发展历程看我国煤炭企业的战略调整》，《数量经济技术经济研究》2001 年第 8 期。

[236] 杨文英：《打造中国海上风电发展的主力军》，《机电设备》2011 年第 5 期。

[237] 叶倩：《输配电价理论》，《大众用电》2007 年第 10 期。

[238] 叶卫星：《从加州电力危机透视我国“网厂分离”的电力体制改革》，《电力技术经济》2001 年第 5 期。

[239] 叶泽：《电力市场中的市场势力及其治理》，《中国工业经济》2004 年第 7 期。

[240] 英大网：《我国水电开发力度在十二五期间将空前提高》（http：//www. indaa. com. cn/dl2011/sd/201111/t20111111 _ 829514. html）。

[241] 游泽宇：《背水一战打破垄断——价格机制在电力行业市场化进程中的作用》，《学习月刊》2004 年第 11 期。

[242] 于立、姜春海：《中国乡镇企业产出增长来源实证分析》，《产业经济研究》2003 年第 5 期。

[243] 于立、刘劲松：《中国煤电关系的产业组织分析》，《中国工业经济》2004 年第 9 期。

[244] 于立、刘劲松：《中国煤电关系的架构取向》，《改革》2005 年第 2 期。

[245] 于立、孟韬、姜春海：《资源枯竭型国有企业退出障碍与退出途径分析》，《中国工业经济》2003 年第 10 期。

[246] 于立、孙康、徐斌：《“三渔问题”与公共政策调整思路——辽东湾海蜇捕捞案例分析》，《公共管理学报》2007 年第 2 期。

[247] 于立、王建林：《纵向价格双轨制：“电荒”的经济分析与出路》，《中国工业经济》2008 年第 10 期。

[248] 于立、吴绪亮：《运输产业中的反垄断与规制问题》，《中国工业经济》2008 年第 2 期。

[249] 于立、肖兴志、《姜春海：自然垄断的“三位一体”理论》，

《当代财经》2004 年第 8 期。
[250] 于立:《能源价格理论研究》,东北财经大学出版社 1994 年版。
[251] 于立:《谈纵向价格双轨制》,《中国物价》1992 年第 8 期。
[252] 于立:《资源枯竭型城市“两个机制”问题的理论分析与政策建议》,《辽宁日报》2006 年 5 月 24 日。
[253] 于立:《资源枯竭型国有企业关闭破产后矿区可持续发展研究——以杨家仗子矿区为例》,《资源与产业》2004 年第 3 期。
[254] 于立宏、郁义鸿:《美国煤电产业链纵向关系实证研究综述》,《煤炭经济研究》2006 年第 4 期。
[255] 于立宏、郁义鸿:《需求波动下煤电纵向关系安排与政府规制研究》,《管理世界》2006 年第 4 期。
[256] 于良春、杜琼:《中国电力均衡的市场机制与政府监管》,《财经问题研究》2005 年第 7 期。
[257] 于杨曜、潘高翔:《中国开展碳交易亟须解决的基本问题》,《东方法学》2009 年第 6 期。
[258] 俞艳春、沈可挺:《从加州电力危机看放松政府管制》,《中国社会科学院研究生院学报》2002 年第 12 期。
[259] 郁义鸿、管锡展:《产业链纵向控制与经济规制研究》,复旦大学出版社 2006 年版。
[260] 郁义鸿:《产业链类型与产业链效率基准》,《中国工业经济》2005 年第 11 期。
[261] 岳福斌:《中国煤炭工业发展报告(2006—2010)》,社会科学文献出版社 2008 年版。
[262] 曾林阳:《国际石油期货价格波动对我国通货膨胀率波动的影响——基于 almonPdl 的经验证据》,《财经科学》2008 年第 12 期。
[263] 曾秋根:《商品指数基金、油价上涨与通货膨胀预期的自我实现》,《国际金融研究》2005 年第 12 期。
[264] 张爱培:《新形势下煤电优势互补的合作模式》,《中国煤炭》2006 年第 6 期。

[265] 张镜斌：《探讨供电企业主辅分离、输配分离、配售分离改制的模式之选择》，《电力与水利建设》2007 年第 10 期。
[266] 张仁华、黎志成：《范围经济与纵向一体化》，《管理工程学报》1997 年第 4 期。
[267] 张同功、雷仲敏、王元月：《我国煤炭期货品种的现实选择》，《中国能源》2007 年第 1 期。
[268] 张维迎：《企业理论与中国企业改革》，北京大学出版社 1999 年版。
[269] 张晓华、刘滨、张阿玲：《中国未来能源需求趋势分析》，《清华大学学报（自然科学版）》2006 年第 6 期。
[270] 赵磊、郭昆：《目前我国大用户直购电存在的问题及对策建议》，《电力需求侧管理》2006 年第 3 期。
[271] 赵紫剑：《电煤价格市场化后我国电力行业的价格对策》，《价格与市场》2007 年第 9 期。
[272] 郑燕等：《美国加州电力危机对我国电力市场化改革的启示》，《电力情报》2001 年第 3 期。
[273] 郑勇：《电煤政府指导价格放开与市场竞争格局演进》，《中国煤炭》2001 年第 11 期。
[274] 中国年投入产出表分析应用课题组：《原油价格波动对我国物价的影响》，《统计研究》2010 年第 12 期。
[275] 中国新能源网：《风电和太阳能发电成本下降前景清晰》（http：//www. newenergy. org. cn/html/01112/12211144048. html）。
[276] 中国新能源网：《中国风电产业的困境与创新》（http：//www. newenergy. org. cn/html/0123/321244916_ 1. html）。
[277] 中国新能源网：《中国生物质能发电将在起步中探索》（http：//www. newenergy. org. cn/html/0122/2281244864 _ 4. html）。
[278] 中商情报网：《2012 年中国光伏行业发展影响因素分析》（http：//www. askci. com/news/201205/16/161532127844. shtml）。

[279] 钟哲：《由煤电价格联动机制看中国煤电之争》，《中国煤炭》2005 年第 4 期。
[280] 周家骢、严碧波：《“十二五”我国水电发展应着力解决的几个问题》，《中国投资》2011 年第 4 期。
[281] 周娟：《中国太阳能光伏产业发展问题分析》，博士学位论文，河北大学，2011 年。
[282] 周其仁：《治理矿难的经济分析》，《经济观察报》2005 年 11 月 21 日。
[283] 周晓艳、吴毅强：《加州电力危机对我国当前电力改革的启发》，《电力建设》2002 年第 1 期。
[284] 朱成章：《中国未来十五年电力需求试测》，《节能》2006 年第 5 期。
[285] 朱志强等：《加州电力危机再认识：美国电力改革的经验教训与电力企业风险》，《中国电力企业管理》2003 年第 11 期。
[286] 邹慧：《蓄势待发前景广阔》，《东方证券》2008 年 1 月 18 日。
[287] 邹樵：《低碳经济背景下的我国核电发展态势及中小型发展模式研究》，《信息通信》2011 年第 2 期。
[288] 喻卫斌：《机会主义：纵向一体化和网络组织》，《中央财经大学学报》2007 年第 7 期。
[289] 宋玉：《我国第三方支付产业纵向关系研究》，博士学位论文，上海师范大学，2012 年。

补　记

一　煤电价格关系的新特点

本书最早成稿于2010年，书稿交付时中国的煤电格局已发生了变化，因此笔者在最后做一补记，对新形势下的煤电关系进行补充。2012年初开始，中国煤炭价格进入了长期下跌的态势，结束了煤炭市场“黄金十年”。下游的电力企业在这轮煤炭价格调整中受益最多，煤炭价格的下跌使得煤电格局开始出现变化，具体而言有以下三个特点：

（一）煤电矛盾得到暂时缓解

2011年的“电荒”期间，有行业分析师预测，“电荒”不会短期内缓解，煤电价格倒挂、电力行业建设周期以及需求因素决定“2013年才能看到全国大范围缺电的‘顶部’”。国家电网公司也预测称，“三华”（华北、华东、华中）“电荒”将从夏冬两季蔓延至2012年和2013年。但是这些预测都没有实现，2011年的“电荒”成为2003年以来的最后一次，2012年、2013年和2014年都没有发生“电荒”，可以预见，电力供应稳定将持续一段时期，“电荒”离我们越来越远了。2012年后电力企业面临的市场环境发生较大变化，主要是宏观经济开始进入紧缩周期，2012年上半年全社会用电量增速大幅回落，中国电力企业联合会的一份报告《上半年全国电力供需形势及全年分析预测》提到，电力供需总体平衡，电量“略有富裕”。冶金、有色、化工和建材等生产资料部门用电占社会总用电量的一半，第二产业用电占社会总用电量的七成，在经济周期下行时，生产资料部门往往萎缩的最早和最快。与电力行业处境类似，受经济环境不景气和煤炭产能严重过剩的影响，煤炭市场持续低迷，煤炭价格一跌再跌。但与电力行业不同的是，煤炭行业既不涉及自然垄断性，也不涉及太多民生性，其价格波动几乎完全具有“市场性”，相对于之前上涨时的常态，最近的煤炭价格行情可称之为新常态。由于电力需求下降和用煤成本降低，新常态下煤电矛盾将得到暂时的缓解。

（二）煤电博弈的主客体换位

2015 年 5 月大同优混煤的平仓价已经下跌为 450 元左右，这是 9 年前的水平，也就是说煤炭市场用了 3 年的时间跌去了之前 6 年的价格涨幅。在煤炭价格高企的时期，煤炭企业是盈利大户，以神华为例，根据上市公司披露的信息，神华的净利润在 2010 年底为 379 亿，在 2011 年底为 450 亿，净利润同比增长 19%，在 2012 年底为 485 亿，净利润同比增长为 8%，达到了历史最高水平。经历 2012 年以来的煤炭价格下跌后，2013 年底神华净利润出现下降，为 457 亿，同比下降了 6%。神华之外的煤炭企业利润在 2013 年下滑的更快，这一年整个煤炭上市公司的净利润比上一年下跌了将近三成。

出于对煤炭滞销的担心，煤炭主产区开始考虑控制煤炭产量，如山西省煤炭工业厅提出“控总量、稳价格”的思路，内蒙古则提出“把煤炭生产规模控制在 10 亿吨以内（2012 年）”。除了压缩产量外，煤炭企业也开始控制人工成本，2013 年一半多的煤炭企业下调了工资。随着煤炭价格的下跌，煤炭企业在价格谈判中的强势地位逐步动摇，由于预期煤炭价格会进一步下跌，在 2012 年的煤炭订货会上，大型煤炭集团如神华、中煤、同煤等愿意将市场煤与重点合同煤搭售，也就是将之前的重点煤炭合同和市场煤炭合同合并，签订一份低于市场价格的长期合同。而在 2004 以来发生的历次电力供应危机中，电力企业一直处于被动状态，不得不动用各种关系寻找便宜的煤炭，有时煤炭订货会上，电力企业还被迫接收高价的电煤合同，煤炭企业在价格谈判中并不愿意让步太多。由于煤炭价格相对较高，之前电力企业利润受到侵蚀，2008 年发电企业第一次出现了全行业亏损，随着煤炭价格的下行，2013 年发电企业开始有边际利润。

（三）下调电力价格成为大方向

2004 年到 2013 年的近十年中，伴随着“电荒”，上调燃煤发电价格成为电价调整的主要做法，在此期间尽管煤炭价格也出现波动，但是电力价格基本上是能上不能下。最近这一状况发生变化，2013年9月、2014年9月和2015年4月，中国连续多次下调了全国范围的燃煤发电上网价格。但与煤炭价格大幅下跌相比，电力价格下调的幅度仍然保守，以2014年为例，这次上网电价平均每千瓦时降低0.09元，按山西电力行业协会专家的看法，1分钱电价对应煤价为25元/吨，上网电价应下调0.15元左右。不过下调燃煤发电上网价格不完全与煤电联动有关，其他因素包括理顺环保电价，减轻商业和服务业负担等。2013年8月的电价调整之前，国家发改委发布《国家进一步完善可再生能源和环保电价政策》，2014年9月的电价调整文件名称便是《关于疏导环保电价矛盾有关问题的通知》，可见这次下调燃煤发电上网价主要为了缓解脱硝、除尘环保电价矛盾，2015年下调电价主要是为了促进商业、服务业等第三产业的发展。尽管电价下调不完全是煤电价格联动，但仍然会传递到煤炭市场，煤炭价格会被进一步压低，可能是出于这种考虑，国家发改委控制了下调电力价格的幅度。

二　未来改革的重点方向

虽然煤电格局发生了变化，但是煤电矛盾并没有本质变化，或者说煤电矛盾的缓解是暂时的。这种暂时性与宏观经济周期有关，未来经济进入景气周期后，煤电关系依然会是一个问题。我们的政策建议没有本质变化，暂时的矛盾缓解仍为改革留下了时间，在这一窗口期内应加紧推进电价体制改革，在这里我们强调几点，它们应是未来改革的重点方向：

（一）推动输配电环节的改革

输配电环节属于电力系统中的基础设施，是典型的自然垄断环节。中国输配电环节改革滞后，只有少数长距离输电网和试点区域规定了输配电价，电网运营主要依靠上网电价与销售电价的差价。这样煤电联动时必须附带输配电价的联动：为了弥补发电企业燃料成本，必须提高上网电价，而为了保证电网企业的价差，还必须接着提高销售电价。但输配电价的制定其实与煤炭价格无必然联系，而是有着自身独立的规律，国际通行的做法是收过网费，根据电网的基建投资和运营成本，核算一个单位千瓦时的收费标准。如果核定了输配电价，煤电价格联动将不必涉及输配价格联动，有利于减少行政成本和厂网矛盾。

（二）推动工商业大户的用电市场化

在输配电改革的基础上，可首先将符合一定条件的工商业大户用电市场化，待时机成熟再扩大直购电范围。如果输配电价改革到位，那么工商业大户用电市场化将水到渠成，大用户可与发电企业签订电能买卖合同，自行商讨用电价格，同时需向电网企业按费率支付过网费，电网企业提供输配电服务。在煤炭价格下跌的格局下，工商业大户用电市场化更有意义，它有利于化解过剩产能，煤炭价格下跌后发电企业有更大的发电动力，但是受制于电价管制和经济不景气，中国发电行业出现产能过剩，2014 年中国的火电平均发电小时数只有 4706 小时。如果允许工商业大户用电市场化，将有利于发电企业积极开拓市场，灵活安排机组，提高设备利用率。

（三）引入居民用电环节的燃料调整条款

居民用电环节不仅需要效率，更需要保证公平，在电力燃料价格下降时，居民也应该分享相关收益。在电力市场化改革的国家，居民用电一般都受到某种管制，反映燃料成本的办法是引入燃料价格调整条款。日本“燃料费调整制度”的基本做法是：首先为每个电力公司设定一个燃料基准价，将 2 个月之前的相邻 3 个月作为参照月，如果这 3 个月的燃料平均价格高于燃料基准价，则相应上浮电价，否则下浮电价。日本电价的浮动并非严格线性浮动，当燃料平均价上涨高于某一阈值时，燃料价格调整自动终止，这样可以阻止了电价随燃料价格无限上涨。美国的电力公用事业公司采用天然气和煤炭来发电，燃料价格都具有易波动性，此外还向其他公用事业公司或者非公用事业的发电商购买电力，这部分电力价格同样面临市场风险，燃料成本和外购电力大约占公用事业公司运营和维持支出的 71%。对此美国大部分州的做法是：州规制机构会给电力公用事业公司核定一个基准费率，一般会每隔几年修订一次，它弥补可预测、可控制的成本，多变的、难以预测的燃料成本则由价格调整条款来调整，一般一年内调整数次，至少一年内调整一次。自动价格调整条款采取美元对美元（dollar-for-dollar）的方式反映燃料或外购电力的成本，不允许利用其盈利。我们认为在我国居民电力价格受到管制的情况下，燃料调整费制度是一种行之有效的传递燃料成本的方法，我国可参考国外电力公用事业的做法，制定符合本国国情的基准价格和调整制度。